서정오 교육수필집

모난 돌을 위한 변명

서정오 교육수필집

모난 돌을 위한 변명

초판 제1쇄 인쇄 2008. 5. 10.
초판 제1쇄 발행 2008. 5. 17.

지은이 서 정 오
펴낸이 김 경 희
펴낸곳 (주)지식산업사
주 소 본사: 413-832, 경기도 파주시 교하읍 문발리 520-12
서울사무소: 110-040, 서울시 종로구 통의동 35-18
전 화 본사: (031 955-4226~7 서울사무소: (02)734-1978
팩 스 (031)955-4228
한글문패 지식산업사
영문문패 www.jisik.co.kr
전자우편 jsp@jisik.co.kr
등록번호 1-363
등록날짜 1969. 5. 8

ISBN 978-89-423-7860-9 73810

책값은 뒤표지에 있습니다.

이 책을 읽고 저자에게 문의하고자 하는 이는
지식산업사 전자우편으로 연락바랍니다.

모난 돌을 위한 변명

서 정 오

지식산업사

머 리 말

오랫동안 여기 저기 발표했던 글을 한데 모아 놓고 보니 부끄러움이 앞선다. 이런 걸 묶어서 책으로 내는 일이 독자들에게 실례가 안 될까 싶기도 하다. 하지만 글이란 게 애당초 완벽할 수 없고, 흠집을 가진 채 남의 평가를 받는 일도 필요하다는 생각이 용기를 주었다.

이 책에 실린 글은 모양과 성격이 조금씩 다르다. 대부분 청탁을 받고 쓴 글이라 길이도 제각각이다. 아주 가볍고 짧은 글에서부터 제법 격식을 갖춘 긴 글까지. 또 글의 소재도 여러 가지다. 그때그때 일어난 세상일을 글감으로 한 것도 있고, 책과 글과 이야기에 대해 쓴 것도 있다.

마치 잡화점 물건처럼 들쭉날쭉한 글이지만 일관성이 아

주 없지는 않다. 그것은 글 속에 나타난 생각일 것이다. 어떤 글을 쓸 때나 놓치지 않은 생각 한 자락이 있었다면, 그것은 곧 이 세상이 약자들에게도 살 만한 곳이 돼야 한다는 믿음이다. 그 굳건한 믿음이 못난 재주로도 글을 쓰게 만든 힘이 됐는지 모른다.

글 전체는 독자들이 찾아 읽기 쉽게 다섯 덩어리로 나누어 놓았다. 1부는 교육에 관한 것이다. 30년 가까이 학교에서 아이들과 함께 살아온 경험에서 나온 글치고는 초라한 것들이다. 2부는 책과 문화, 그리고 옛이야기에 대한 것이다. 추려내고 고르려고 애썼지만 아무래도 옛이야기를 다룬 글이 많아졌다. 3부는 세태를 바라보고 쓴 글이다. 그때그때 일어난 세상일을 비판한 글로서, 《우리말과 삶을 가꾸는 글쓰기》에 '세상을 보는 눈' 이라는 제목으로 연재한 것이 대부분이다. 4부에는 우리말에 대한 생각을 담았다. 쉬운 우리말을 써야 하는 까닭을 밝힌 글이 많지만, 독자는 여기저기서 논리의 허술함을 발견할지도 모른다. 5부에는 살아 온 이야기와 가까운 사람들에 관한 이야기를 넣었다. 이오덕 선생님과 권정생 선생님에 관한 글은, 행여 두 분에게 누를 끼치지나 않았을까 걱정이 앞선다.

글을 다시 읽어 보니, 기쁘고 아름다운 것보다는 슬프고 괴로운 일을 더 많이 썼다는 걸 알았다. 또 무엇을 떠받들고 칭찬하기보다는 나무라고 비판하는 일을 더 많이 해 왔다는 것도 알았다. 이것은 내 마음이 비뚤어져서 그런 걸까? 아마 너그러운 독자라면, 더 좋은 세상을 향한 간절한 바람이 낳은 결과로 믿어 줄 것이다.

보잘것없는 글을 좋게 보아 준 지식산업사의 배려와 격려가 없었던들 이런 글을 세상에 내어놓을 엄두는 내지 못했을 것이다. 그렇더라도 역시 부끄러움은 남는다. 특히 나 같은 사람이 글을 쓰네 책을 내네 하는 어쭙잖은 일들이, 혹시라도 땀 흘려 일하면서 살아가는 이 땅의 가난한 이웃들에게 사치스러운 놀음쯤으로 비춰지지나 않을까 두렵다. 꾸짖음을 기다리며 옷깃을 여밀 뿐이다.

2008년 1월

서정오

차 례

2. 바라보기와 들어가기

3. 대한민국에서 약자로 살기

4. 글쓰기의 민주화

5. 호롱불과 옛이야기

1. 멈춰 서서 되돌아보기

눈감기와 의심하기

올해도 어김없이 가을이 왔다. 해마다 가을이 오면 어김없이 열리는 행사가 있다. 바로 운동회다. 지난해에도 지지난해에도 그랬듯이, 올해도 달라진 것이 없다. 늘 보는 모습 그대로다. 만국기가 부챗살처럼 펴지고 아이들은 청군 대 백군으로 편을 가른다. 큰 공이 굴러가고 신호총 소리가 들리고 점심시간을 알리는 바구니가 터진다. 이런 모습을 어디 지난해 지지난해에만 보았는가. 서른 몇 해를 거슬러 올라가, 내가 초등학교에 다니던 때에도 보았던 바로 그 모습이다. 그때에도 만국기가 부챗살처럼 펴졌고 아이들은 청군과 백군으로 편을 갈랐다. 큰 공이 굴러갔고 신호총 소리가 들렸고 점심시간을 알리는 바구니가 터졌다. 그게 어디 서른 몇 해 전

뿐인가. 쉰 해 그리고 예순 해를 더 거슬러 올라가, 나를 가르치던 선생님이 어렸을 때도 똑같은 모습이었을 것이다. 굳이 시작을 따지자면 일제시대 공교육제도가 처음 생겼을 때부터이겠지. 그때부터 지금까지 아무 것도 달라진 것이 없다. 참으로 놀라운 일이다.

그런데 정작 놀라운 일은 아무도 이 줄기차게 이어온 전통에 대하여 '왜?'라고 묻지 않는다는 사실이다. 왜 운동회는 해마다 똑같은 모습으로 되풀이되어야 하는가?

교육이 이루어지는 곳에는 변함없이 지키고 이어받아야 할 것이 있다. 그러나 변함없이 지키고 이어받아야 할 것에는 나름의 까닭이 있어야 한다. 무조건 모든 것을 다 예전과 같은 모습으로 붙들어 두어야 한다는 주장에는 아무도 동의하지 않을 것이다. 그렇다면 누구든지 한 번쯤은 해마다 국화빵 찍어내듯이 똑같은 모습으로 되풀이되는 운동회를 보면서 '왜?'라고 물어볼 법도 하지 않는가. 그리고 그 물음에 명쾌한 대답을 찾을 수 없다면 더 좋은 모습으로 바꿀 생각도 해 봄직하지 않나. 그러나 나를 포함한 이 나라의 많은 어른들은 이런 당연한 의심조차 품으려고 하지 않는다. 그저 이렇게 중얼거릴 뿐이다.

"다 좋은데 뭘 바꿔?"

정말로 모든 것이 다 좋다면 구태여 바꿀 필요가 없겠지.

그런데 문제는 모든 것이 다 좋지는 않다는 데에 있다. 의심하고 찾아보면 얼마든지 더 좋은 것이 있는데도 모두들 쉽게 눈을 감아버린다. 우리는 의심하는 일에 너무나 익숙하지 않다.

《바보 만들기》라는 책을 쓴, 다른 나라의 한 초등학교 교사는 이렇게 묻는다. "왜 아이들은 언제나 줄을 서야 하는가?" 버스를 타거나 차례를 기다리려면 마땅히 줄을 서야 하지만, 이야기를 하고 책을 읽을 때도 군인들처럼 줄을 서야 하는가? 그러나 우리는 조그마한 의심조차 하지 않는다. 그저 버릇처럼 줄을 세울 뿐이다. 왜? 어제도 그랬고 지난해에도 그랬고 서른 몇 해 전에도 그랬으니까.

그는 또 이렇게 묻는다. "왜 아이들은 다만 나이가 같다는 까닭만으로 한 교실에서 똑같은 교과서를 가지고 똑같은 것을 배워야 하는가?" 능력도 관심도 성격도 다 다른 아이들이, 다만 나이가 같다는 까닭만으로 정말 그래야만 하는 것일까? 그러나 우리는 그것이 당연하다고 생각한다. 왜? 옛날부터 그래 왔으니까.

이 가을에는 의심하는 일부터 다시 배워야 할 것 같다.

(《교대신문》, 1996. 9.)

요즘 아이들, 걱정되십니까?

요즘 들어 세대 간 차이를 드러내는 말이 많이 들린다. '신세대' 라는 말은 그렇다 쳐도, '엑스세대' 니 '비트세대' 니 하는 말을 들으면 기가 질린다. 말뜻도 알쏭달쏭하거니와 한 시대를 함께 사는 사람들끼리 편 가르기를 하는 정도가 너무 심한 것 같아서 그렇다. 이런 말을 만들어 퍼뜨리는 것은 아무래도 다른 나라 문화의 영향으로 보인다. 이웃 나라에서는 숫제 젊은 세대를 '신인류' 라고 부른다니, 이쯤 되면 편 가르기 정도가 아니라 아예 세대가 다른 사람들과는 상종을 안 하겠다는 선언으로 들려 등골이 오싹해질 지경이다.

세대가 다르면 생각하는 방식이나 살아가는 모습이 달라질 수 있다는 점은 얼마든지 인정한다. 그러나 그런 차이는 태어날 때부터 생기는 것이 아니다. 자라면서 받게 되는 사회

환경이나 문화 환경의 영향 때문에 생기는 것이다. 그렇다면, 그 사회 환경이나 문화 환경이라는 것은 대체 누가 만든 것인가? 두말할 나위도 없이 이른바 기성세대가 만들어 놓지 않았는가? 어느 사회든지 아이들은 어른이 만들어 놓은 환경 속에서 자라게 마련이다. 그러니까 새로운 세대의 생각이나 삶이 기성세대와 다르다면, 그 원인은 처음부터 기성세대에게 있다.

그런데도 어른들은 곧잘 이런 것을 잊어버리고, 요새 아이들은 태어날 때부터 뭔가 다른 모습으로 태어난다는 착각 속에 빠진다. 그래서 입만 열면 "요즘 아이들은 이해할 수가 없어." "요즘 아이들 정말 큰일이야."하고 걱정들을 늘어놓는다. 어린 세대를 걱정하는 일이야 나무랄 수 없지만, 지나치면 아이들을 무슨 별종처럼 여기고 비난도 서슴지 않게 되니 이것이 문제이다. 단순히 생각이나 삶의 방식이 다르다는 까닭으로 남을 비난할 권리는 우리 누구에게도 없다. 더구나 아이들이 그렇게 달라진 것이 어른들이 만들어 놓은 환경 때문임에랴.

"선생님, 큰일났어요. 우리 아이가 밥을 안 먹어요."

초등학교 6학년 아이를 둔 학부모의 걱정이다.

"며칠 전부터 아이가 밥을 안 먹고 방구석에만 틀어박혀 있어요."

"무슨 고민이 있나 보죠."

"그러니까 걱정이에요. 조그만 것이 벌써부터 무슨 고민이 있기에 밥도 안 먹고 저럴까요? 참 속상해서 죽겠어요."

우리의 '조그만 것' 들도 고민할 권리가 있다. 한창 크는 아이에게 아무 고민이 없다면 그게 오히려 이상한 일이다. 고민이 있으면 밥맛을 잃게 마련이고, 혼자 있고 싶을 때도 있게 마련이다. 이 아이는 지극히 정상으로 자라고 있는 것이다. 그런데도 우리네 어른들은 그것을 당연한 것으로 여기고 기꺼이 도와주려고 하기보다는 필요 이상으로 걱정하고 속상해 하고, 그러다가 기어이 멀쩡한 아이를 '문제아' 로 만들어 버리지나 않는지.

"선생님, 정말 걱정이에요. 우리 아이가 아무개라는 가수한테 미쳐 버렸어요."

이 또한 초등학교 6학년 아이를 둔 어머니의 걱정이다.

"개 방을 아예 그 가수 사진으로 도배를 해 놨어요. 공부할 때도 이어폰을 끼고 노래를 들으면서 한다니까요. 이럴 수 있어요?"

"그럴 수 있겠군요."

"예? 조그만 것이 맨날 가수 사진만 들여다보고 있는데도요? 그러다가 공부하고 담쌓으면 어떡해요?"

내 생각을 말하자면, 사실 요즘 아이들이 좋아하는 대중

문화에 문제가 많다는 데 동의한다. 그 내용뿐 아니라 연예인들의 말씨나 몸짓, 옷차림에도 도저히 찬성할 수 없다. 그렇다고 아이들에게 그것을 좋아하지 말라고 강요할 것인가? 어릴 때 자기 나름의 우상을 만들고, 그 우상을 선망하며 동일시하려는 것은 결코 비정상이 아니다. 다만 다른 나라에서 들어온 쓰레기문화가 자라나는 세대에게 거부감 없이 받아들여지는 것은 실로 걱정스러운 일이지만, 그렇다고 해서 그 책임을 아이들에게 물을 것인가? 아이들이 국적 모를 천박한 문화에 빠지는 것을 나무라기 전에, 우리네 어른들이 건강한 문화 환경을 만드는 일에 빌 벗고 나서는 것이 먼저가 아닌가.

점수 따기 경쟁과 입시 지옥을 만든 것은 이 땅의 어른들이다. 아이들에게 놀 곳을 앗아간 것도 이 땅의 어른들이다. 우리 교육 제도가 잘못되어도 한참 잘못되어 있다는 것을 뻔히 알면서도 선뜻 나서서 고치지 못하는 것도 이 땅에 살고 있는 어른들의 알량한 이기심 때문이다. '섣불리 고쳤다가 나만 손해 보리고?' 하는 얄팍한 이기심 말이다. 아이들은 그런 환경 속에서 안간힘을 쓰며 버티고 있는 꼴이다. 사람답게 사는 일과는 전혀 상관없는 공부에 내몰리고, 경쟁에서 살아남기 위해서 수단과 방법을 가리지 말라는 비겁함을 강요당하고, "남들이야 어찌 되든 너만 잘 살면 돼."라고 외치는 어른들의 목소리에 파묻혀 살고 있는 것이다.

그런데도 우리네 어른들은 곧잘 이렇게 말한다.

"우리가 자랄 때에 견주면 너희들은 호강하면서 자란다는 걸 알아야 해."

"우리가 너희들을 얼마나 사랑하고 걱정하는지 아니? 그 걸 알면서도 그런 짓을 해?"

"우리는 너희들을 도저히 이해할 수 없어. 어떻게 그럴 수가 있니?"

아이들을 진정으로 사랑하고 걱정한다면 그들더러 우리처럼 되라고 윽박지를 것이 아니라, 그들이 무엇을 원하고 있는지 또 무엇 때문에 힘들어하고 있는지 조용히 지켜 볼 일이다. 우리처럼 되지 않는다고 편 가르기를 하여 희귀동물 바라보듯 할 것이 아니라, 우리가 만들어 놓은 환경의 어떤 점이 잘못되었는지를 찬찬히 살펴보아야 할 것이다. 그 다음에는 잘못된 환경을 바로잡는 일에 모두가 발 벗고 나서야 할 것이다. 우리가 지금까지 저질러 놓은 잘못을 겸허하게 인정하고, 그 잘못을 만회할 수 있는 길을 찾아야 할 것이다.

이 땅에 살고 있는 아이들은 결코 '도저히 이해 못할 이상한 족속' 들이 아니라, 우리가 만들어 놓은 굴레 때문에 숨 막히는 핏줄들이다. 이제 우리는 그들에게 진 빚을 갚을 때가 되었다.

(《우리 함께》, 1997. 5.)

세상에서 가장 쉬운 일?

이십 년 넘게 학교에서 아이들을 가르쳐 왔지만 아직 교육이란 걸 잘 모른다. 솔직히 고백하면, 어떻게 가르치는 것이 올바른 길인지도 분명하게 알지 못한다. 그래서 종종 잘못을 저질러 놓고 뒤늦게 뉘우친다.

얼마 전에는 교실에서 시끄럽게 장난을 치는 아이들에게 훈계를 한답시고 이런 말을 한 적이 있다.

"너희들 왜 좀 얌전하게 굴지 못하니? 얌전하게 가만히 있는 게 그렇게 어려운 일이냐? 아무 일도 않고 얌전하게 가만히 있는 건 이 세상에서 가장 쉬운 일이야. 그렇게 쉬운 일도 못 하고서야 앞으로 어찌 큰일을 하겠어?"

한바탕 잔소리를 늘어놓고 나서도 한참 시간이 흐른 뒤에야 문득 잘못을 깨닫고 뒤늦은 자책에 빠졌다. '아무 일도 않고 얌전하게 가만히 있는 일' 은 세상에서 가장 쉬운 일이 아니라 무척이나 어려운 일이다. 창조의 힘과 자유 의지를 가진 사람이 아무 일도 않고 가만히 있어야 한다는 건 엄청난 고역이 아닌가. 그런 일을 두고 세상에서 가장 쉬운 일이라 하였으니 이만저만 잘못이 아니다.

해방 이후 우리 제도 교육이 저지른 잘못 가운데 가장 큰 것이 소수의 개성을 인정하지 않은 획일주의였다. 아이들을 오만 가지 틀 속에 가두어 놓고, 조금이라도 그 틀을 벗어나면 '문제아' 로 낙인찍어 버리는 풍토에서 창조의 꽃이 필 수는 없다. 지금 어른들이 가장 큰 걱정거리로 꼽는 '교실 붕괴' 와 같은 현상도, 따지고 보면 나를 포함한 이 땅의 잘난 어른들이 자초한 봉변이다. 진정 아이들에게 가르쳐야 할 것은 권위 앞에서 '얌전하게 가만히 있는' (사실은 그런 척할 뿐인) 버릇이 아니라, 남을 배려하고 자기의 행동에 책임질 줄 아는 '자유인의 양식' 이다.

그래서 위의 훈계는 마땅히 다음과 같이 고쳐져야 한다.

"여럿이 있는 곳에서 시끄럽게 장난을 하면 다른 사람에게 어떤 피해를 주는지 생각해 보아라. 다른 사람에게 방해가 안 되게 저마다 하고 싶은 일을 찾아보렴."

(《웅진어머니》, 2000. 5.)

노는 법 가르치기

"난 저그로 하는데, 첨에 일꾼 만들어서 오버로드로 순찰 나가면 돈 생기잖아. 그러면 가스통하고 기지 만들고 어쩌고 저쩌고……."

"그럴 거 없이 치트키로 가스, 미네랄 끝까지 채우고 인구수도 막 늘려 가지고 어쩌고저쩌고……."

"그런데 왜 어제 저녁에 우리 동 정팅에 안 들어왔니? 리플도 안 달아 주고 멜도 안 보내 주고 어쩌고저쩌고……."

"어제 저녁에 우리 컴이 먹었잖니. 근데 너 인기도 만 점 넘었다며? 어쩌고저쩌고……."

요새 아이들이 저희들끼리 주고받는 말을 들어 보면 마치 다른 나라 말 같아서 알아듣기 힘들다. 초등학교 3학년이나 4학년만 되면 위와 비슷한 대화에 무리 없이 낄 수 있는데, 대화의 대부분을 차지하는 것은 컴퓨터나 인터넷에 관계된 이야기다. 남자아이들은 게임 이야기를 많이 하고 여자아이들은 채팅이나 전자우편 이야기를 많이 한다. 그렇지만 굳이 남자 여자로 패를 나누지는 않는다.

요새 아이들은 학교를 마치고 집에 가면 책가방을 던져 놓고 놀러 나가는 대신 컴퓨터를 켠다. 동무들과 밖에서 만나도 놀이터나 학교 운동장에 가서 놀기보다는 피시방에 가서 놀기를 더 즐긴다. 동무와 사소한 일로 다투고 나서 화해를 청할 때도, 꼬깃꼬깃 접은 쪽지를 슬그머니 쥐여 주는 예스러운 방식은 사라져버렸다. 그 대신 전자우편(아이들은 그냥 '멜' 이라 부른다)으로 편지를 보낸다.

불과 두세 해 전만 하더라도 아이들은 종이 편지나 쪽지를 주고받고, 서로 상대방 집에 놀러가고, 함께 말타기 놀이나 고무줄 놀이를 하면서 가까워졌다. 그런데 요새 아이들은 친해지는 과정에서 전자우편을 얼마나 자주 주고받는지, 서로 상대방 홈페이지에 가서 얼마나 자주 방명록을 쓰고 게시판에 글을 올려놓는지, 채팅 사이트에서 얼마나 자주 만나는지에 관심을 기울인다. 그런 횟수가 많으면 많을수록 가까운 사이라고 보면 된다.

지난 해 여름 방학을 하루 앞둔 날 종례 시간, 나는 늘 그래 왔던 것처럼 칠판에 내 주소를 썼다. 방학 동안 아이들이 담임선생에게 편지를 쓸 수 있도록, 방학 때만 되면 되풀이되는 이 연중행사는 지난 몇 십 년 동안 학교에서 전통으로 이어져 온 것이다. 그러기에 애당초 의심이 끼어들 자리는 없었다. 우편번호 여섯 자리로 시작되는, 이 나라 행정구역을 덕지덕지 이어놓은 긴 주소는 그러나 끝내 다 씌어지지 못했다. 아이들이 전자우편 주소를 요구했기 때문이다. 나는 그 요구를 기꺼이 받아들였고, 그게 잘한 일이었음을 나중에 아이들에게 답장을 보내면서 실감했다. 과연 전자우편은 편리했다. 그래서 이번 겨울 방학 때는 아예 반 아이들 모두와 내 전자우편 주소를 종이에 인쇄해서 나누어 줬다. 아이들은 물론 두 손 들어 반겼다.

이것이 한때의 유행으로 그칠지 아이들 문화의 바탕으로 자리 잡을지는 좀 더 두고 봐야겠지만, 어쨌든 요 몇 해 사이에 아이들 문화에 커다란 변화가 일어난 건 사실이다. 사정이 이렇다 보니 어른들의 걱정도 더 많아졌다. 이러다가 아이들이 오프라인에서 남과 어울리기를 포기하는 건 아닐까, 컴퓨터나 인터넷을 가까이하지 않는 아이들이 따돌림을 당하지는 않을까, 인터넷에서 얻은 나쁜 정보가 아이들의 마음을 다치게 하지나 않을까…….

다행스럽게도 아이들은 이런 걱정을 기우로 만들어 준다. 대부분의 아이들은 컴퓨터 게임이나 인터넷 채팅을 즐기지만 나름대로 예쁘게 즐길 줄 안다. 그리고 무엇보다도 '그것만을' 즐기는 게 결코 아니다. 그보다 훨씬 많은 시간을 또래들과 어울려 말하고 움직이며 노는 데 쓰고 있다. 전보다 줄어든 것은 확실하지만, 아직도 놀이터나 골목길에 아이들 재잘거리는 소리가 남아 있지 않은가. 우리의 희망은 이것이다.

정월 대보름날을 며칠 앞두고 우리 교실에서는 윷놀이가 벌어졌다. 아이들과 함께 윷놀이를 하면서 나는 두 번 놀랐다. 꽤 많은 아이들이 아직 윷놀이하는 법을 잘 모르고 있다는 데에 한 번 놀랐고, 그런데도 매우 쉽게 놀이에 친숙해지는 데에 또 한 번 놀랐다. 그렇다. 아이들은 노는 법을 배우지 못했다. 겨우 놀이를 시작해야 할 나이 때부터 온갖 공부에 시달리게만 했지, 아무도 노는 법을 가르쳐 주지 않았다. 노는 법만 알면 아이들은 잘 논다.

아이들이 컴퓨터와 인터넷을 놀이의 도구로 쓰는 것도 스스로 고안해 낸 방책이지, 어른들이 가르쳐 준 것이 아니다. 대부분의 어른들은 아이들이 컴퓨터를 '가지고 노는' 것을 못마땅하게 여길 뿐이다. 행여 나쁜 길로 빠지지나 않을까 눈에 불을 켜고 감시하는 게 일이다. '나쁜 길로 빠지는' 아이들은 컴퓨터가 없을 때도 있었다. 대부분의 아이들은 컴퓨터를 어른들보다 더 쓸모 있게 가지고 논다.

아이들이 컴퓨터에 너무 빠져 있어서 걱정인가? 그렇다면 방법은 간단하다. 컴퓨터 없이도 놀 수 있는 방법을 가르쳐 주면 된다. 이제 정말 어른들이 아이들에게 '노는 법' 을 가르칠 때가 왔다.

(《웅진어머니》, 2001. 3.)

이야기가 꽃피는 교실

요즘 아이들이 집에서 부모로부터 가장 많이 듣는 말은 무엇일까? 십중팔구 "공부해라." "씻어라." "먹어라."와 같은 말일 것이다. 학교에서 선생님으로부터 가장 많이 듣는 말은 보나마나 "조용히 해라." "여기를 보아라." "문제를 풀어라."와 같은 말이 아닐까? 이런 말은 '말' 이긴 하되 '이야기'는 아니다. 단순한 외마디 지시나 명령일 뿐이다. 서로 느낌이나 생각을 주고받는다든지 비유나 상징으로 감동을 주고받는다든지 할 여유가 없다. 아이들이 여기에 대응하는 방법도 아주 단순하다. 복종하거나 거부할 수 있을 뿐이다. 그 뒤에 덧붙여지는 평가도 메마르기 짝이 없다. "잘 했어." 아니면 "틀렸어." 정도다. 요컨대 이야기문화라는 것이 없다.

옛날에는 그렇지 않았다. 옛날 교육은 이야기를 빼놓고 이루어지기 힘들었다. 공교육 제도가 생기기 전에 어른들이 아이들을 어떻게 가르쳤을지 상상해 보자. 어른은 아이를 데리고 산이나 들판, 또는 저잣거리로 가서 몸소 일을 했다. 일터가 곧 학교였던 셈이다. 가장 크고 중요한 교육 수단은 물론 몸으로 보여 주는 '일'이었지만 거기에는 반드시 이야기가 따르게 마련이었다. "뭘 해라. 말아라." 하는 외마디 지시나 명령이 아니라 "옛날에 누구는 어쨌단다." 하는 이야기가 중요한 교육 수단이 됐던 것이다. 거기에는 아기자기한 재미와 함께 두고두고 곱씹을 만한 감동이 있었다.

이야기문화는 상대를 인정하고 배려하는 데서부터 싹이 튼다. "너는 잠자코 내 말만 들어." 하고 윽박지르는 것이 아니라 "내 말은 이것인데 네 생각은 어떠니?" 하고 묻는 것이 이야기문화의 출발점이 된다. 그래서 이야기판은 언제나 홍겹고 열려 있으며 평등하다. 여럿이 함께 나누니까 홍겹고 누구라도 거부하지 않고 받아들이니까 열려 있으며 자리의 높낮이가 없으니까 평등하다. 이야기판은 무대와 객석이 따로 떨어져 있는 서양식 공연장이 아니라 소리꾼과 구경꾼이 한 덩어리가 되는 우리네 판소리마당과 같은 것이다.

요새 와서 아이들의 정서가 점점 메말라 간다면 그 까닭은 딴 데 있는 게 아니다. 이야기문화가 사라지고 없어서 그렇다. 서로 마음을 열고 상대를 배려하는 가운데 벌어지는 이야기판은 사람과 사람을 이어 주고 마음을 넉넉하게 한다. 그러나 요즘 아이들은 그런 이야기판으로부터 철저하게 소외되어 자란다. 공부하느라 학원 가느라 바쁜 터에 한가하게 이야기판이나 벌여 놓고 노는 것을 어른들이 용납하지 않는 것이다. 이렇게 자란 아이들은 정서의 허기를 느끼게 마련이다. 정서의 허기는 사람에 대한 불신과 불안으로 이어지고 결국 비인간화의 길로 치닫게 된다. 요새 아이들의 문화가 얕은 감각에 치우치는 것도 어쩔 수 없는 결과이다. 더 늦기 전에 교실에서 이야기문화를 되살려야 한다.

요즈음에는 골목에서 아이들 떠드는 소리를 듣기 힘들게 됐지만, 어쩌다가 아이들이 저희들끼리 주고받는 이야기를 가만히 들어 보면 사람은 누구나 타고난 이야기꾼임을 실감하게 된다. 나이 어린 아이들일수록 어쩌나 재미나게 이야기를 잘 하는지 놀랄 지경이다. 그런 아이들이 점점 나이를 먹을수록 슬그머니 말문을 닫는다. 그러고는 아무 뜻 없는 말장난이나 비아냥거리는 말, 남을 놀리고 긁리는 우스개를 즐기고, 심하게 비트는 이상한 말을 예사로 하게 된다. 왜 그런가? 다른 까닭도 있겠지만 학교 교육의 책임이 크다.

이상하게도, 교실에서 수업 중에 아이들이 하는 말은 골목에서 떠드는 말과 크게 다르다. 선생님이 하는 말도 다르다. 수업 중 여러 사람 앞에서 '발표' 하는 말은 격식을 차려야 하므로 사사로이 함부로 떠드는 말과는 달라야 한다고 믿는 사람들이 많은 것 같은데, 바로 이런 풍토가 아이들의 말문을 막아버렸다. 평소에 골목에서 그리도 잘 떠들던 아이들이 수업시간이 되면 말문을 닫아버리는 까닭은 무엇일까? 아이들은 틀에 박힌 말, 자기 생각과 동떨어진 말, 죽은 말로 앵무새처럼 지껄여야 하는 '발표' 를 온몸으로 거부하는 것이다. 그 거부의 몸짓이 끝내 말에 대한 냉소로 이어져 뜻 모를 말장난과 비아냥거림과 비뚤어진 우스개를 낳은 것이다.

교실에서 벌어지는 이야기판은 골목에서 아이들이 벌이는 이야기판을 그대로 옮겨 놓는 데서 시작되어야 한다. 그러므로 거기에 제약이 있어서는 안 된다. 누구든지 하고 싶은 말을 자유롭게 할 수 있는 분위기를 만드는 것, 이것이 교실에서 이야기판을 벌이기 전에 먼저 해야 할 일이다. 너무 무질서하고 시끄러워지지 않을까 걱정하지 말자. 오히려 이야기꾼이 일방으로 이야기하면서 듣는 이에게 침묵과 듣기만을 강요하면 그렇게 된다. 강요된 침묵은 반발을 부르기 때문이다. 그러나 평등한 이야기판에서는 이야기꾼이 언제라도 듣는 이의 참견을 받아들일 준비가 돼 있으며, 이야기꾼과 듣는 이는 언제든지 그 구실이 바뀔 수 있기 때문에 서로의 처지를 너무나 잘 안다. 저절로 나름의 질서가 생기는 것이다.

교실에서 벌이는 이야기판에서는 아무래도 교사가 주된 이야기꾼이 될 것이다. 이것을 껄끄럽게 생각할 필요는 없다. 어른이 아이에게 이야기를 들려주는 것은 매우 자연스러운 일이며 옛날부터 내려온 방식이기도 하다. 다만 이때 교사는 이야기하는 재주나 입담에 기대서는 안 된다. 서투르더라도 진정 하고 싶은 이야기를 가슴으로 해야 한다. 말투도 꾸미지 말아야 한다. 평소 말투 그대로 자연스럽게 해야 한다. 또 이야기 중간에 듣는 이가 자유롭게 끼어들 수 있는 빈자리를 만들어 놓는 슬기가 필요하다. 듣는 이가 너무 얌전하여 반응이 없으면 일부러 군말이나 되묻는 말을 집어넣어 반응을 이끌어내야 한다. 언제 누가 어떤 이야기를 꺼내더라도 금세 훈훈한 판이 벌어지는 교실, 이것이 우리가 만들어 가야 할 교실이다.

교실에서 벌이는 이야기판에 받아들이지 못할 이야기는 없다. 겪은 이야기, 들은 이야기, 지어낸 이야기가 모두 훌륭한 이야깃거리가 된다. 그러나 그 가운데에서도 옛이야기는 이야기의 꽃이라 할 만 하다. 옛이야기에는 아기자기한 재미와 흥미진진한 줄거리가 있다. 그런가 하면 은근한 가르침과 귀가 번쩍 뜨이는 깨달음도 있다. 속 시원한 풍자와 배꼽 잡는 해학, 배울 만한 슬기와 세상의 잘못을 꾸짖는 준열함도 여기에 있다. 그러기에 옛이야기는 들려주는 것만으로도 훌

룽한 교육이 된다.

옛이야기는 어느 것이나 '착한 사람은 복을 받고 나쁜 사람은 벌을 받는다' 는 가르침을 담고 있다. 이 단순명쾌한 주제는 듣는 이에게 마력과도 같은 믿음을 심어 준다. 이것이 현실성 없는 가르침이라고 할지라도, 착하게 살아가려는 사람에게 믿음을 주는 이야기는 그 자체로 쓸모 있다. 옛이야기는 세상을 똑바로 보는 눈을 키워 주기도 하고, 무엇이 옳고 그른가를 생각하게 해 주기도 하므로 그것만으로 아이들의 정서를 풍요롭게 해 준다.

또 옛이야기는 종종 역사와 민속을 이해하는 데도 도움을 준다. 옛이야기 속에는 옛날 사람들이 살아가는 모습과 마을, 집, 물건 같은 것이 그 당시의 모습으로 나오기 때문에 이야기를 들으면서 자연스럽게 그것을 이해할 수 있는 것이다. 이야기 속에 살아 움직이는 역사와 민속은 박물관의 유리장 속에 갇힌 그것보다 더 생생한 자료가 될 수 있다.

그리고 옛이야기는 깨끗하고 감칠맛 나는 우리 입말의 보물창고다. 누구든지 옛이야기를 할 때는 깨끗한 토박이말을 쓰게 되고, 이는 우리말에 대한 감각을 익히는 데 매우 유용하다. 요사이 우리말이 심하게 뒤틀리고 오염되는 현실을 생각하면, 옛이야기로 우리말을 되살리는 일도 중요한 일이 되었다.

옛이야기는 상상력을 바탕으로 만들어졌기 때문에 현실성이 없고 허황한 것이 많다. 이 때문에 옛이야기의 교육 효과에 대해서 의문을 갖는 사람들이 많은데, 이는 괜한 걱정이다. 대부분의 아이들은 합리성을 갖춘 반듯한 이야기보다는 초현실을 다룬 옛이야기에 훨씬 더 큰 매력을 느낀다. 현실에서 이루지 못하는 욕구를 이야기가 대신 채워 주기 때문인데, 이것으로 무의식이 정돈되어 아이들 정서는 더 건강해질 수 있다. 그러므로 옛이야기의 초현실성은 약점이라기보다 강점이다.

또 옛이야기에는 때때로 잔인한 장면이 나오기도 하는데, 이것이 이야기 진행에 불필요한 것이 아니라면 그대로 들려주어야 한다. 필연성이 있어서 들어간 화소이기 때문이다. 다만 이때 그 잔인한 장면을 세세하게 묘사해서는 안 된다. 옛이야기 특유의 단순발랄한 화법은 지루한 상황 설명이나 장면 묘사를 멀리함으로써 긴장감을 얻는다.

많은 옛이야기가 가르침을 담고 있지만, 이야기를 들려준 뒤에 무엇을 배웠느냐고 꼬치꼬치 묻는 일은 전혀 필요하지 않다. 옛이야기에는 '정답'이 될 만한 주제가 없으며, 듣는 사람마다 다르게 받아들일 요소가 많기 때문이다. 다시 한번 말하지만 옛이야기는 들려주는 것만으로 훌륭한 교육이 된다.

교실에서 교사가 이야기를 들려주는 경우를 크게 두 가지로 나눈다면, 이야기 들려주기 자체가 목적이 되는 경우와 이야기를 다른 활동의 자료로 쓰는 경우로 나눌 수 있다. 앞의 경우는 주로 옛이야기나 우화가 쓰일 것이며, 때때로 교사 자신의 어린 시절 이야기, 책이나 영화 이야기가 쓰일 수도 있겠다. 어느 경우든 이야기를 재미있게 들려주는 일 자체에 초점을 맞추어야 한다. 무엇인가 자꾸만 가르치려고 한다든지 이 이야기를 본받으라고 윽박질러서는 안 된다. 그럴수록 이야기의 재미는 줄어들고 잔소리에 가까워진다. 그렇게 되면 이미 이야기가 아니다.

가령, 많은 교사들이 자기 자신의 어린 시절 이야기를 들려주면서 뭔가 한마디 덧붙이고 싶어 한다. 그때는 그렇게 어렵게 살면서도 불평 없었는데 요새 너희들은 안 그렇더라, 그때는 물건을 그렇게 아껴 썼는데 요새 너희들은 그게 뭐냐, 이런 식으로 사족을 다는 것이다. 이렇게 되면 이야기의 재미가 떨어지는 것은 말할 것도 없고 듣는 이는 부담을 느낀다. 이야기라기보다는 잔소리가 되는 것이다.

이야기를 교육 자료로 쓰는 경우에는 여러 가지 쓸이 있을 수 있다. 수업을 시작하거나 수업 중 잠깐 주의를 모을 필요가 있을 때, 짧은 이야기 한 토막은 기대 이상의 효과를 낸다. 이때는 줄거리가 없는 이야기도 괜찮고 이야기를 다 끝내지 않아도 상관없다. 옛이야기를 좋아하는 아이들이라면(사실 옛이야기를 좋아하지 않는 아이는 이 세상에 없다) 선생님의 "옛날 옛적 갓날 갓적 호랑이가 담배 피울 적에……" 하는 한 마디에도 귀를 쫑긋 세울 것이다. 모든 아이들의 귀가 쫑긋해지면 이미 목적은 달성된 것이므로 "……그래서 그 호랑이는 더하기 공부를 하려고 학교로 갔대." 하는 식으로 자연스럽게 이야기를 마무리하고 수업을 진행하면 된다.

수업 내용이나 소재에 대해 흥미를 불러일으키고 싶을 때도 짤막한 이야기 한 자리는 쓸모가 있다. 예를 들어 개구리의 한살이를 공부하려고 할 때 개구리가 나오는 옛이야기를 들려주면 좋을 것이다. 역사 단원에서는 그 당시의 사회 상황과 관계 있는 옛이야기가 흥미를 더해 줄 것이다. 이런 경우에는 미리 이야깃거리를 준비해 두어야 한다. 단순히 주의를 모을 때는 즉흥으로 떠오르는 이야기를 하거나 여의치 않으면 이야기를 지어낼 수도 있지만, 이 경우에는 사전 준비가 필요하다.

수업 중에 자료로 쓰는 이야기는 사진이나 그림과 같은 다른 자료와 함께 써도 괜찮지만, 본격 이야기를 들려줄 때는 될 수 있는 대로 청각에만 의존하는 것이 좋다. 그것이 이야기 들려주기의 본 모습이기도 하려니와 상상력을 자극하는 데 도움이 되기 때문이다. 움직이는 그림과 같은 시각자료는 한때 주의를 모으는 데는 효과 있을지 몰라도 오히려 상상력을 제한하는 면이 있다.

아이들에게 훈계가 필요할 때도 옛이야기가 한몫을 할 수 있다. 옛이야기에는 대개 가르침이 들어 있지만, 그 가르침이 재미와 감동 속에 숨어 있는 것이 대부분이다. 똑같은 가르침을 담고 있어도 명심보감 같은 글문학이 딱딱하고 따분한 까닭은 가르침이 밖으로 드러나 빤히 보이기 때문이다. 이런 것은 상대를 감동시키기보다는 무조건 주인공을 닮으라고 윽박지르는 화법을 쓰고 있어서 부담스럽다. 옛이야기는 가르침을 밖으로 드러내는 법이 없다. 짐짓 딴청을 부리며 줄거리의 재미를 앞세운다. 그래서 이런 이야기를 들려주는 것은 직접 면박을 주지 않고 아이들을 은근히 훈계하는 효과가 있다. 이야기 끝에 "무얼 배웠니?" 하는 식의 사족을 달지 말아야 함은 물론이다. 아이들이 이야기 속의 훈계를 눈치 채지 못하면 어쩌나 하는 걱정은 하지 말자. 설령 교사의 의도를 알아차리지 못하더라도 이미 교육은 훌륭하게 이루어졌다.

이야기로 하는 교육은 어쩌면 그 효과가 바로 나타나지 않을지도 모른다. 그러나 우리는 믿음을 가져야 한다. 올바른 교육일수록 그 효과는 늦게 나타나는 법이다. 여기 내가 들려 준 이야기의 참맛을, 그 속에 담긴 귀한 가르침을 소화해 내지 못하는 아이가 있다고 하자. 그렇다고 해서 우리는 이야기 들려주기를 그만둘 것인가? 아니면 그 아이에게 이야기의 값어치를 지루하게 설명하는 어리석음을 범할 것인가? 그 아이가 재미있게 듣기만 했다면 그 이야기는 오래 오래 그의 가슴에 남아 있을 것이다. 그러다가 꼭 필요할 때 그 참맛이, 귀한 가르침이 새롭게 나타나 그에게 도움을 줄 것이다. 이것이야말로 백 권의 책에 담긴 지식보다 낫지 않은가?

좋은 이야기 한 편은 백 번의 훈계보다도 낫다.

(《우리교육》, 2001. 5.)

약자의 상처, 강자의 상처

"선생님, 초연이 울어요."

여자아이들 몇이 다가와서 작은 소리로 말한다. 틀림없이 또 우람이한테 맞아서 그럴 게다. 초연이 같이 힘이 약하고 싸움을 잘 못하는 아이들은 거의 날마다 힘센 아이들한테 얻어맞는 게 일이다. 우람이를 불러 물어 봤더니, 아니나 다를까 '놀리고 까불어서' 때려 줬다고 태연하게 대답한다. 세상에! 까부는 아이를 주먹으로 때리는 일이 당연한 일이라도 되나? 속상해서 큰 소리로 나무랐지만 우람이가 마음속으로 뉘우치는 것 같지는 않다.

우리 나라 어느 학교에 가나 초연이처럼 약한 아이들은 우람이 같이 힘센 아이들한테서 얻어맞는다. 어른들은 하기 좋은 말로 "아이들은 다 맞으면서 큰다."고 하지만, 그 말은 틀렸다. 아이들은 다 맞으면서 크는 게 아니라, 몇몇 아이들은 때리면서 크고 몇몇 아이들은 맞으면서 큰다. 힘센 아이들은 거의 언제나 때리고, 힘이 약한 아이들은 거의 언제나 맞는다. 만약 이 세상 모든 아이들이 서로 때리기도 하고 맞기도 하면서 토닥토닥 다툴 뿐이라면 나도 걱정 않겠다. 그런데 그게 아니다. 이게 과연 아이들만의 잘못인가?

나는 이 세상에서 사람이 할 수 있는 일 가운데 가장 비열한 일이 '약자 괴롭히기' 라고 생각한다. 그런데 바로 그 가장 비열한 일이 아무렇지도 않은 듯이 우리 곁에서 날마다 일어나고 있다. 그렇다! 아무렇지도 않은 듯이! 큰 나라는 작은 나라를 괴롭힌다. 힘센 나라 군대는 힘 약한 나라 백성들을 마구 죽여 놓고도 자기 잘못이 아니라고 한다. 권력기관은 백성들을 괴롭히고, 기업은 노동자를 괴롭힌다. 부자는 가난한 사람을 깔보고, 유식한 사람은 무식한 사람을 업신여긴다. 아이들이 보고 듣는 것이 죄다 이런 것이니, 도대체 이런 걸 안 배우고 무얼 배우겠는가?

나는 한때 학교 선생님들한테서 이런 우스개를 들은 적이 있다. 아이들이 매를 맞고 안 맞고는 교장선생님 부인의 기분에 달렸다고. 교장선생님 부인이 기분 나쁘면 교장선생님한테 화풀이하고, 교장선생님은 출근해서 선생님들한테 화풀이하고, 선생님들은 교실에 가서 반장한테 화풀이하고, 그러면 애꿎은 아이들이 반장한테 매를 맞는다는 것이다. 우스개로 만들어낸 말이기는 하지만, 참으로 서글프고 부끄러운 이야기다. 이것이야말로 우리 교육계에 강자로부터 시작되는 '약자 괴롭히기'의 먹이사슬이 뿌리내리고 있음을 풍자하는 이야기가 아니고 무엇인가.

이 일이 어찌 비단 교육계뿐이랴. 강자가 약자 앞에서 으스대고 폭력을 휘두르는 모습은 우리 사회 어디에서나 볼 수 있다. 정치판이 그렇고 재계와 노동계가 그렇고 군대가 그렇고 학계가 그렇다. 강자는 때때로 자기보다 더 힘센 상내를 만나지만, 그때마다 철저하게 상대에게 복종함으로써 생존의 기틀을 마련한다. 약자는 또 자기보다 더 약한 상대에게 권력을 휘두름으로써 잃은 것을 보상 받으려 한다. 그래서 언제나 한없이 당하기만 하는 것은 가장 아래층에 있는 약자이다.

아이들이나 어른들이나 남에게 상처를 입는다면, 십중팔구 자기보다 힘센 사람한테서 상처를 입는다. 만약 강자와 약자가 똑같이 서로에게 상처 주는 말이나 행동을 했다면, 약자 쪽의 상처가 몇 배는 더 깊게 마련이다. 우리가 우리에게 입히는 강자의 횡포와 폭력을 미워하고 배척한다면, 똑같은 무게로 우리가 혹시 약자에게 입힐지도 모르는 횡포와 폭력도 미워하고 경계해야 한다.

이 세상은 초연이와 같이 약한 아이들도 상처 입지 않고 살 만한 세상이 되어야 한다.

(《글쓰기》, 2002. 8.)

멈춰 서서 되돌아보기

아이들을 대여섯 사람씩 묶어 주고 모둠 이름을 지으랬더니, 한참 동안 저희들끼리 머리를 짜낸 끝에 지어 온 이름들이 하나같이 낯설다. '클릭클릭' '돌핀스' '에이치피이' '리니지짱' 이 다 뭐란 말인가? 그러고 보니 아이들이 좋아하는 가수들 이름이 다 저런 식이고, 아이들이 좋아하는 온라인게임 이름이 다 저런 식이다. 또 아이들이 좋아하는 상품 이름도 저런 틀에서 크게 벗어나지 않는다. 서양말 또는 서양말을 흉내 낸 국적 모를 뜨내기말이 바로 그것이다.

"좋은 우리말도 많은데 하필이면 이런 이름을 지었느냐?" 고 하니 "멋있잖아요?" 한다. 다시 "무슨무슨 '두레' 와 같은 이름은 어떠냐?" 하니 "에이, 촌스러워요." 한다. 그렇구나.

이 아이들 정서에는 토박이 우리말을 자연스럽게 받아들일 빈자리가 없구나. 이것이 어찌 이 아이들 잘못일까?

아이들에게 '원주민' 이라는 말을 들으면 어떤 생각이 떠오르는지 물어 보았더니 그 반응이 이렇다.

"옷을 안 입고 다니는 거요."

"말 타는 것하고 활 쏘는 것이요."

"까만 사람들이요."

"북 치고 춤 추는 거요."

그러다가 한 아이가 크게 소리친다.

"식인종이요!"

이때 아이들에게 다시 묻는다. 그러면 이렇게 말하고 있는 우리는 원주민인가, 이주민인가, 아니면 침략자들인가. 아이들은 언뜻 그 말뜻을 잘 알아듣지 못한다. 한참 뒤에야 아이들은 조금씩 그 뜻을 알아차리고 당황하기 시작한다. 그리고 혼란스러워한다. 우리 자신이 원주민이라는 사실을 한 번도 생각해 보지 않은 채, 아이들은 원주민이란 미개하고 야만스럽다는 선입견을 갖고 있었던 것이다.

서양말로 된 이름은 세련되고 우리말로 된 이름은 촌스럽다는 명제를 우리는 아이들에게 가르친 적이 없다. 원주민은 미개하고 야만스러우며, 그렇기 때문에 문화인의 침략은 정당하다는 논리를 우리는 결코 아이들에게 가르친 적이 없다.

교과서에도 참고서에도 그런 말은 한 마디도 없다. 그런데도 아이들은 하나같이 그런 명제와 그런 논리에 익숙해져 있다. 무슨 까닭인가?

두말할 나위도 없이 이것은 뿌리 깊은 서구중심 문화환경 때문이다. 우리 나라 아이들은 나이 대여섯 살 무렵부터 〈백설공주〉와 〈신데렐라〉로 대표되는 서양 옛이야기를 듣거나 읽음으로써 외부 문화와 교감하기 시작한다. 곧이어 아이들은 그들의 눈과 귀를 장악하는 텔레비전의 영향으로 빠르게 서구중심 문화에 빠져든다. 그러면서 '세계명작동화' 로 대표되는 서양문학을 문학의 주류로 여기고, '나사' 로 대표되는 한 나라의 우주개발기구를 자연과학의 본거지로 여기며, 이 세상을 그들의 눈으로 바라보는 일에 익숙하게 된다. 이렇게 자라나는 아이들이 서구화된 정서를 갖지 않는다면 오히려 이상한 일이다.

백설공주는 이름 그대로 살갗이 눈처럼 하얗다. 살갗이 눈처럼 하얀 공주는 아름다우며 또한 착하다. 백설공주의 반대편에 있는 마귀할멈이나 괴물은 살갗이 눈처럼 하얗지 않다. 그들의 살갗은 짐작컨대 거무튀튀하거나 푸르스름하거나 노랗거나 할 것 같다. 그들은 못생겼으며 또한 나쁘다. 우리는 방금 살갗이 흰 것은 곧 아름답고 선한 것이요, 살갗에 색깔이 있는 것은 곧 추하고 악한 것이라는 논리를 발견하였다.

《로빈슨 크루소》를 비롯한 많은 서양 모험소설들이 이야기 속에 낯선 땅의 원주민을 등장시킨다. 이 원주민들은 하나같이 미개하고 야만스럽다. 미개하면서도 착한 원주민들은 바깥세상에서 불청객으로 찾아온 문화인을 숭배하고 따르지만, 미개하고도 나쁜 원주민들은 바깥세상에서 쳐들어온 문화인을 경계하고 배척한다. 소설은 바깥세상에서 온 문화인으로 하여금 착한 원주민과 손을 잡게 하고, 그 힘을 이용하여 나쁜 원주민들을 마땅하게도 굴복시키거나 멸망시킨다. 여기서 우리는 방금 또다시, 남의 땅을 빼앗고 그 행위를 정당화하는 사람들의 논리를 발견하였다.

사실 문화인과 야만인의 구별은 물질을 얼마나 많이 가졌느냐가 아니라 얼마나 사람답게 사느냐에 달린 것이 아닌가. 본래 거기에 살고 있던 사람들을 총칼로 위협하여 몰아내고 남의 땅을 빼앗는 사람들은 아무리 옷을 잘 차려입고 좋은 음식을 먹어도 야만인이다. 자연을 소중히 여길 줄 알고 남과 더불어 사는 법을 익혀 온 사람들은 아무리 거친 옷을 입고 보잘것없는 음식을 먹어도 문화인이다. 마찬가지로, 아무리 좋은 학교를 나오고 가진 것이 많아도 약자를 업신여기고 함부로 권력을 휘두른다면 그는 야만인이다. 아무리 배우지 못하고 가진 것이 없어도 남을 존중하고 배려할 줄 안다면 그는 문화인이다.

그런데도 우리 아이들은 단지 그 땅에 본래부터 살고 있었다는 까닭만으로 원주민을 야만인이라고 부르고, 단지 피부색깔이 우리보다 더 짙다는 까닭만으로 흑인들을 미개하다고 여긴다. 의심의 여지없이 본래부터 이 땅에 살아 왔으며, 백인들보다 피부색깔이 더 짙은 우리 아이들이 말이다. 이것은 비극이다. 백인들이 인종에 대한 편견을 갖고 있다면 그것은 오만과 폭력이다. 그러나 우리 아이들이 백인들과 똑같은 편견을 갖고 있다면 그것은 자기비하요 굴종이다.

일찍이 우리는 서구화만이 살 길이라고 부르짖는, 우리를 이끄는 사람들의 주장을 의심 없이 받아들였다. 서구화는 곧 선진화, 산업화, 문명화와 같은 뜻을 가진 말로 들렸다. 그래서 우리는 지난 반세기 동안 아무런 망설임도 없이 멈칫거림도 없이 그 길을 향해 달려왔다. 그 결과 우리는 실제로 더 편리한 세상에서 살게 되었다. 그러나 그 대가로 우리는 너무 많은 것을 잃었다. 무엇보다도 소중한 우리 정체성을 잃어버렸다. 그나마 우리는 정체성을 잃어버렸다는 사실만은 안다. 그러나 자라나는 우리 아이들은 우리가 정체성을 잃어버렸다는 사실조차 모른다. 이것은 슬픈 일이다.

학교도 우리 정체성을 찾는 일에 성공하지 못하였다. 다른 분야의 서구화를 뒤늦게 따라가는 데 급급했던 것이 오히려 정직한 대답이다. 아이들은 학교에서 우리 전통과 역사를 배우긴 했으되, 온몸으로 받아들이기보다는 시험을 보기 위한 토막지식으로 이용했을 뿐이었다. 우리 문화재 이름을 기계처럼 외우면서도 서양 대중문화에 열광하고 그것을 흉내내기에 바빴던 것이 사실이다. 그러다 보니 마침내 원주민과 유색인종에 대한 편견까지 지니게 된 것이다. 정체성 찾기에 관한 한 우리 교육은 해방 후 지금까지 줄곧 겉돌기만 했던 것이다. 그것을 모르는 채, 또는 알면서도 짐짓 외면한 채, 우리 교육은 쉬지 않고 서구화의 길을 달려왔다.

이제 잠깐 걸음을 멈출 때가 되었다. 멈춰 서서 온 길을 되돌아볼 때가 되었다. 찬찬히 우리 자신의 모습을 되돌아보고, 잃어버린 것이 무엇인지 살펴볼 일이다. 그리고 조각조각 흩어져버린 우리 정체성을 되찾아 온전한 모습으로 되살려 놓을 일이다. 이 일은 우리 세대에 하지 않으면 영원히 못 할 일일지도 모른다.

자, 더 늦기 전에 아이들에게 우리의 본래 모습을 되찾아 주자. 아이들이 백설공주나 신데렐라보다 반쪽이나 구렁덩덩신선비와 더 친숙해지게 해 주자. '에이치피이' 보다 '한마음두레' 가 더 멋있게 들리도록 문화환경을 바꾸어 주자. 자기 자신의 뿌리를 부정하고 깔보는 못난이 짓을 그만두고 떳떳하게 자신이 누구인지를 밝히는 힘을 길러 주자. 그리하여 우리의 아이들에게 원주민이라는 말을 들으면 어떤 생각이 떠오르는가를 물었을 때 이런 대답이 나올 수 있으면 좋겠다.

"거기 오래 산 사람들이요."

"땅 주인이요."

"풍습을 오래 간직하는 것이요."

"자부심을 갖는 거요."

그러다가 한 아이가 이렇게 소리친다면 더 좋겠다.

"바로 우리들이요!"

(《새교실》, 2002. 10.)

서울을 모로 가면 안 된다

학교에서 아침 첫 시간 공부 준비를 하고 있는데 방송이 나온다. 들어 보니 밖에 있는 아이들더러 어서 빨리 교실로 들어가 책을 읽으라고 그런다. 그러고 나서 또 하는 말이, 아침 시간 10분은 책 읽는 시간이니까, 이제부터 날마다 이 시간에는 어른아이 할 것 없이 모두 책만 읽어야지 다른 일은 아무 것도 하지 말라고 그런다. 갑자기 왜 이러는지 알 수 없어서 담당 선생님께 물어 봤더니 '시 교육청 시책' 이라고 한다. 시 교육청에서 지시하기를, 학교란 학교는 모두 다 아침에 10분 동안은 아이들이고 선생님이고 간에 모두 책을 읽으라고 했다는 것이다. 이런 지시가 한번 내려오면 제대로 실천되는지 '조사' 가 뒤따르고, 만약 지시를 어겼다가는 '문책'

을 당하기 때문에 시키는 대로 해야지 어쩔 수 없다고 한다. 세상에! 이게 무슨 우스개 놀음이람. 나이도 능력도 생각도 처지도 다 다른 몇 천 몇 만이나 되는 사람들을 똑같은 시간에 똑같이 자리에 앉혀 놓고 강제로 책을 읽게 하겠다니, 이게 대체 제정신 가진 사람의 생각인가? 하기야, 옛날 군사독재 시절에는 온 나라 사람들을 한꺼번에 '부동자세'로 세워 놓고 '국기강하식'이란 걸 할 때도 있었지. 거기에 견주면 이건 점잖은 축에 들지 모르겠다.

화가 나기보다 어이가 없어서 다른 선생님들한테 푸념을 했더니 거의 다 "참 그래요."라고 맞장구를 친다. 그런데 더러는,

"다 그렇지요, 뭐. 이런 일이 어디 한두 번인가요?"

하는 분도 있고,

"좋은 뜻으로 하는 일인데 뭘 그러세요?"

하는 분도 있다.

그러고 보니 책을 읽자는 것이 '좋은 뜻'이긴 하다. 그렇다면 '우리 모두 책을 읽어 문화시민 되자'는 이 마땅하고도 훌륭한 운동에 시비를 거는 나 같은 사람이야말로 쓸데없는 소동을 일으키고 있는 셈이다. 그런데 정말 '좋은 뜻'이기만 하면 다 좋은가?

아이들을 가르치는 곳에서 심심찮게 들을 수 있는 말 가

운데 '사랑의 매' 라는 게 있다. 뜻인즉 아이를 사랑하기 때문에 매를 들고 때리노라는 비장한 말씀인데, 글쎄, 정말 사랑을 많이 하면 아이를 때리게 되는 것인지 나는 아직 잘 모르겠다. 사랑을 덜 해 봐서 그럴 게다. 아니, 부디 오해 없기 바란다. 내가 지금까지 선생 노릇, 부모 노릇하면서 아이들을 때리거나 벌 준 적이 한 번도 없다는 뜻은 절대로 아니다. 고백하건대 부끄럽지만 분명히 그런 야만스러운 짓을 한 적이 있다. 그런데 그게 '사랑의 매' 는 아니었다는 말이다. 아무리 다시 생각해 봐도 내가 정말 그때 아이들을 무척 사랑해서 그랬던 것 같지는 않다. 속상해서 그랬지.

아무튼 그렇게 '사랑의 매' 를 들고 아이를 때리다가 누가 따지기라도 하거나 말썽이라도 나면 으레 내세우는 말이 있다.

"아니, 아이들을 잘 교육하자는 좋은 뜻으로 한 일을 가지고 뭘 그러나?"

듣고 보면 옳은 말 같기도 하다. 아이들을 잘 교육하자는 게 '나쁜 뜻' 이 될 수는 절대로 없을 테니 말이다. 그렇다면 '사랑하기에 때리노라' 는 이 깊고 오묘한 뜻도 이해 못하고 야만이니 뭐니 하면서 의심을 품는 나 같은 사람은 교육자 축에도 못 끼는 게 아닌가. 참 부끄러운 일이다. 그런데 아무래도 미심쩍다. 뭐가 어찌 되든 '좋은 뜻' 이기만 하면 다 좋은

가? 정말로 그런가?

그러고 보니 요사이 독도 문제가 불거지면서 텔레비전에서 본 장면이 하나 떠오른다. 바로 달포 전에 '일본의 식민 지배가 축복' 이라고 헛소리를 한 사람이 대표로 있고, 그 이름도 길고 어려워서 외우기도 힘든 어떤 '애국단체' 사람들이 머리띠를 두르고 고함을 지르면서 일본을 나무라는 장면 말이다. 깃발을 불태우고 큰 소리로 욕을 하는 것까지는 좋았는데, 일부러 손가락에 피를 내어 글자를 쓰는 데 이르러서는 좀 섬뜩하더라. 저런 장면을 어디서 봤을꼬 생각하다 보니……. 아이고, 바로 옛날 일제강점기 때 일본군들이 전쟁터에 나가면서 저런 짓을 하더라는 생각이 나지 뭔가. 그래서 그만 누가 누구를 나무라고 있는지 헷갈려서 갈피를 못 잡고 한참 동안 멍하니 앉아 있었다.

그 '애국단체' 사람들이 내 이런 얘기를 들으면 틀림없이 이렇게 말하겠지.

"뭐야? 애국하자는 데 시비야?"

그러고 보니 독도 지키고 나라 사랑하자는 것보다 더 '좋은 뜻' 이 어디에 있겠나. 그 거룩한 일을 두고 손뼉은 못 칠망정 이러쿵저러쿵 깐죽거리기나 하고 있는 나 같은 사람은, 요새 시절이 좋아서 그렇지 옛날 같으면 정보부에 불려 가서 주리를 틀려도 골백번은 틀렸을 게다. 그런데 참 모를 일이다.

'좋은 뜻' 이기만 하면 정말로 다 좋은가?

얘기 나온 김에 아이들한테서 얻어 본 만화 얘기도 좀 해야겠다. 줄거리인즉, 지구를 지키는 용감하고 슬기로운 '전사' 들이 환경을 더럽히는 나쁜 인간들을 찾아 혼내 주는 이야기. 몰래 더러운 물을 바다로 흘려보내는 악당을 천신만고 끝에 찾아낸 우리 편 '전사' 들은 통쾌하게도, 아니 무시무시하게도 그 공장을 '폭탄' 으로 산산조각 내어 악당들과 함께 깊은 바다 속에 '수장' 하더라. 이쯤 되면 도대체 누가 악당이고 누가 우리 편인지 알쏭달쏭해지지 않는가.

아니 '좋은 뜻' 으로 만든 만화를 가지고 왜 시비냐고? 하긴, 환경오염을 막고 지구를 지키자는 건 그저 '좋은' 정도가 아니라 아예 '신성한' 일이겠다. 그런 신성함에 감히 대드는 나 같은 사람은 뭘 몰라도 한참 모르는 바보거나, 뭘 봐도 똑바로 못 보는 삐딱한 불평분자밖에 더 되겠나. 그런데, 그런데 말이다. '좋은 뜻' 이기만 하면 정말 다 좋은 건가?

이제 그만 이기죽거리고 할 말을 똑바로 하련다. 둘러맞추고 꿰어 맞추려고 들면 이 세상에 '좋은 뜻' 이 아닌 건 없다. 그 옛날 일제에 빌붙어 겨레를 팔아먹었던 사람들도 그들 입으로는 다 '좋은 뜻' 으로 그랬다고 하지 않던가. 좀 심하게 말해서 군대의 양민 학살 같은 끔찍한 범죄도 둘러치고 메치면 '좋은 뜻' 으로 둔갑하는 건 일도 아니다. 그러니까 힘과 권세 가진 사람들아, 부디 우리더러 이렇게 말하지 마라.

"좋은 뜻으로 하는 일인데 뭘 그러나?"

그런 헛말보다 우리에게 정당한 방법과 절차를 보여 다오. 그러면 우리도 그 '좋은 뜻' 을 기쁘게 받아들이마. 눈 부라리고 을러대기와 억지로 틀에 맞추기, 때리고 부수고 발길질하고 약한 사람 괴롭히는 폭력과 야만으로는 아무리 좋은 뜻이라도 이룰 수 없다. 아니, 폭력과 야만에 기대는 '좋은 뜻' 은 이 세상에 없다. 그것은 속에 품은 '나쁜 뜻' 을 가리고 감추는 잔꾀에 지나지 않는다. 당신들이 정말로 좋은 뜻을 이루려고 하거든 먼저 '좋은 방법' 을 내놓아라. 책을 많이 읽자는 것이나 아이들을 바르게 교육하자는 것, 우리 나라 사랑하자는 것이나 환경오염 막자는 것, 다 '좋은 뜻' 이라는 것 잘 알고 있으니 제발 '나쁜 방법' 으로 그걸 이루려고 하지 마라.

바로 가나 모로 가나 서울만 가면 되는 것이 아니다.

서울은 바로 가야 한다. 모로 가면 절대로 안 된다.

(《글쓰기》, 2005. 5.)

나를 살리는 길,
아이들을 살리는 길

— 젊은 선생님께 보내는 편지

선생님.

오늘도 재잘거리는 아이들에게 둘러싸여 바쁘게 하루를 보내셨지요? 아니 '바쁘게 하루를 보냈다' 기보다 '어느새 하루가 갔다' 는 말이 더 어울릴 것 같습니다. 그만큼, 요새 선생님의 하루 일과는 무척 힘겨워 보이더군요. 사실 그런 모습을 곁에서 지켜보는 제 마음도 편치 않습니다. 선생님보다 여러 해 일찍 교사 노릇을 시작한 제가, 그 '힘든 환경' 들을 조금도 고쳐 놓지 못하고 고스란히 남겨둔 채 학교를 물러났으니 말입니다. 그 모든 것이 제 탓인 것만 같아 부끄럽고 미안할 뿐입니다.

선생님께 용기를 드리고 싶어 글을 시작했는데, 이런 착잡한 마음 때문에 도무지 말문을 열 수가 없네요. 무슨 낯으로 "열심히 하십시오, 힘내십시오."라고 말하겠습니까? 그래서 제가 겪은 이야기를 하는 것으로 하고 싶은 말을 대신하겠습니다. 부디 헤아려 주시기 바랍니다.

제가 처음으로 교사가 되어 아이들 앞에 섰을 때 다짐한 것이 하나 있습니다. 그것은 바로 '아이들한테서 좋은 선생님이라는 말을 듣는 교사가 되자'는 것이었지요. 평범하기 짝이 없는 다짐이었지만, 저는 이것을 결코 부끄러워하지 않습니다. 교사에게 다른 누구보다 아이들의 평가가 중요하고, 또 아이들의 평가야말로 가장 정확하지 않겠습니까? 비록 제대로 실천하지는 못했지만, 이 다짐만큼은 그 뒤 오랜 세월이 지나도록 바뀐 적이 없습니다.

저는 좋은 교사가 되려면 두 가지가 필요하다고 여깁니다. 그 하나는 참교육에 대한 믿음이요, 다른 하나는 아이들에게 쏟는 정성입니다. 남을 가르치는 일이 재주만으로 될 수 없으니, 사람에 대한 깊은 이해와 태산 같은 믿음 없이 어찌 교육을 하겠습니까? 또 아무리 튼튼한 믿음이 있어도 정성을 다해 실천하지 않으면 무슨 소용이 있겠습니까?

부끄러운 일이지만, 저는 오랫동안 뚜렷한 주관도 없이 아이들을 가르쳐 왔습니다. 그래서 저지른 잘못은 여기에 다 풀어놓기조차 힘들 만큼 많습니다. 잘못 방향을 잡은 배는 부서지고 깨어진 배보다 더 나쁜 것입니다. 그런 배는 튼튼하고 빨리 갈수록 더 나쁜 법이지요. 하지만 이 '믿음' 또는 '교육관' 에 대한 얘기는 오늘 하지 않겠습니다. 왜냐하면 이미 선생님의 믿음은 올바르고도 굳셀 것이기 때문입니다.

그래서 제가 하고 싶은 얘기는 '정성' 에 대한 것입니다. 선생님은 요새도 날마다 아이들에게 온갖 정성을 쏟고 계시지만, 저는 스물여덟 해 동안 단 한 번도 아이들한테 부끄럽지 않은 해가 없었습니다. 돌이켜보면, 가르칠 준비도 제대로 못 한 채 시작종이 치면 부랴부랴 교과서를 펴 들기에 바빴고, 아이들이 왜 힘들어하는지 하나하나 챙겨 보지도 않고 그저 잘 하라고 다그치기만 했습니다. 때로는 불거져 나온 문제를 뻔히 보면서도 바쁘다는 핑계로 그냥 지나치기도 했고, 아이들이 저마다 개성이 다르다는 것을 알면서도 버릇처럼 모든 아이들에게 똑같은 일을 시키기도 했지요. 그뿐인가요. 아이들을 둘러싼 환경이 병들고 오염되어 있음을 탓하면서도 내 손으로 고쳐 보려는 엄두를 못 내었고, 비뚤어진 교육풍토를 한탄하면서도 그것을 바로잡는 일에는 선뜻 나서지 않았습니다. 그래서 저는 해마다 학년말이 되면 똑같은 반성을 되풀이했지요. '이래서는 안 되겠다. 내년에는 정말 열심히 해 봐야지.' 하지만 이듬해가 되어도 사정은 조금도 나아지지 않았습니다.

선생님.

여기까지 생각하니 마음 한구석이 쓰라립니다. 교사로서 정성을 다하지 못한 자신을 나무라다 보니, 슬그머니 억울한 생각이 들어서 그렇습니다. 교사로 일하는 동안 너무나 무거운 '의무'의 짐을 지고, 너무나 작은 '권리'의 밥상 앞에 굶주리며 살아 왔다는 느낌 때문에 그렇습니다. 그러고 보니 우리 교사들은 얼마나 많은 억압 속에서 얼마나 많은 희생을 강요당하며 살아 왔는지요. 보통 사람이라면 떳떳한 권리 주장에 속할 일도 교사들에게는 떨떠름한 '금기'로 둔갑해 버리는 것을, 얼마나 쓸쓸하게 지켜보며 살아 왔는지요. 예컨대 다른 사람이 그러는 건 탓할 일이 아니지만, 교사가 월급을 올려 달라고 하는 건 입에 올리기조차 민망한 일이 아니었나요? 다른 사람이 그러는 건 괜찮지만 교사가 '집단행동'을 하는 건 있을 수 없는 일이었고요. 다른 사람이 그러는 건 얼마든지 좋지만 교사가 연가를 내거나 조퇴를 하면 불순해 보였지요.

남의 나라 어떤 시인은 이름 없는 교사를 떠받든다면서 이런 시를 썼습니다.

전투를 승리로 이끄는 사람은 위대한 장군이지만 전쟁에

이기는 사람은 이름 없는 병사인 것처럼, 유명한 교육학자는 새로운 교육학의 체계를 세우지만 젊은이를 건져서 이끄는 사람은 이름 없는 교사이다. 이름 없는 교사는 가난 속에 살고 고난 속에 산다. … 온 나라를 두루 살피되 이름 없는 교사보다 찬양 받아 마땅한 사람이 또 어디 있으랴. 민주 사회의 귀족 반열에 오를 자 그밖에 또 누가 있으랴. 자신의 임금이요, 인류의 머슴인 것을.

이 시의 진정성을 의심할 마음은 조금도 없지만, 하도 많은 사람들이 이런 시를 내세워 진짜 '이름 없는 교사' 인 우리 귀를 어지럽히고 우리 마음을 씁쓸하게 하기에 한마디 하겠습니다. 정말 우리는 누가 거저 준대도 '민주 사회의 귀족 반열에 오르는 것' 따위는 바라지도 않으니, 가난과 고난을 강요하며 '어둠의 전선' 을 지키라고 내몰지만 말아 달라고요. 아니, 정말이지 우리는 가난과 고난을 달게 받아들이고 기꺼이 어둠의 전선을 지킬 뜻도 있으니, 부디 쓸데없는 일로 우리를 들들 볶지만 말아 달라고요. 부탁하건대 우리로 하여금 한눈팔지 않고 아이들 가르치는 일에 전념할 수 있게 해 달라고요.

선생님도 동의하시겠지만, 참으로 우리 교사들의 꿈은 작고도 소박한 것입니다. 너무 보잘것없어서 남들이 들으면 웃을지도 모르지만, 이건 사실입니다. 그건 제발 우리를 가만히 내버려 달라는 것이지요. 그렇지 않습니까? 그저 아이들한테만 정성을 쏟을 수 있도록, 다른 일로 우리 시간과 정성을 빼앗지 말아 달라는 것입니다. 하지만 그 작고 소박한 소원조차 관청은 들어 주지 않았습니다. 아니 관청도 어찌할 수 없을 만큼 탐욕과 폭력에 물든 우리 사회는 교사들을 그렇게 길들여 왔습니다.

참으로 부끄럽게도, 저는 교사로 일하는 동안 아이들에게 '이웃을 위해 땀 흘려라' 는 말보다 '열심히 공부해라' 는 말을 더 많이 했습니다. 저 자신의 어린 시절을 돌이켜보아도, '가난한 이웃을 외면하지 마라' 고 가르친 선생님은 없었습니다. 귀에 못이 박히도록 들은 거라고는 '공부 안 하면 낙오자 된다' 는 말이었지요. 제가 어찌 선생님들을 원망하겠습니까? 그 선생님들조차 피해자였던 것을.

우리 교사가 하는 '잡무' 가 얼마나 많은지는, 이 땅에서 교사 노릇을 해 보지 않은 사람이면 아무도 모를 것입니다. 오죽하면 우리 교사들 사이에 '일하다가 쉴 참에 잠깐씩 아이들 가르친다.' 는 자조 섞인 푸념이 나오겠습니까? 그런데 그 잡무라는 게, 선생님도 아시다시피 아이들을 바르게 가르치는 일과는 아무 상관없는 일이니 문제지요. 사실 이 힘겨운 잡무 문제는 어제오늘의 일이 아니라 몇 십 년 동안 끊임없이 이야기되어 온 것인데, 그러면서도 나아지지 않고 날이 갈수록 점점 더 심해지니 알다가도 모르겠습니다.

선생님.

그렇다고 해서 아이들한테 정성을 다하지 못한 저의 잘못이 없어지거나 줄어들지 않음을 잘 압니다. 그러나 이 문제는 저의 잘못이 어디서부터 시작되었는지, 그 뿌리를 밝히는 열쇠가 될 수는 있습니다. 그렇습니다. 가르칠 준비를 제대로 못 하고, 아이들을 하나하나 챙겨 주지 못했으며, 문제를 보고도 바쁘다는 핑계로 그냥 지나치고, 아이들의 개성을 외면한 채 버릇처럼 기계처럼 똑같은 일을 시킨 데는 우리를 둘러싼 환경 탓이 컸다는 겁니다. 입시공부가 곧 아이의 '장래'를 쥐락펴락하는 현실에서 교사가 할 수 있는 일이 과연 무엇이었나요?

아이들 삶과 마음을 어떻게 하면 건강하게 키울 수 있을까 궁리하기보다는 당장 내일 있을 행사를 걱정하고, 퇴근할 때까지 해내라고 지시 받은 잡무에 먼저 손이 가는 건 어쩔 수 없는 일이었지요. 오오 선생님, 설마 이렇게 말하시지는 않겠지요. "그렇다면 퇴근을 늦춰서라도, 밤새 고민하고 준비해서라도 아이들은 제대로 가르쳐야 하는 것 아닌가요?" 교사이기 때문에 당연한 듯 강요되는 희생을 기꺼이 받아들이기에는 제 수양이 너무 모자랐답니다. 아니, 저는 거룩한 성인군자도 아니고 자선사업가도 아니었답니다. 교사도 직업인이니 마땅히 정해진 시간 안에 일할 권리와 여가를 즐길 권리가 있지 않은가요?

학교 안팎에서 교사에게 지운 짐에 견주면, 사회 속에서 교사가 가진 힘은 너무나 작았습니다. 행여 아이들이 나쁜 사고라도 당하면 그 허물은 고스란히 교사에게 돌아왔지요. 하지만 그 사고의 원인을 지적하고 미리 대비하자는 교사의 말에 귀를 기울이는 사람은 없었습니다. 물론 사고를 막을 수 있는 힘도 교사에게 없었습니다. 아이들이 행여 나쁜 일에 물들면 모든 꾸짖음은 교사를 향해 쏟아졌습니다. 그러나 아이들을 둘러싼 나쁜 환경을 바로잡을 수 있는 힘은 교사에게 없었습니다. 교육환경을 바로잡자는 교사들의 주장은 언제나 메아리 없는 외침으로 되돌아오곤 했습니다. 이러한 풍토를 그대로 두고 다만 교실에서 아이들한테 최신을 다한다는 것이 과연 얼마나 큰 의미를 가질까요? 아니, 그것이 가능하기나 한 일이겠습니까?

선생님.

그래서 해마다 되풀이된, 다음과 같은 저의 반성은 틀렸던 것입니다. '올해도 아이들한테 정성을 다하지 못했구나. 내년에는 정말 부지런히 일해서, 어떤 어려움이 있더라도 아이들한테 정성을 쏟아야지.' 왜냐하면 이러한 반성은, 제가 정말 거룩한 성인군자나 자선사업가가 되지 않는 한 이듬해에도 똑같이 되풀이될 수밖에 없을 것이기 때문입니다. 그 이듬해에도 힘겨운 일은 저를 짓누를 것이고, 관청의 압박과 사회의 냉대도 달라지지 않을 테니까요. 그 속에서 아이들한테 정성을 다하는 일이 어찌 가능하겠습니까?

그래서 해마다 되풀이된 그 반성은 다음과 같이 고쳐져야 했습니다. '올해도 아이들한테 정성을 다하지 못했구나. 내년에는 정말 내가 좀 더 자유롭고 여유 있게 일할 수 있도록 힘을 길러야지.' 왜냐하면 그런 노력 끝에 정말 제가 좀 더 큰 힘을 얻게 된다면, 비로소 수많은 '일거리' 로부터 풀려나 아이들에게 정성을 다할 수 있지 않겠습니까? 물론 이런 일이 저 하나 힘쓴다고 금방 이루어지는 일은 아니었을 테지요. 하지만 그렇더라도 저는 꾸준히 그런 일에 힘써야 했습니다. 저를 살리는 길이 바로 아이들을 살리는 길이었기 때문입니다.

선생님.

제 이야기도 이쯤에서 그만 끝낼까 합니다. 하다 보니 신세타령 같은 것이 되고 말았네요. 좀 더 밝고 가벼운 이야기를 해 드리지 못해서 미안합니다. 요새 선생님이 힘겨워하는 것을 보면서 안쓰러운 느낌이 들었고, 왜 나는 교사로 일할 때 그런 환경을 조금도 고치지 못했는지 죄스러운 마음이 앞서 이런저런 생각을 해 보았을 뿐입니다. 왜 그때 저는 해마다 똑같은 반성에서 헤어나지 못했는지 의심해 봤을 뿐입니다. 그러다 보니 '옳아, 나를 살리는 길이 결국 아이들을 살리는 길이었구나. 그때는 왜 그걸 몰랐을까.' 하는 생각에 이르렀을 뿐입니다. 어제도 오늘도 자신을 돌보지 않고 오로지 아이들을 위해 애쓰신 선생님께, 이제부터는 자신도 좀 챙기라는 말씀을 드리려고 이렇게 어수선한 글을 썼습니다.

끝까지 읽어 주셔서 고맙습니다.

(《글쓰기》, 2007. 1.)

돌잡이

아는 사람이 친척 돌잔치에 갔다 온 얘기를 하면서, 아기가 돌잡이로 청진기를 집어서 부모들이 기뻐했다고 한다.

"청진기요? 요새는 돌잡이 상에 청진기도 놓습니까?"

물었더니,

"그럼요. 청진기뿐 아니고 신용카드, 마우스, 마이크, 골프공도 놓는걸요."

한다. 하기야, 세태가 바뀌었으니 돌잡이 상에 놓는 물건도 달라지는 게 당연하겠지. 짐작컨대 청진기는 의사를, 신용카드는 부자를, 마우스는 컴퓨터 잘 다루는 사람을, 마이크는 연예인을, 골프공은 골프선수를 뜻하는 듯하다. 세상이 많이 변하긴 변했구나. 옛날엔 실, 곡식, 연필, 국수오리, 자, 바늘,

대추, 돈 따위를 놓았는데.

이런 저런 생각을 하다 보니 마음이 무거워진다. 이 땅의 아이들은 태어나자마자 어른들이 정해 준 몇 안 되는 규격품 '장래희망' 만을 고를 자유밖에 없구나. 이건 옛날에도 그랬고 요새도 그렇다. 돌잡이 상에 호미나 그물이나 망치가 올라갈 수는 절대로 없는 것이다. 아이들은 걸음마를 배울 때부터 어른들이 끊임없이 머리에 집어넣어 주는 대로, '힘 안 들고 돈 많이 버는 직업이 곧 좋은 직업' 임을 깨우쳐 간다. 교과서는 아직도 고지식하게 '직업에 귀천이 없다' 고 가르치지만, 요새 그런 걸 믿는 사람은 아무도 없다. 어른이고 아이고 다 그렇다.

수많은 아이들의 '장래희망' 이 의사 · 과학자 · 연예인 · 법관 · 교수 같은 여남은 가지로 틀에 박힌 것은 결코 아이들 책임이 아니다. 장래희망을 물을 때 만약 어떤 아이가 농사꾼이나 고기잡이 또는 엿장수가 되고 싶다고 대답한다면, 그 순간 비웃음이나 꾸지람이 되돌아옴을 아이들은 잘 안다. 몇 가지 '모범답안' 만이 어른들의 호의 어린 반응을 이끌어낸다는 것도 아이들은 잘 안다. 그 모범답안은 다음 아닌 돈 잘 버는 직업이다. 물신주의는 이제 거의 종교가 되었다. 그렇다고 이 책임을, 아이들 과외비 걱정에 잠을 설치는 이 땅의 서민 어른들에게 물을 것인가? 이 세상 어느 부모가 자식이 돈 걱정하며 살기를 바라겠는가? 이래서 어른아이 할 것 없이, 우리는 모두 물신주의의 피해자다.

(《글쓰기》, 2007. 10.)

흥부를 위하여

얼마 전, 옛이야기에 대해 공부하는 자리에서 어떤 분이 이렇게 묻더라.

"선생님, 시대가 달라지면 옛이야기 해석도 달라져야 하는 것 아닌가요? 이를테면 흥부와 놀부도 아주 다른 각도에서 볼 수도 있지 않느냐는 겁니다. 사실 흥부는 처자식을 굶긴 무능한 가장이잖아요. 거기에 대면 놀부는 경제를 아는 똑똑한 사람이고요."

도무지 처음 들어보는 말이라 어떻게 그런 생각을 다 했느냐고 되물었더니, 사실은 자기 생각이 아니라 강연회에서 어느 교수님한테 들은 얘기라고 했다.

"그 교수님은 그렇다 치고, 상식을 가진 보통 사람들이 정말 그렇게 생각할 수도 있을까요?"

했더니, 그 강연회에 참석했던 사람들이 거의 그 말에 고개를 끄덕이는 분위기였다고 한다. 설마 그렇겠나 하는 생각이 들어 그때는 그냥 웃고 말았지만, 나중에 다시 생각하니 이건 참 예삿일이 아니구나 싶다.

그 뒤 다른 자리에서는 이런 이야기도 오갔다.

"옛이야기를 보면 부자는 하나같이 벌을 받고 가난뱅이는 다 복을 받는데, 그런 것이 아이들한테 편견을 심어 주지나 않을까요? 부자에 대한 편견 같은 것 말입니다."

"부자가 벌을 받는 건 나쁜 짓을 해서이고, 가난한 사람이 복을 받는 건 착한 일을 해서지요."

"그러니까 왜 부자는 언제나 나쁘고 가난뱅이는 언제나 착한가 하는 거예요."

"사실이 그렇지 않습니까?"

하지만 내 마지막 말은 그다지 큰 공감을 얻지 못했다. 적어도 그 자리에서는.

물신주의와 배금주의는 이제 거의 종교가 되었다. 다른 분들은 어떨지 모르지만, 나는 몇 해 전 텔레비전광고에서 "부자 되세요!"라는 말을 처음 들었을 때 왠지 낯이 간지러웠다. 어째 저런 말을 저렇게 대놓고 할 수 있나 싶었던 것이다.

하지만 이제는 하도 많이 들어서 아무렇지도 않다. 이제 대한민국에서 '부자 되라'는 말은, 안 들으면 섭섭할 만큼 최고의 덕담이 된 것이다.

그리고 이제 드디어 '경제'와 '성공'(이 말은 둘 다 돈을 많이 번다는 뜻이다!)은 거의 성스러운 낱말이 되기에 이르렀다. 그래서 나는 오늘 아침 신문에서 '재벌총수'의 생가에 순례자들의 발길이 끊이지 않는다는 소식을 읽고도 별로 놀라지 않는다. 앞으로 부자가 신의 반열에 오른다 해도 나는 놀라지 않을 것이다. 신은 언제나 옳기 때문에, 부자가 돈을 어떻게 벌었느냐는 중요치 않다. 오로지 많이 번 것이 중요할 뿐이다!

이런 사회에서 흥부가 천대받고 놀부가 대접받는 건 당연하다. '스님 대접을 잘 했건 말건 제비다리를 고쳐 줬건 말건 흥부는 나쁘다. 왜냐하면 가난하니까. 동생을 내쫓았건 말건 제비다리를 부러뜨렸건 말건 놀부는 훌륭하다. 왜냐하면 부자이니까. 미안하지만 여기에 토를 달지 마라.' 이것이 신격화된 자본의 거룩한 가르침이다. 백성들은 날마다 텔레비전과 신문에 나오는 '사회지도층 인사'들로부터 이러한 가르침을 받고 자본의 모범생으로 길들여진다. 사정이 이러한데도 옛이야기 따위가 '권선징악'이니 '인과응보'니 하며 가난뱅이 편을 드니까 많은 분들이 헛갈리는 것도 무리가 아니다.

그러고 보니 길 가다가 눈에 띄는 음식점 이름에도 '놀부'는 있지만 '홍부'는 없더라. '놀부보쌈' '놀부갈비' '놀부한정식' '놀부부대찌개'……. 모두가 조금이라도 돈 좀 더 벌어 보자는 소박한 마음이 담긴 이름이라 탓할 수는 없다마는, 그래서 홍부는 더 외롭다. 아무리 욕심 없이 살아도, 아무리 고분고분 법을 지켜도, 아무리 목숨을 귀하게 여겨도 홍부에게 눈길을 주는 이는 없다. 가난하기 때문이다. 자본의 거룩한 말씀에 따르면, 가난은 어떤 경우에도 용서받을 수 없는 것이다. 그것은 무능이요 퇴보요 사회의 질병일 뿐이니까.

여기까지는, 씁쓸하긴 하지만 참을 수 있다. 짐짓 이기죽거려도 보고 혼자서 어깃장도 놓아 가면서 말이다. 그런데 조그마한 아이들이 일찌감치 물신주의와 배금주의에 길들여가는 것은 보노라면 정말이지 이 나라에 살기 싫어진다. 얼마 전 서울에 있는 한 사립학교 선생님한테서 들은 얘긴데, 요새 아이들은 어른한테 예사로 "연봉이 얼마냐?"고 묻는다 한다. 그래서 돈 많은 차례로 서열을 매길 참인지 모르지만, 이것이 어찌 아이들 탓이겠는가? 밤낮 듣고 보는 것이 돈, 돈, 돈뿐이니 이렇게 되지 않으면 오히려 이상하다 할 것이다.

나는 여기서 아이들에게 '경제 교육' 이 필요 없다는 말을 하려는 게 아니다. 아이들은 돈 같은 걸 모르고 자라야 한다고 주장하는 것도 아니다. 세상이 이미 험하게 되었는데 아이들만 딴 세상에서 꿈을 꾸게 할 수는 없다. 나는 다만, 돈 때문에 사람이 몇 천 몇 만 년 전부터 지켜 온 '사람답게 사는 길' 까지 뒤엎어버리지는 말자고 하소연하고 있을 뿐이다. 돈이 아무리 중요하다고 해도 그 때문에 '나쁜 것' 을 '좋은 것' 으로 바꾸어서야 되겠는가. 놀부는 동생을 내쫓았고, 스님을 모욕했고, 제비다리를 억지로 부러뜨렸다. 그래도 부자이니까 괜찮다고 하지는 말자. 흥부는 양심을 지켰고, 스님 대접을 잘 했고, 제비다리를 고쳐 주었다. 그래도 가난하니까 나쁘다고 하지는 말자. 최소한 아이들한테 그렇게 가르치지는 말자. 그러는 순간 우리는 자본의 충성스런 몸종이 된다.

흥부는 진정 이 시대의 패배자인가? 아니다. 세상이 오로지 돈만을 좇아 돌아갈수록 흥부야말로 우리 희망이요 미래다. 우리 아이들이 적어도 흥부를 착하다고 여기고 동정할 줄 알게 만드는 것, 놀부의 가당찮은 욕심을 미워하고 분개할 줄 알게 만드는 것, 이것이 진짜 교육이 아니겠나. 나는 아직 우리에게 이런 교육을 할 힘쯤은 남아있다고 믿는다.

(《글쓰기》, 2008. 2.)

2. 바라보기와 들어가기

콩쥐팥쥐와 신데렐라

사람들을 만나 이야기를 할 기회가 생길 때마다 이런 질문을 자주 한다.

" '동화의 나라' 라는 말을 들으면 어떤 모습이 얼른 떠오릅니까?"

그러면 대개 지붕 끝이 뾰족한 궁전과 예쁜 집, 마차와 요술램프 같은 대답이 나온다. 초가집과 나무꾼, 지게와 맷돌이 떠오른다는 대답은 잘 듣지 못한다. 그러면 다시 묻는다.

"그런 모습은 우리 것인가요, 남의 것인가요?"

'동화의 나라' 라는 말을 듣고 얼른 떠오르는 것이 바로 우리들 머릿속에 새겨진 동화의 모습이다. 그러니까 우리들 머릿속에는 서양 동화의 모습이 뚜렷이 새겨져 있다는 말이다. 왜 그런가?

두 말할 나위도 없이, 이것은 어릴 때 읽은 동화의 영향이다. 어려서 읽은 이야기 한 편은 평생을 두고 잊히지 않는다. 마치 바위에 새긴 글자처럼 뚜렷이 남아 있게 된다. 이 땅에 살고 있는 많은 어른들은 어릴 적에 서양 동화를 많이 읽고 자랐으며, 그 영향으로 '동화'라는 말을 듣자마자 머릿속에 새겨진 서양 동화의 모습이 떠오르게 되는 것이다.

그러면 오늘날 아이들은 어떤가? 남의 나라 동화를 읽고 자라는 문제에 관한 한, 그 정도가 더하면 더했지 조금도 덜하지는 않았다. 아이들은 글자를 깨치면서부터 제법 어른 티가 날 때까지 남의 나라 이야기를 읽고 자란다. 지금 당장 책방에 가 보라. 유아용 그림책에서부터 세계명작동화에 이르기까지 얼마나 많은 남의 나라 이야기가 판을 치고 있는가를 알 것이다. 그렇다면 다시 물어 본다. 과연 다른 나라 아이들도 우리 이야기를 읽으면서 자랄까?

나는 여기서 결코 우리 아이들에게 남의 나라 동화를 읽히지 말자는 주장을 하려는 게 아니다. 다만, 우리 아이들에게 균형 잡힌 읽을거리를 마련해 주자는 말을 하고 있을 뿐이다. 적어도 남의 나라 동화를 읽는 만큼 우리 이야기도 읽도록 해 주는 게 옳지 않을까. 또 남의 나라 동화보다는 우리 이야기를 먼저 읽히는 것이 마땅하지 않을까.

나라마다 겨레마다 독특한 문화라는 것이 있게 마련인데, 우리 동화보다 남의 이야기를 더 많이 읽힌다든지, 우리 동화를 읽히기도 전에 남의 이야기를 먼저 읽혀서는 서로 다른 정서의 맞부딪침을 피할 수 없게 된다. 특히 문화의 차이를 이해하지 못하는 아이들은 심한 마음의 갈등을 겪을 수도 있다. 남의 나라 이야기는 나라마다 가진 문화의 차이를 이해할 나이가 되어서 읽혀도 결코 늦지 않다.

실제로, 〈백설공주〉와 같은 남의 나라 동화에 빠진 아이가 거울을 보면서 제 얼굴빛이 노란 데에 심한 열등감을 느끼더라는 말을 들은 적이 있다. 백인들이 만든 이야기에는 살결이 희면 곧 예쁘고, 예쁘면 곧 착하다는 등식이 성립한다. 반대로 얼굴빛이 검든지 푸르든지 누렇든지 색깔이 있으면 곧 추하고, 추하면 곧 악하다는 등식도 성립한다. 우리 아이들은 어느 누구도 살결이 '백설' 같이 희지는 않다.

우리 아이들이 우리 겨레가 가진 독특하고도 건강한 문화와 정서를 바로 받아들이고, 이 땅의 당당한 주인으로 자라게 하기 위해서는 아이들 책부터 바로 서야 하지 않겠나. 무진장으로 전승되고 있는 우리 옛이야기와 좋은 창작동화가 그런 일의 밑거름이 되어 줄 것이다.

(《출판저널》, 1997. 5.)

바라보기와 들어가기

노래글 두 가지를 견주어 보는 것으로 이 이야기를 시작하겠다. 다음에 들어 놓은 글을 한번 견주어 보기 바란다.

백 년 만에 처음으로 빼어난 가을 풍경 바라보니
온 세상 어디인들 이곳만큼 아름다우랴.
향기로운 햅쌀로 밤방아 찧어 빚은 새 술은 익어가고
태평가 소리 집집마다 가득하네.

아무리 고생한들 가슬(가을걷이)할 보람 없네.
온손배미 다 거두어도 한 솥이 못 차구나.
관청의 세금 독촉 갈수록 심하여서

동네의 구실아치 문 앞에 와 고함친다.

앞의 글은 채제공이라는 옛 벼슬아치의 한시를 우리말로 옮긴 것이고, 뒤의 글은 우리 민요 〈벼 베기 소리〉이다. 어떤가? 똑같은 가을걷이를 노래했는데도 보는 눈이 영 딴판이지 않은가? 왜 그럴까? 그 까닭은 분명하다. 하나는 저만치 먼 곳에서 대상을 '바라보면서' 노래했고, 하나는 아주 그 안에 '들어가서' 노래했기 때문이다. 먼발치에서 그저 바라보기만 한 것보다는 안에 들어가서 땀 흘리며 부대끼며 마음 졸이며 노래한 것이 더 크게 우리 마음을 울린다.

어떤 시인은 이렇게 노래했다.

'강나루 건너서 밀밭 길을 구름에 달 가듯이 가는 나그네.'

그런데 춘천 지방에서 전해 오는 지게소리에는 이런 것이 있다.

'못 가겠네 못 가겠네. 새등 같은 등에다가 태산 같은 짐을 지고, 활등 같이 굽은 길을 설레 같이 못 가겠네.'

먼 데서 바라보기만 하면 어떤 사람이 어떤 길을 가든지 '구름에 달 가듯이' 훨훨 살노 가는 듯이 보이겠지. 하지만 실제로 그 길을 가는 사람 가운데는 힘들고 고달파서 "못 가겠네 못 가겠네." 소리가 절로 나오는 사람도 있을 것이다.

대상을 그저 바라보기만 하는 것과 실제로 들어가서 겪어보는 것은 이렇게나 다르다.

아동문학 대표작을 가려 뽑아 놓았다는 책을 손에 잡히는 대로 빼 들고 넘기다 보니 이런 시가 눈에 띈다.

> 시월 한들에/ 가 보았나요?/ 벼 이삭 고개 숙인 시월 한들/ …/벼논에선 잎에서 잎으로/ 뛰놀던 메뚜기/ 시월 한들에서 / 잠시 쉬자네/ 잠시 머물자네.

그런데, 이호철 선생님 반 아이들이 쓴 《큰길로 가겠다》를 펴 들고 보니 이런 시가 보인다.

> 볏단을 날랐다/ 어휴 참/ 다리도 아프고 덥고/ 왜 이리 하기 싫노/ 벼는 내가 안아 줄 때마다/ 등실등실 춤을 춘다/ 몇 단 나르다 쉬고 쉬고/ 아버지한테 꾸중 듣고/ 내 눈 앞에 볏단만 가득하다.

구경꾼의 눈에는 가을 들판이 참 한가롭고 평화스럽게만 보일지도 모른다. 그렇지만 그 안에 들어가서 땀흘리며 일하는 사람에게는 가을 들판이 그저 한가롭기만 한 것은 아니다.

그런데 여기서 우리는 한 가지 놀라운 사실을 알게 된다.

위에 든 글을 가만히 살펴보니, '바라보기'의 눈으로 쓴 것은 모두 글문학(기록문학)이라 할 만하고, '들어가기'의 처지에서 노래한 것은 모두 말문학(구비문학)이라 할 수 있다. 아이가 쓴 시는 비록 글로 썼다고 할지라도 말문학의 성격을 더 많이 가지고 있다고 본다.

글문학에는 대개 글말이 많이 쓰이고 말문학에는 모조리 입말이 쓰인다. 옛날에 글을 쓰는 사람들은 대개 일 안 하고 사는 양반들이었으니, 백성들의 삶에서 한 발짝 비켜나 유유자적 '바라보면서' 글을 쓸 수 있었겠지. 그러자니 저절로 입에서 내뱉는 말이 아니라 머리로 꾸민 글말을 더 많이 쓰지 않았겠나? 하지만 일하면서 사는 백성들이야 바로 일판 속에 '들어가서' 땀흘려 가며 노래하고 이야기했지, 한가롭게 멀리서 뭘 바라보면서 글을 쓰지는 않았을 것이다. 글말로 씌어진 글문학이 곧 바라보기의 문학이요, 입말로 씌어진 말문학이 곧 들어가기의 문학이 된 까닭이 이러하다.

이제는 누구나 글을 쓰는 때가 되었다. 글쓰기가 일 안 하는 사람들의 특권이던 시절은 지났다는 말이다. 그러니 이제는 '글말=글문학=바라보기', '입말=말문학=들어가기'라는 잘못된 틀도 깨뜨려야 할 때가 되지 않았나? 아직도 자기가 살고 있는 자리를 똑바로 보지 못하고 자꾸만 딴 데를 바라보는 구경꾼이 되려고 한다면, 결코 저 잘못된 틀에서 벗어나지 못할 것이다. 저마다 자기 삶 한복판에 꿋꿋이 서서, 절로 터져 나오는 노래와 이야기를 말하듯이 글로 쓸 때, 비로소 저 답답한 틀도 시원스럽게 깨어질 것이다.

(《글쓰기》, 1997. 11.)

어린이책을 함께 읽는 어른

우리 나라 어른들이 보여 주는 외곬의 교육열은 아이들 독서 지도에도 그대로 이어진다. 자녀가 공부에 필요하다면 책 한 수레라도 기꺼이 사 줄 준비가 되어 있는 것이 이 땅의 어른들이다. 아이엠에프 관리체제 이후 많은 출판사가 문을 닫는 마당에도 어린이 책 판매량은 오히려 늘어났다는 얘기도 들었다. 아직도 점심을 굶는 아이들은 있지만, 읽고 싶은 책을 못 사서 책방 창문 밖을 서성이는 아이들은 그리 많지 않다.

그런데 문제는 대부분의 어른들이 아이들에게 책을 사 주는 데는 후하면서도, 어떤 책을 읽혀야 할지 고민하는 데는 무척 인색하다는 데 있다. 어른들의 관심은 아이들이 책을 읽느냐 읽지 않느냐에 머물러 있지, 어떤 책을 읽느냐에까지 다다르지는 않는 듯하다. 자녀가 컴퓨터 앞에 앉아 있으면 '혹시 해로운 걸 가까이하지 않는가?' 걱정도 하지만, 일단 책을 들고 있는 모습을 보면 쉽게 안심해 버린다. 그 책이 어떤 책인지에는 관심이 없다는 뜻이다. 과연 그래도 좋은가?

물론 아이들에게 미치는 영향을 두고 말하자면 대부분의 책은 텔레비전 프로그램이나 컴퓨터 게임보다 낫다. 그러나 음식에도 몸에 좋은 음식이 있고 그렇지 않은 음식이 있듯이 책에도 분명히 좋은 책과 그렇지 않은 책이 있다. 그것을 가려내기 위해서는 어른들이 어린이 책을 읽어 보지 않으면 안 된다. 일일이 읽을 수 없다면 적어도 공신력 있는 단체의 추천도서 목록이나 신간 서평쯤은 관심 있게 살펴보면 좋겠다. 그래서 자녀와 함께 책방에 갔을 때 좋은 책을 가려서 권할 수 있으면 더 나을 것이다. 아이들에게 간식을 사 줄 때 음식물의 위생 상태나 유통기한을 확인하듯이, 적어도 그만한 관심을 책에도 기울여야 하지 않을까.

안타깝게도 우리 나라 보통 어린이들의 독서 경향에는 문제가 없다고 할 수 없다. 아이들이 글자를 깨칠 무렵 처음 대하는 책이 대부분 〈백설공주〉나 〈신데렐라〉로 대표되는 다른 나라 옛이야기라는 건 분명 문제가 있다. 나라마다 고유한 정서가 있다는 걸 인정한다면 우리 나라 옛이야기가 우리 정서에 더 가까우리라는 것도 쉽게 짐작할 것이다. 다른 나라 이야기는 우리 나라 이야기를 먼저 읽은 다음에 읽어도 늦지 않다.

그뿐만이 아니다. 이른바 세계명작동화는 과연 세계명작인가? 〈소공녀〉와 〈톰 소여의 모험〉으로 대표되는, 보통 스무 권이나 서른 권씩 한 질로 찍혀 나오는 세계명작동화를 두고 말한다면 전혀 그렇지 않다. 명작이라는 데에 감히 이의를 달 수는 없지만 결코 '세계'의 명작은 아니다. 거기에 아시아나 아프리카, 남미의 이야기가 없기 때문이다. 굳이 이름 붙이자면 '구미명작동화' 쯤이 알맞겠지. 어른들이 관심을 기울이지 않는 동안 우리 아이들의 독서 경향은 이렇듯 편협함 속에 갇혀 버렸다.

문제는 또 있다. 많은 인물전기들은 '위인전기' 라는 이름 아래 왕조시대의 편협하고 낡은 가치관을 어린 독자들에게 주입하는데도 대부분의 어른들은 문제조차 인식하지 못하고 있다. 이 책들은 하나같이 위인들이 처음부터 비범했음을 강조하며 '위인들은 태어날 때부터 뭔가 다르다' 고 외침으로써 수많은 보통 아이들에게 열등감을 심어 준다.

이제 어른들이 나서서 문제를 해결할 때다. 어린이 책을 함께 읽으며 책에 대해서 이야기하고 토론할 때다. 아이들이 책을 읽느냐 읽지 않느냐에 머물러 있던 우리의 관심을, 어떤 책을 골라 읽힐 것이냐로 넓혀 나갈 때가 되었다. 그리하여 좋은 책을 가려서 적극 권하고 좋지 않은 책을 가려서 비판하자. 그러면 우리 어린이 책의 수준도 한 단계 높아질 것이다. 책은 작가가 쓰는 것이지만 독자 없는 작가는 있을 수 없다. 결국 좋은 책은 독자가 만드는 것이다.

(《하늘북》, 2001. 5.)

가난한 백성들의 삶과 꿈을 담은 그릇, 우리 옛이야기

"옛날 옛적 갓날 갓적 호랑이 담배 피우고 까막까치 말할 적에……."

잘 알다시피 우리 옛이야기는 대개 이렇게 시작된다. 그리고 갖가지 사연과 함께 이야기가 펼쳐진다. 주인공은 도저히 이겨낼 수 없을 것 같은 어려움에 부딪치기도 하고 '나쁜 편'의 방해를 받기도 하며 몇 번이나 아슬아슬한 고비를 넘긴다. 그러다가 뜻하지 않은 행운과 '착한 편'의 도움으로 어려움을 모두 이겨내고, 드디어 이런 멋진 맺음말과 함께 이야기는 끝난다.

"그래서 오래오래 행복하게 잘 살았더란다."

그렇다. 옛이야기는 어려움으로 시작해서 통쾌함으로 끝난다. 아주 드물게 슬픈 결말을 보이는 이야기가 있긴 하나, 십중팔구는 행복한 결말을 보여 준다. 사람들은 옛이야기를 들으며 주인공과 함께 어려움을 헤치고 끝내 바라던 것을 얻는 기쁨을 맛본다.

옛이야기는 옛사람들의 삶이요 꿈이었다. 때로는 삶의 모습을 정직하게 비추고 경계하는 잠언이 되기도 했고, 때로는 현실의 고달픔에서 벗어나 꿈같은 상상의 세계로 빠져드는 주문이 되기도 했다. 옛이야기 속에 냉엄한 현실 세계와 자유분방한 초현실 세계가 공존하는 까닭이 이러하다. 옛사람들은 이야기 속의 현실 세계에 세상을 바꾸려는 의지를, 초현실 세계에 그들이 꿈꾸는 세상의 모습을 그려 넣었다. 마땅하게도, 우리 옛이야기에는 오랜 옛날부터 이 땅에 살아 온 우리네 조상들의 정서가 고스란히 들어 있다.

자, 여기서 잠깐 문제 하나를 풀어 보자. 다음 중 우리 옛이야기 주인공이 되기 힘든 사람은? ①가난한 나무꾼 ②남의 집 머슴 사는 어린아이 ③바보 사위 ④부잣집 벼슬아치 중에서 고른다면? 다들 짐작한 대로 정답은 ④번이다. 우리 옛이야기의 주인공은 대개 힘없고 가난한 서민이다. 왕자와 공주, 임금과 같은 '특별한 사람' 은 거의 나오지 않는다. 부자나 벼슬아치는 이야기에 종종 등장하지만 대개 주인공의 반대편에 선 '나쁜 편' 으로 그려진다.

〈나무꾼과 선녀〉에서는 가난한 나무꾼이, 〈우렁이 색시〉에서는 가난한 농사꾼이, 〈두꺼비 신랑〉에서는 그냥 여염집 셋째 딸이 주인공이다. 이들은 조금도 특별하지 않다. 영웅 이야기도 그렇다. 처음부터 특별한 능력을 가진 사람이 나와서 활약하는 것이 아니라, 평범한 보통 사람이 우여곡절 끝에 뛰어난 힘이나 재주를 갖게 된다는 것이 우리 나라 영웅 이야기에 두루 쓰이는 틀이다. 〈땅속 나라 도적〉 이야기에서 도적을 물리치는 영웅은 그냥 보통 신랑일 뿐이다. 이 신랑이 용기와 배짱 하나로 땅속 나라에 들어가 토굴 속에 숨어서 석 달 열흘 동안 힘을 기른 나머지 영웅이 되는 것이다. 처음부터 특별한 힘과 재주와 용기를 지닌 멋진 왕자가 곤경에 빠진 공주를 구하러 가는 서양 이야기와는 딴판이다.

여기서 문제 하나를 더 풀어 보자. 다음 중 가장 잘 생긴 사람은? ①콩쥐 ②팥쥐 ③흥부 ④놀부 그리고 ⑤다 똑같다 중에서 고른다면? 정답은 ⑤번이다. 이번에는 모두들 예상이 빗나갔을 것이다. 콩쥐를 예쁘게 묘사한 것은 오늘날 화가들이다. 마음씨가 착하니 얼굴도 예쁘겠지 하고 지레짐작해서 그렇게 묘사했는지 모르겠는데, 우리 나라 방방곡곡에서 전승되는 콩쥐 팥쥐 이야기 어디에도 콩쥐 예쁘다는 말은 없다. 남보다 더 예쁘거나 잘 생긴 순간 이미 보통 사람의 범주에서 벗어나고, 그렇게 되면 서민의 사랑을 받을 수 없기 때문일까? 우리 옛이야기의 주인공은 생김새도 평범하다. 아주 냉정하게 말한다면 오히려 조금 못 생긴 축에 든다고 해야 할 것이다. 요술거울이 보증하는 '이 세상에서 가장 예쁜' 백설공주와는 달리, 우리 옛이야기 주인공들 가운데 대표급에 속하는 '반쪽이' 는 참 흉하게도 생겼다. 눈도 하나, 귀도 하나, 팔다리도 각각 하나씩만 가졌으니 그게 좀 흉한가? 그래도 반쪽이는 슬기롭고 용감할 뿐 아니라 효성까지 지극한 멋쟁이 총각이다.

내친 김에 문제를 하나 더 풀어 보자. 다음 중 우리 옛이야기에 가장 자주 나오는 주인공은? ①돌쇠 ②이쁜이 ③순이 ④갑돌이 그리고 ⑤이름 없는 사람 중에서 고른다면? 이번에도 ⑤번을 골랐다면 잘 맞춘 것이다. 우리 나라 옛이야기의 주인공은 이름이 없다. 말 그대로 '이름 없는' 백성이 주인공인 셈이다. '콩쥐 팥쥐' 와 같이 특정한 이름을 가진 주인공은 아주 드문 예외에 속한다. 보통은 이름 대신 나무꾼, 농사꾼, 소금장수처럼 직업을 말하거나 형, 아버지, 원님처럼 신분을 말한다. 서양의 경우 영국의 '잭' , 독일의 '한스' , 러시아의 '이반' 처럼 그 나라에서 가장 흔한 이름을 옛이야기 주인공에게 붙여 주는 경우가 많다는데, 우리는 이와 다르다. '익명의 약자' 가 옛이야기 주인공의 전형이 되는 것이다.

두 말할 나위도 없이, 옛이야기를 창조하고 전승한 주체는 이름 없이 가난하게 살아 온 백성들이었다. 이들은 힘도 권세도 돈도 없이 맨몸뚱이 하나로 험한 세상을 헤쳐 나가야 했는데, 그 고달픈 삶의 언저리에 바로 이야기가 있었다. 옛이야기는 그들의 꿈이요 위안이었던 셈이다. 그들이 이야기판에서 힘없고 가난한 주인공을 내세운 것은 결코 우연이 아니다. 자신을 닮은 주인공을 내세워 평소에 꿈꾸던 일을 대신 겪게 함으로써 위안과 기쁨을 얻고자 했던 것이다.

이렇게 생긴 옛이야기가 약한 자의 편에 서는 것은 당연하다. 겨룸(대결) 구조를 가진 우리 옛이야기에 힘센 편과 약한 편이 나오면 틀림없이 약한 편이 이긴다. 토끼와 호랑이가 겨루면 토끼가 이기고, 아이와 어른이 겨루면 아이가 이긴다. 이 규칙은 아주 완고하고 철저해서 예외가 드물다. 가령 스님이 등장하는 이야기에서 스님의 상대로 어린 상좌가 나오면 스님이 지지만, 만약 벼슬아치나 부자가 나오면 스님이 이긴다. 우리 나라 옛이야기에 임금이 등장하는 경우는 대개 약한 주인공과 겨루어 실패하는 힘센 편으로 그려지지만, 상대가 이웃 나라 임금일 경우에는 예외 없이 통쾌한 성공을 거두는 것도 이 때문이다.

힘없고 가난하여 늘 권세에 억눌려 살아 온 서민들은, 이와 같은 약자 내세우기와 약자 편들기를 이야기 속에 장치함으로써 그들의 꿈에 날개를 달았던 것이다.

마지막으로 문제 하나 더. 우리 옛이야기에 나오는 다음의 초현실 존재 중 누가 가장 어수룩해서 남에게 잘 속아넘어갈 것 같은가? ①도깨비 ②귀신 ③산신령 ④염라대왕 중에서 고른다면? 정답은 ①번이다. 우리 옛이야기에 등장하는 도깨비는 어수룩하고 순진하며 사람한테 잘 속는다. 또 장난꾸러기인데다가 건망증이 심해서 돈을 꾸면 갚은 것을 잊어버리고 또 자꾸 갚는다. 그래서 도깨비한테 돈 꾸어 준 사람은 횡재를 하게 된다. 이 재미있는 친구는 씨름과 메밀묵을 좋아하고 걸핏하면 둔갑을 잘 하는데, 빗자루와 방앗공이로 변하는 것을 가장 좋아한다. 외눈박이에다 머리에 뿔이 나고, 얼룩이 가죽옷을 입고 가시방망이를 들고 다니면서 사람을 해코지하는 것은 이웃 나라 귀신의 모습이지 우리 도깨비의 모습이 아니다. 우리 도깨비는 키가 팔대장승처럼 훌쩍 크고 낯빛이 붉은 것이 좀 우락부락하게 생겨서 그렇지, 여느 사람 모습과 크게 다르지 않다.

서양의 옛이야기에 요정이 있듯이 우리 나라 옛이야기에는 도깨비와 산신령이 있다. 도깨비는 동네 아이처럼 순박하고 산신령님은 이웃집 할아버지처럼 인자하다. 하늘나라에는 옥황상제가 있고 물 속 용궁에는 용왕님이 산다. 이분들은 잘잘못을 잘 가려내어 나쁜 사람을 혼내 주고 착한 사람에게는 복을 내려 준다. 귀신은 한을 품고 나타나지만, 누군가 그 한을 풀어 주면 곧 고분고분해져서 싹싹하게 물러난다. 저승사자는 인정이 많아서 불쌍한 사람을 차마 못 데려간다. 우리 옛이야기에 나오는 초현실 존재는 모두 이웃처럼 정답고 푸근하다.

옛이야기는 오랜 옛날부터 민족 공동체 안에서 창조되고 전승되면서 그 공동체의 삶과 꿈을 담는 그릇이 돼 왔다. 그래서 옛이야기 속의 인물들은 자연히 그 민족의 성품을 닮게 되었다. 우리 옛이야기 속의 인물들은 바로 우리 겨레의 또 다른 모습이다. 우리 옛이야기를 듣고 읽는 것은 곧 옛사람들의 체온과 숨결을 느끼는 것과 같은 것이다.

(《한화인》, 2001. 12.)

정겹고 친근한 이웃, 우리 옛이야기 속의 주인공들

옛이야기 속의 주인공들은 누구를 닮을까? 두말할 나위도 없이 그 이야기를 만든 사람들을 닮는다. 이야기를 만든 사람들이 순박하면 이야기 주인공은 어수룩하게 그려지고, 그 사람들이 웃음을 즐기면 이야기 주인공은 재치 있게 그려진다. 옛이야기는 더도 말고 덜도 말고 바로 현실의 거울이고, 그 거울에 비치는 주인공은 현실 세상 사람들의 분신이기 때문이다.

그래서 우리 옛이야기의 주인공들을 살펴보는 일은 바로 우리 겨레의 모습을 살펴보는 것과 같다. 우리 조상들은 어떤 모습으로 그들의 분신을 만들어 이야기 속에 살게 했을까?

이제부터 그 주인공들을 만나러 가 보자. 조금 거창하게 말하면, 이들을 만나러 가는 길은 우리의 정체성을 찾아가는 길에 닿아 있다.

넉넉한 웃음을 먹고 사는 이웃, 바보 사위와 자린고비

바보 사위는 소담이나 일화로 분류되는 옛이야기에 자주 나오는 주인공이다. "옛날 옛날 어느 집에서 사위를 봤는데……."로 시작되는 이야기라면 열에 일고여덟은 바보 이야기라고 봐도 좋다. 이 마음씨 좋은 주인공은 사람됨이 좀 모자라서 그렇지 다른 탈은 아무 것도 없는 순박한 토종 아서씨다. 넘치지 않고 모자라니 남을 속이거나 해코지할 줄 모르고, 늘 실수하며 살지만 남에게 폐를 끼치기보다 오히려 재미난 웃음을 선사하니 탈이 있을 게 무엇인가. 이 주인공이 하는 일이란 그저 엉뚱하고 기발한 짓을 저지르는 것이다. 뚝배기를 갓으로 알고 머리에 뒤집어쓰거나, 반딧불이를 보고 "불이야!" 히고 소리 지르거나, 입으로 외우던 말을 잊어버렸다고 개울을 이 잡듯 뒤지는 일이 그것이다. 하지만 결코 이런 일로 남을 불편하게 하거나 성가시게 하지 않는다.

구두쇠의 표본이랄 수 있는 자린고비도 마찬가지다. 인색하기 이를 데 없어 황당한 짓을 예사로 저지르지만 남에게 해를 끼치는 일은 없다. 남의 것을 탐하는 게 아니라 그저 제 것을 지나치게 아낄 뿐이니 해 될 게 무어랴. 우리로 하여금 어처구니없어 웃게 하고 혀를 차게 만들지만 결코 밉지 않은 인물이다.

이야기를 듣는 사람들은 우선 이 주인공들이 자신보다 잘나거나 똑똑하지 않은 데 마음을 놓으면서, 약간의 장난기와 동정심을 가지고 그의 행동을 바라본다. 그러다가 엉뚱한 일을 벌이면 손뼉을 치며 크게 웃지만, 그것은 비웃음이라기보다 애정 어린 구경에 가깝다. 그 앞에서는 조금도 경계의 눈빛을 보일 필요가 없이 어린아이의 재롱을 흐뭇하게 바라보는 어른과 같은 마음으로 사람들은 이런 이야기를 즐겼던 것이다. 말하자면, 바보 사위와 자린고비는 백성들의 고단한 삶을 위로하는 어릿광대였던 셈이다.

가난한 백성들의 자화상, 반쪽이와 구렁덩덩신선비

서양 옛이야기에 나오는 백설공주는 얼굴이 참 예쁘게 생겼다. 이 세상에서 가장 예쁘다고, 요술거울이 자신의 파멸을 각오하면서까지 보증했으니 의심할 필요는 없겠다. 백설공주뿐 아니다. 서양 옛이야기에 나오는 '착한' 주인공들은 하나같이 얼굴이 잘 생겼다. 물론 '악한' 편은 대체로 얼굴도 못생겼다.

그런데 우리 옛이야기 주인공들은 그렇지 않다. 이를테면 눈도 귀도 팔다리도 하나뿐인 반쪽이는 착하고 씩씩하고 슬기롭고, 게다가 효성까지 지극한 멋쟁이 총각이다. 겉은 보잘것없으되 속이 꽉 찼다는 것인데, 이로써 이 주인공은 우리에게 친근함으로 다가온다. 만약 반쪽이가 그만한 용기와 슬기를 가지고 얼굴마저 잘 생겼다면 우리는 어쩌면 그에게 친근함보다 경외감을 먼저 느낄지도 모른다.

단언하건대 우리 옛이야기 주인공들 중에서 남보다 뛰어나게 잘 생긴 사람은 없다. 콩쥐를 팥쥐보다 예쁘게 그린 건 후대의 화가들이지 이야기를 만든 옛날 백성들이 아니다. 이것은 무엇을 말하는가? 철저하고도 완고하게, 우리 옛이야기는 힘없고 가난한 '보통 사람들' 의 정서를 대변했다는 뜻이다. 그러니까 주인공도 지극히 평범한 보통 사람이어야 했다. 생김새도 그저 수수하거나 오히려 좀 못생긴 축에 들어야지, 남보다 뛰어나게 잘 생겨서는 안 되었던 것이다. 무엇이든 남보다 뛰어나는 순간 이미 보통 사람의 범주를 벗어난다고 여겼는지도 모른다. 우리 옛이야기 주인공에는 왜 왕자와 공주가 잘 나오지 않는가? 왜 뛰어난 능력을 타고난 고귀한 영웅이 잘 나오지 않는가? 그 까닭을 밝히는 열쇠가 여기에 있다.

구렁덩덩신선비는 징그러운 구렁이 모습으로 이 세상에 태어났다. 세상 사람들 모두가 이 구렁이를 미워하거나 업신여기지만, 유독 이웃집 셋째 딸만은 그를 존중하여 옷고름으로 정성스레 눈물을 닦아 준다. 이 인연으로 둘은 혼인하여 부부가 되고, 바로 이 날 구렁이는 허물을 벗고 인물이 훤한 새신랑으로 거듭난다.

구렁이의 허물은 바로 세상의 편견을 뜻한다. 허물을 쓰고 있으면 징그럽기만 한 천덕꾸러기지만, 그 허물을 벗는 순간 존중받아 마땅한 인격체가 되는 것이다. 이 이야기를 만든 사람들은 땀 흘려 일하면서 살아 온 이 땅의 백성들이었으며, 그들은 가진 것도 배운 것도 없는 약자였다. 그래서 언제나 재물과 권력을 가진 사람들로부터 멸시받고 구박받았다. 편견의 허물을 쓰고 보면 땀내 나는 농사꾼들은 천대받아 마땅한 무지렁이들이다. 그러나 그 허물을 벗는 순간 그들은 당당한 이 땅의 주인으로 거듭난다. 구렁덩덩신선비는 바로 이 이야기를 만든 백성들의 자화상이었던 것이다.

인간미 넘치는 장난꾸러기, 우리 토종 도깨비

자, 이제 머릿속에 도깨비 모습을 그려 보자. 어떤 모습이 그려지는가? 외눈박이에다 머리에 뿔이 달린 모습인가? 얼룩

점박이 옷을 입고 손에는 가시방망이를 들고 있다고? 그렇다면 그건 우리 도깨비 모습이 아니다. 우리 토종 도깨비는 얼굴이 좀 붉고 키가 훌쩍 클 뿐 보통 사람의 모습과 다르지 않다. 이름도 그냥 '김 서방' 이다. 그런데 둔갑을 잘 해서 시시때때로 그 모습이 바뀐다. 어떤 모습으로도 바뀔 수 있지만, 가장 즐겨하는 둔갑은 방앗공이, 몽당 빗자루, 빨랫줄, 썩은 나뭇등걸 같은 것이다. 그러고 보니 요새는 그 물목도 달라졌음 직한데? 혹시 낡은 자동차바퀴, 라면봉지, 깨진 벽돌, 고속도로 이정표 같은 건 아닐지.

우리 도깨비는 장난꾸러기지만 결코 사람을 해치지 않는다. 오히려 어수룩해서 사람에게 잘 속아 넘어간다. 도깨비 이야기 가운데 대부분이 도깨비 덕에 부자 된 사람들 이야기인데, 부자가 되는 과정에서 도깨비가 사람한테 속거나 제 꾀에 제가 속아 넘어가는 이야기가 그 가운데 많다. 도깨비는 또 건망증이 심해서, 사람한테 무얼 빌리면 갚은 것을 금방 잊어버리고 자꾸 갚는다. 도깨비한테 돈 석 냥을 빌려 줬다가 평생 동안 날마다 석 냥씩 돌려받은 사람의 이야기도 있다. 그러니 누구든지 도깨비를 만나거든 몸에 지닌 것 중에서 가장 값나가는 것을 빌려 주도록.

이 재미있는 친구는 또 메밀묵을 좋아하고 달밤에 씨름하는 것을 즐긴다. 그런데 씨름 기술을 한 가지밖에 쓸 줄 몰라서, 만약 사람이 왼다리를 걸면 반드시 넘어간다. 붉은 색을 싫어해서 팥죽이나 짐승의 피를 보면 아주 질겁을 한다. 누구든지 도깨비가 찾아오는 것이 성가시면 집 앞에 팥죽을 뿌려 놓기를. 그러나 이 한 마디만은 잊지 말기 바란다. "아이고, 돈이라면 아주 지긋지긋해." 그러면 틀림없이 집 앞에 돈이 가득 쌓여 있을 것이다. 도깨비가 앙갚음으로 맛 좀 보라고 던져 놓은 것임은 물론이다.

인정 많고 눈물 많은 우리 토박이 신들

많은 사람들이 '신화'라고 하면 유럽 쪽, 그 가운데에서도 그리스 로마나 북유럽 신화를 먼저 떠올리는 것 같다. 또 우리 나라는 몇 안 되는 건국신화가 그 자산의 전부라고 쉽게 생각해 버리는 것 같다. 그런데 그게 그렇지 않다. 우리 겨레는 일찍부터 모든 사물의 언저리에 신을 창조했다. 하늘과 땅과 산과 바다에서부터 집안의 부엌과 곳간에 이르기까지, 사람의 눈길과 손길이 닿는 곳이면 어디든지 신이 있었다. 하늘에는 옥황상제가 있고 땅에는 농신들이 있었다. 산에는 산신령이 살고 물에는 용왕이 살았다. 집안에는 여러 가지 신들이 있어서 별의별 자질구레한 것까지 다 지켰다.

그러니까 우리 겨레는 정말 남부럽지 않은 넉넉한 신화

자산을 가지고 있는 셈이다. 다만 이러한 민중 신화들은 대부분 서사무가의 꼴로 전승되면서 양반사대부 중심의 주류문화로부터 천대받고 따돌림 받아 일반에 널리 알려지지 않았을 뿐이다.

자, 그러면 이제 우리의 토박이 신들을 만나 보자. 우선 옥황상제 천지왕은 이승과 저승, 하늘 세상과 땅 세상을 통틀어 으뜸가는 신이다. 하늘 옥황궁에 살면서 온 세상을 다스리지만 사람 일에 잘 끼어들지는 않는다. 다만 사람들이 청하면 그 잘잘못을 잘 가려 준다. 염라대왕은 저승 시왕 중의 우두머리로 검은 비단 용포 입고 검은 면류관을 쓰고, 죽은 사람을 불러서 죄와 업을 묻고 심판한다. 성질이 급하고 사납지만 도량이 넓어서 억울하게 죽은 사람을 곧잘 이승으로 돌려보내 준다. 염라대왕의 심부름꾼 저승차사는 죽은 사람을 저승에 데려가는 일을 하지만 솜씨가 그다지 좋다고 할 수 없다. 종종 잡아가야 할 사람을 놓치고 대신 엉뚱한 사람을 잡아가는 것을 보면 그렇다. 인정과 눈물이 많아서 진짜로 불쌍한 사람은 못 잡아가고, 겉보기와 달리 겁이 많아서 놀라기도 잘한다.

서천꽃밭에서 꽃을 지키는 꽃감관은 정말 멋쟁이 신이다. 꽃밭을 지키면서 사람들의 갖가지 소원을 들어 주는데, 가령 억울하게 죽은 사람의 가족이 밤낮으로 빌면 환생꽃을 보내 되살려 준다. 아기 못 낳는 사람, 몹쓸 병에 걸린 사람도 지성으로 빌면 꽃을 보내 소원을 들어 준다. 일월신은 본래 부부였는데, 이 둘의 사이가 너무 좋아 한 시도 떨어지지 않으려 하므로 처음에는 해와 달이 언제나 함께 다녔다. 옥황상제가 둘을 밤낮으로 갈라놓았는데, 그 뒤로도 서로를 못 잊어 가끔 몰래 만난다. 낮달이 뜨는 것이 바로 이 때문이다.

신들 가운데 우리 백성들의 삶에 가장 가까이 있었던 이들이 집지킴이신들이다. 성주신은 그중 으뜸인데 전직이 목수다. 목수니까 집 구석구석을 환하게 꿰고 있을 것이다. 생각만 해도 마음 든든하지 않은가. 조왕할머니는 부엌을 지킨다. 그이는 본래 남 선비의 본부인이었는데, 첩실의 농간으로 연못에 빠져 죽었다. 오랫동안 추운 연못 속에 있었던 까닭에 옥황상제가 따뜻한 부엌을 지키는 신으로 들어서게 해 주었다. 남 선비를 꾀어 재물을 빼앗고 본부인을 죽인 첩실은 뒷간을 지키는 측신이 되었다. 측신은 조왕신과는 상극이므로 뒷간을 부엌과 마주 보게 짓지 않는 풍습이 생겼다. 문왕신은 문을 지키는 신이다. 남 선비와 여산 부인 사이에서 태어난 일곱 아들 중 막내아들 녹두생이가 앞문을 지키고 여섯째 아들이 뒷문을 지킨다. 이밖에도 집안 곳곳에 신이 있다. 곳간에는 업왕신, 마굿간에는 마부왕, 장독대에는 철융신, 그리고 여기저기에 터주신과 삼신할멈이 있다. 이들은 인간미가 물씬 풍기는 신이어서 집 주인이 착하고 대접을 잘 하면 집을 잘 지켜 주지만, 그렇지 않으면 게으름을 피워서 마마신이 오건 말건 저승차사가 오건 말건 나 몰라라 한다. 심지어 주인과 사이가 틀어진 신은 지나가는 객귀를 일삼아 불러들이기도 한다.

옛이야기는 사람들의 삶을 비추는 거울이요 꿈을 담는 그릇이다. 옛사람들은 이야기 속에 그들의 고달픈 삶을 정직하게 비추기도 했고, 그들이 꿈꾸는 세상을 마음껏 담아내기도 했다. 그리고 그 속에서 살아가는 주인공들은 바로 옛사람들의 분신이었다. 우리는 옛이야기의 주인공을 만남으로써 바로 그들을 창조한 옛사람들을 함께 만난다. 다시 말하지만 그 만남은 바로 우리의 정체성을 찾아가는 일이기도 하다.

(《책으로 여는 세상》, 2003. 4.)

정신이 번쩍 나는 옛이야기

보통 옛이야기는 그저 즐기려고 만든 것이 많다. 그래서 그냥 부담 없이 웃으면서 들을 수 있는 것이 많지만, 듣다 보면 아주 정신이 번쩍 나는 이야기도 있다. 교과서나 신문 같은 데서는 볼 수 없는 굉장한 가르침 또는 깨우침이 들어있다는 얘긴데, 이것이 겉으로 드러나 있지 않고 속에 은근히 숨어 있어서 감칠맛도 더하다. 가령 〈임금님 귀는 당나귀 귀〉 같은 이야기는 권력의 겉과 속, 또는 거짓과 진실이라는 만만치 않은 주제를 품고 있으면서도 그것이 이야기의 재미에 숨어 있어서 더 빛나는 것이다.

우리네 옛사람들은 이야기를 다만 즐기기 위한 도구만으로 여기지는 않은 듯하다. 만약 단순히 즐기려고만 했다면 이야기 속에 그 복잡한 은유와 상징을 장치하지 않았을 것이다. 뭔가 절실하게 하고 싶은 얘기가 있는데, 이것을 정색하고 곧이곧대로 말하기가 껄끄러울 때 우리는 곧잘 은유와 상징을 빌려다 쓴다. 옛이야기도 마찬가지다. 옛사람들이 이야기 속에 슬그머니 숨겨 둔 이 깊은 생각들을 찾아내는 일은, 마치 흙 속에 묻힌 보석을 찾아내는 일처럼 가슴 떨린다.

다음 이야기를 한번 읽어보기 바란다. 아니, 절대로 긴장할 필요는 없다. 앞서 해 놓은 말 때문에 공연히 이야기 속에 무슨 정신이 번쩍 나는 가르침이 들어 있을까 하고 지레 눈에 힘을 줄 필요는 없다는 뜻이다. 아무 부담 없이 그냥 이야기를 이야기로 즐기면서 재미나게 읽어 보기 바란다. 읽다가 신명이 나면 판소리를 흉내 내어 구성지게 가락을 실어 보는 것도 좋겠지.

옛날 옛적 어느 곳에 밑구녁이 찢어지게 가난한 사람이 하나 살았것다.

이 사람이 얼마나 가난했는고 하니 굶기를 먹듯 하고 먹기를 굶듯 하고, 벗기를 입듯 하고 입기를 벗듯 하고, 잠은 수숫대 기둥에 거적문 단 움막에서 자면서 그저 굶어죽지 않고 얼어 죽지 않는 것만 다행으로 알고 살았던 것이다. 예나 이제나 법이라고 하는 것은 그저 있는 사람 편이라서 한번 가난에 빠지면 죽었다 깨어나도 그놈의 가난을 못 면하는 법이라, 이 사람도 험한 일 궂은 일 안 가리고 죽자사자 일을 했건마는 밑 빠진 독에 물 붓기로 버는 족족 쓰기 바빠 살림 나아지기는 해가 서쪽에서 뜨기보다 더 어려우니 이 일을 어찌할꼬. 저 하나 굶는 거야 팔자로 치더라도 처자식 굶는 모습 차마 보기 민망하여, 이 사람이 궁리 끝에 어디서 귀동냥하기로 사기장사 사 급 남고 옹기장사 오 급 남는다는 말을 들은지라 이웃에 다니면서 어찌어찌 빚을 내어 옹기장사를 시작했네 그려.

빚낸 돈으로 옹기전에 가서 옹기를 사는데, 장독도 사고 물동이도 사고 항아리도 사고 뚝배기도 사고 이놈도 사고 저놈도 사고 큰 것도 사고 작은 것도 사고 갖추갖추 다 사서, 이것을 지게에다 올려놓기를 장독 위에 물동이 얹고 물동이 위에 항아리 얹고 항아리 위에 뚝배기 얹어다가 새끼줄로 뚝딱뚝딱 이리 얽고 저리 매어 불끈 짊어지고서 조선팔도 골골이 팔러 가는구나. 가다가 가다가 어디까지 갔는고 하니 전라도 해남땅 바닷가 한 고을에 떡하니 가서, 그 고을 들어가는 고개를 넘다가 숨도 차고 다리도 아파 잠깐 쉬어 가자 하고 지게를 받쳐 놓고 너럭바위에 걸터앉아 숨 한 번 얌전하게 골랐것다.

아 그런데 재수없는 놈은 뒤로 자빠져도 코 깨진다더니,

이때 마침 난데없는 회오리바람이 휘리릭 불어와서 옹기짐을 휙 싸잡아 넘어뜨려버렸네그려. 아이쿠, 세상에 이런 변이 어디 있나. 어린아이 무동 태우듯 옹긋옹긋 쟁여 놓은 옹기짐이 눈 깜짝할 새에 팍삭 쓰러져 부서지는데 손을 쓰려니 쓸겨를도 없어, 눈 말똥말똥 뜨고 그 피 같은 옹기들 죄다 사금파리 조각 되는 것 구경이나 하고 있었지 뭐 다른 수가 없었구나.

한참이나 지난 뒤에 정신을 차리고 보니, 아이고 억울하고 원통하기가 이를 데 없거든. 그만 두 다리를 뻗쳐 놓고 땅을 치며 대성통곡을 하다가, 이럴 게 아니라 이 고개 넘기 전에 귀동냥으로 듣자니 이 고을 원님이 송사를 그리 잘 본다 하니 거기 가서 하소연이나 한번 해 보는 수밖에 없다, 이렇게 작정을 하고 빈 지게 짊어지고 터덜터덜 관가로 갔것다. 가 보니 과연 원님 하나가 동헌 마루에 앉았는데 눈빛이 밝은 것이 슬기 있어 뵈는구나.

"옹기장수 아무개 아뢥니다. 저는 이 날 이때까지 굶기를 먹듯 하고 먹기를 굶듯 하고, 벗기를 입듯 하고 입기를 벗듯 하고 살다 보니 저 하나 굶는 거야 팔자로 치더라도 처자식 굶는 모습 차마 보기 민망하여, 듣자하니 옹기장사 이문이 낳다기에 이웃에 다니면서 어찌어찌 빚을 내어 옹기 한 짐 해다가 짊어지고 나섰는데, 그것 하나 못 팔아보고 난데없는 회오리바람에 몽땅 잃고 말았습니다. 사람이 한 일도 아니고 바람이 한 일을 가지고 누구 탓을 하겠습니까마는, 하도 억울하고 원통하여 하소연이나 할까 하고 찾아왔으니 부디 꾸짖질랑 마십시오."

원님이 가만히 들어 보니 사정이 참 딱하거든. 옹기장수 말마따나 사람이 한 일도 아니고 바람이 한 일이니 누구 탓을 할 수는 없으나, 이 송사를 아니 풀고 그대로 내보냈다가는 멀쩡한 사람 하나 실성하기 딱 좋으니 이 일을 어찌할꼬. 이 궁리 저 궁리 끝에 좋은 수를 하나 내 가지고 옆에 서 있는 이방더러 넌지시 묻는다.

"이방, 이 고을에서 살림깨나 있어 부자 소리 듣고 사는 이 누구인고?"

"이 고을 부자라면 배 가지고 장사하는 사람들이 다 부자 축에 들지요."

"그렇군. 그 사람들 중에 오늘 배가 나간 사람들이 있는가?"

"예, 오늘 아침에 김 부자네 배가 동쪽으로 나갔고, 이 부자네 배가 서쪽으로 나갔습니다."

"옳거니. 그것 참 잘 된 일이로세. 어서 가서 그 두 사람을 불러 오게나."

이방이 곧장 사령들을 시켜 김 부자와 이 부자를 불러다가 동헌 뜰에 대령시켜 놓으니, 원님이 먼저 김 부자를 보고 은근히 묻는다.

"김 부자는 들으시오. 오늘 아침 그대의 배가 동쪽으로 나갔다는 게 사실이오?"

"예, 그렇습니다."

"그럼 그 배가 잘 가려면 바람이 어떻게 불어야 하오?"

"그야 서풍이 불어얍지요."

"오늘 아침에 서풍이 불라고 빌었소?"

"오늘 아침뿐 아니라 하루 종일 빌었지요."

원님이 은근한 웃음 한 번 짓고 나서, 이번에는 이 부자를 보고 묻는다.

"이 부자는 들으시오. 오늘 아침 그대의 배가 서쪽으로 나갔다는 게 사실이오?"

"예, 그렇습니다."

"그럼 그 배가 잘 가려면 바람이 어떻게 불어야 하오?"

"그야 동풍이 불어얍지요."

"오늘 아침에 동풍이 불라고 빌었소?"

"오늘 아침뿐 아니라 하루 종일 빌었지요."

그제서야 원님이 무릎을 탁 치더니 내놓는 말이 이렇구나.

"이제야 알았네. 옹기짐이 왜 쓰러졌나 했더니 그대들 두 사람 때문일세."

"그게 무슨 말씀이십니까?"

"들어 보시오. 저 사람이 오늘 옹기짐을 지고 우리 고을을 지나다가 회오리바람에 옹기짐이 무너져 피 같은 옹기를 다 잃었소. 이것이 그대들 탓이 아니고 무엇이란 말이오?"

"글쎄요. 우리는 아직도 그게 왜 우리 탓인지 모르겠습니다."

"저런 답답한 사람들을 봤나. 아, 한 사람은 서풍이 불라고 빌고 한 사람은 동풍이 불라고 비니 용왕님인들 무슨 재주가 있겠소? 두 사람 소원을 다 들어 주자니 서풍도 되고 동풍도 되는 바람을 내보낼 수밖에. 그게 회오리바람이 돼서 저 사람 옹기짐을 무너뜨린 게요. 아직도 내 말을 모르겠소?"

그제서야 두 사람도 원님 말뜻을 알아차렸지. 돈깨나 있는 두 부자가 가난하고 원통한 옹기장수 옹기값 좀 물어주라는 뜻을 왜 모르겠어?

"아이고, 듣고 보니 과연 그렇습니다. 틀림없이 우리 탓입니다. 당장 옹기값을 물어주도록 하지요."

이렇게 해서 옹기장수는 옹기값을 받아 가지고 다시 장사길을 떠났는데, 웬 장사가 그리 잘 됐는지 단박에 돈을 많이 벌어 가지고 가난을 면하고 잘 살더라는 이야기.

나는 여기서 무슨 '노블리스 오블리제' 같은 생뚱맞은 외국말을 끌어다가 사족을 달고 싶은 마음은 조금도 없다. 그런 짓은 공연히 재미난 옛이야기에 재를 뿌리는 격이 될 터이니 말이다. 그러나 여기까지 이야기를 읽었거든 누구든지 줄거리를 한번 곱씹어 보아라. 정신이 번쩍 드는 가르침 또는 깨우침이 이야기 속에 숨어 있다는 걸 알아차릴 것이다. 아, 내가 말을 잘못했다. 구태여 이야기 줄거리를 곱씹어 보지 않아도 좋다. 또 이야기 속에서 정신이 번쩍 나는 가르침이나 깨우침을 발견하지 못했더라도 다시 이야기를 읽을 생각일랑 아예 하지 말기 바란다. 옛이야기는 그런 걸 가장 싫어한다. 누구든지 자기를 그냥 있는 그대로 즐겨 주기를 바라는 것이다.

사실, 이런 옛이야기에서 무슨 가르침이나 깨우침이니 하고 호들갑을 떠는 것도 좀 쑥스러운 일이다. 왜냐하면 이런 옛이야기를 읽고 정말로 정신이 번쩍 들어야 할 사람, 그러니까 뭘 좀 가진 사람들은 절대로 이런 이야기를 읽지 않을 테니까 말이다. 옛날부터 이야기는 가난한 사람들 것이었다. 지금 이 옛이야기를 읽고 고개를 끄덕이고 있을 당신도 마찬가지다. 이 이야기를 누가 만들었다고 생각하는가? 아무 것도 가진 것 없고 배운 것 없는, 바로 이야기 속 주인공인 옹기장수와 같은 사람들이 만든 것이다. 그러니 이야기 속에 나오는 원님이나 부자와 같은 '점잖은 양반' 들은 현실 세상에 애당초 없었다고 보아도 좋다. 현실 세상에 없는, 그렇지만 있었으면 좋을 사람들을 백성들이 창조해 낸 것이다.

그러니 여기서 가진 사람들의 관대함이 어쩌고 베푸는 미덕이 어쩌고 떠드는 게 얼마나 우스운 일인가. 이야기 속 옹기장수나 이 이야기를 읽고 있는 우리나 뭘 줄 게 있어야 주고 베풀 게 있어야 베풀지. 그래서 우리는 심각하게 생각할 것 없이 그냥 이야기를 그 자체로 즐기려고 하는 것이다.

그런데 여기까지 쓰고 보니 왜 이렇게 자꾸 한쪽 어깻죽지가 시린 걸까.

공연히 입에 든 사탕을 빼앗긴 어린아이처럼 심통이 나는 건 또 무슨 조화인가.

(《푸른 나무들》, 2005. 12.)

옛이야기,
삶과 꿈의 곳간

“옛날 옛적 갓날 갓적, 호랑이 담배 피우고 까막까치 말할 적에…….”

이런 구수한 말머리와 함께 옛이야기 판이 벌어지면, 아이들은 귀를 쫑긋 세우고 눈을 반짝인다. 그리고 이야기꾼 무릎 쪽으로 바짝 다가앉는다. 이제부터 옛이야기 속 주인공과 함께 상상의 바다를 헤엄칠 준비가 되었다는 뜻이다. 드디어 판이 무르익어 이야기가 한 고비를 넘기면 아이들은 침을 삼키며 다음 대목을 기다린다. 그러나 이때에도 그저 잠자코 기다리고 있는 것만은 아니다. 아이들은 끊임없이 다음 장면을 제 나름대로 상상해 가면서 이야기의 흐름을 따라간다. 요컨대 옛이야기는 잠자고 있는 아이들의 상상력을 흔들어 깨우는 묘약이다.

하지만 옛이야기가 다만 상상력만으로 이루어지는 것은 아니다. 그 안에는 치밀하게 그려진 현실 세계가 들어있다. 이야기는 사람들이 살아가는 모습을 분칠이나 덧칠 없이 정직하게 보여 준다. 이야기 속 현실은 때때로 거꾸로 뒤집힌 모습으로 나타나지만, 듣는 이는 쉽게 그 본모습을 알아차릴 수 있다. 곳곳에 본모습을 들여다볼 수 있는 창문을 달아 두었기 때문이다. 아이들은 옛이야기 속 주인공의 행동 하나하나를 따라가면서, 먼 옛날 이 땅을 딛고 살아 온 사람들의 맥박과 숨결을 느낀다. 요컨대 옛이야기는 옛사람들의 삶을 비추는 거울이다.

아이들은 옛이야기를 들으면서 상상력의 가장자리를 넓혀 나가며, 아울러 현실 세상의 준엄한 이치를 깨닫는다. 옛이야기와 함께 키우는 상상력은 막연하게 이것저것 마구 떠올리는 공상이 아니라, 생각의 틀을 짜임새 있게 매만지는 일이다. 가령 이야기 속 주인공은 반드시 앞에서 한 행동의 결과로 상을 받거나 벌을 받으며, 이러한 인과관계는 매우 치밀하여 빈틈이 없다. 또, 옛이야기로 키우는 현실에 대한 안목은 아주 건강하고 올곧은 것이다. 어떤 사람들은 언제나 착한 사람은 복을 받고 나쁜 사람은 벌을 받는 '권선징악' 의 틀을 지닌 옛이야기를 고리타분하게 보기도 하지만, 이것이야말로 어른들의 때 묻은 시각일 뿐이다. 아이들은 이 세상이 착한 사람들 편이라는 것을 믿는다. 이 믿음이 굳건할수록 세상의 어려움과 부조리를 헤쳐나가는 힘도 커질 것이다.

옛이야기에는 종종 교훈이 들어있다. 그러나 이것은 재미와 감동의 숲 속에 은근히 숨어 있어서 웬만해서는 눈치 챌 수조차 없다. 이것이 옛이야기가 가르침이나 깨우침을 주는 방식이다. 아이들은 옛이야기를 들으면서 교훈을 얻지만, 그것을 결코 잔소리나 훈계로 인식하지 않는다. 그저 재미있는 이야기로 느낄 뿐이다. 그래서 옛이야기에서 얻는 깨우침은 묵직하고 오래간다. 머리로 이해하는 것이 아니라 가슴으로 느끼면서 받아들이기 때문이다. 어릴 때 들은 옛이야기 한 마디가 어른이 되어서도 가슴 한 구석에 남아, 어려움에 부닥칠 때마다 소리 없는 응원을 보내 준다는 것은 참으로 멋진 일이 아닌가.

이래서 옛이야기는 들려주는 것만으로 훌륭한 교육이 된다. 오랜 옛날부터 꾸준히 이어져 왔으나 오늘날 메마른 세태와 함께 끊어지고 있는 옛이야기의 맥을, 이제 우리는 다시 이어나가야 한다. 옛날에는 온 식구가 하루 일을 마치고 집에 돌아오면 자연스럽게 둘러앉아 도란도란 이야기꽃을 피웠지만, 오늘날에는 이런 모습을 보기 어렵다. 더 늦기 전에 가정에서부터 이야기문화를 되살려야 한다. '뭘 해라, 하지 마라'

하는 외마디 명령만으로는 어른과 아이의 관계가 제대로 유지될 리 없다. 이야기문화를 마음껏 누리지 못하고 자란 아이들은 정서의 허기를 느끼게 마련이다. 요새 아이들이 넉넉한 정서를 지니지 못하고 자란다면, 이는 결코 그들 자신의 책임이 아니다.

옛이야기는 본디 입에서 입으로 전해 왔기 때문에 말로 들려주는 것이 제격이다. 하지만 반드시 말로 들려주어야만 하는 것은 아니다. 때로는 어른이 책을 읽어 주거나, 어른과 아이가 책을 함께 읽거나, 아이 스스로 책을 읽게 하는 것도 괜찮은 방법이다. 그러나 아직 글자를 익히지 못한 어린아이에게는 아무래도 들려주는 것이 낫겠다. 어린아이일수록 이야기 자체의 재미보다 이야기꾼과 느낌을 주고받는 일에 더 잘 반응하는데, 책을 읽어 주면 아무래도 그 교감의 강도가 떨어지기 때문이다. 글자를 읽는 데 익숙해진 초등학생 이상의 아이들이라면 스스로 책을 읽게 해도 괜찮지만, 이때에도 처음에는 소리 내어 읽는 것이 좋다. 옛이야기의 감칠맛을 제대로 느끼려면 입말의 재미를 충분히 살려야 하기 때문이다.

유아들에게는 줄거리가 길고 아기자기한 본격 이야기보다 말맛이나 형식미를 느낄 수 있는 짧은 이야기가 더 좋다. 단순하게 되풀이되는 대화체, 뚜렷한 대조와 점점 차오르는 형식, 그리고 맛깔스러운 흉내말로 치장한 이야기라면 아주 좋다. 아이들이 종종 이미 들은 이야기를 자꾸만 또 들려 달라고 조르는 경우가 있는데, 그것은 줄거리의 재미 때문이 아니라 말의 재미를 맛보려고 그러는 것이다. "떡 하나 주면 안 잡아먹지." "이 농사 지어 누구랑 먹고 사나?" 와 같은 대화가 똑같은 억양으로 되풀이되는 것을 즐긴다고 보면 된다. 잠을 재울 때는 책을 읽어 주는 것이 좋지만, 이때에도 반듯한 글말투보다는 살아있는 입말투로 읽어 줄 것을 권한다. 비록 책이 글말체로 씌어 있더라도, 말투를 슬쩍 바꾸는 일은 그다지 어려운 일이 아니다.

초등학교 저학년 또래가 되면 줄거리다운 줄거리가 있는 이야기, 상상력을 자극하는 이야기를 즐길 수 있다. 모험 이야기, 인과응보 이야기, 유래 이야기가 다 이 나이 아이들에게 알맞다. 이야기를 들려 줄 때는 세세한 장면 묘사, 심리 묘사, 상황 설명에 매달리지 말고 줄거리를 따라 성큼성큼 나아가는 것이 좋다. 그렇게 하면 미심쩍은 부분을 아이들이 저마다 상상력으로 메워 가면서 듣기 때문에 긴장감이 살아난다. 훌륭한 이야기꾼은 이야기 중에 언제라도 아이들의 참견을 즐겁게 받아들이며, 아이들의 반응을 살피면서 화소를 슬쩍 바꾸기도 한다. 이 또래 아이들은 혼자서 이야기책을 읽을 수 있지만, 책을 읽은 뒤에 이들에게 주제나 교훈 따위를 꼬치꼬치 묻는 일은 삼가야 한다. 거듭 강조하지만 옛이야기는 머리로 이해하는 것이 아니라 가슴으로 느끼는 것이다. 어떤 경우에나 정답을 강요해서는 안 된다.

초등학교 고학년 무렵이 되면 아이들은 대개 풍자와 해학 이야기, 슬기 이야기, 세태 이야기까지 소화할 수 있다. 옛날 사람들이 살아 온 모습이 녹아 있는 이야기를 들으면서 자연스럽게 민속에 대한 이해를 넓힐 수도 있고, 때로는 이야기 속 상황을 따지고 비판하면서 들을 수도 있다. 그러나, 그렇다고 해서 이 또래 아이들이 본격 이야기나 형식 이야기를 싫어하는 것은 아니다. 아이들은, 아니 어른들까지도 옛이야기는 이야기 그 자체로 즐기는 것이다. 어떤 어른들은 지레 '나이가 든 아이들은 옛이야기에 흥미를 느끼지 못할 것' 이라는 선입견을 가지고 있기도 한데, 그런 분들에게 나는 꼭 한 번이라도 옛이야기를 들려 줄 것을 권한다. 실제로 그렇게 해보면 아마 놀랄 것이다. 아이들이 옛이야기를 즐기고 받아들이는 데 나이는 아무 상관이 없다. 어른들도, 아이 마음을 잃지 않은 어른들이라면, 옛이야기의 묘미에 마음껏 빠져들 수 있을 것이다.

요즈음 아이들이 서양 민담에 쉽게 동화되고 서양 신화에 열광하는 데는 걱정스러운 면이 있다. 우리가 옛사람들로부터 이어받은 옛이야기 전승의 맥을 어른들은 마땅히 다음 세대에 이어 줘야 한다. 우리 아이들이 백설공주와 신데렐라보다 나무꾼과 반쪽이를 더 친근하게 여기고, 제우스와 아폴론보다 옥황상제와 강림도령을 더 쉽게 떠올릴 수 있도록 해 줘야 한다. 어른들이 우리 옛이야기를 외면한 채 아이들이 서양 옛이야기에 열광하는 것을 나무랄 수 있는가. 우리 옛이야기를 되살려 아이들에게 전해 주는 일은, 이래서 오늘을 사는 모든 어른들이 기꺼이 짊어져야 할 의무인 것이다.

(《생각과 표현》, 2005. 1.)

꿈꿀 자유, 책 읽을 자유

이 땅의 아이들은 꿈꿀 자유마저 온전하게 누리지 못한다. 무슨 말이냐고? 지금 당장 아이들 여럿이 모인 데 가서 물어 보아라. 너희들 꿈이 뭐냐고. 십중팔구 이런 대답이 나올 것이다. 의사, 과학자, 판검사, 변호사, 연예인, 컴퓨터기술자, 선생님……. 아이들 수에 상관없이 꿈의 가짓수가 많아야 스무남은 가지 정도일 것이다. 서울 아이들이나 강원도 아이들이나 제주도 아이들이나 다 고만고만한 틀에서 벗어나지 않을 것이다. 그게 무슨 문제냐고? 몇 백만 명이나 되는 우리 나라 아이들이 꾸는 꿈이 고작 스무남은 가지 규격품으로 제한되어 있는데도 정말 괜찮단 말인가?

꿈이 이렇게 삭막하게 틀에 갇혀버린 것은 아이들 탓이

아니다. 이 땅의 어른들은 돌 잔칫상에서부터 아이들이 꿈꿀 자유를 빼앗아버린다. 부와 권력과 지위로 대표되는 이 갑갑한 세속의 틀은 아이들의 꿈을 가두는 감옥이다. 그때부터 아이들은 이 감옥 안에서만 꿈꿔야 한다는 것을 배운다. "네 꿈이 무엇이냐?" 어른들의 물음에 아이가 행여 당돌하게도 이렇게 대답했다 치자. "내 종이비행기가 달나라까지 날아가는 거요." 그랬다가는 곧장 사나운 눈길이 되돌아온다는 걸 아이들은 잘 안다.

그래서 이 땅의 아이들이 꾸는 꿈은 끝내 스무남은 가지로 규격화하기에 이른다. "네 꿈이 무엇이냐?" "공부 열심히 해서 의사 될래요." 드디어 어른들은 만족스러운 웃음과 함께 아이들 어깨를 두드려 준다. 서울 아이들이나 강원도 아이들이나 제주도 아이들이나 다 나이가 들면서 점점 이런 '정답' 에 익숙해져 간다. 나이가 좀 더 많이 들어, 이건 뭔가 아니라는 것을 어렴풋이 느끼는 아이들은 조그마한 반란을 일으키는데, 그게 바로 '프로게이머' 와 '웹디자이너' 같은 변종 꿈이다. 이 '오답' 을 들은 어른들은 혀를 차며 못마땅한 표정을 짓지만, 이내 그런 직업도 꽤 '돈을 벌 수 있다' 는 걸 알고는 관대한 척 이를 받아들인다.

인정하고 싶지는 않지만, 이 틈바구니에서 책과 글도 이 억압의 틀을 어쩌지 못하고 어정쩡하게 그 언저리를 서성거

렸을 뿐이다. 많은 '위인전' 들은 부와 권력을 좇은 사람들을 미화하고, 돈벌이와 권력 싸움에서 이긴 것을 '성공' 이라 불렀다. 어떤 책들은 남을 딛고 올라서거나 남을 따돌리고 앞서 내달은 사람들을 높이 떠받들기도 했다. 이런 책과 글이 활개를 치면서 한때 이 땅에는 의사, 과학자, 판검사, 변호사만이 사는 듯했다. 군인들이 권세를 누리던 시절에는 용감한 장군을 다룬 위인전들이 늘어나고, 당연하게도 아이들의 꿈 목록에 '국군대장' 이 한 자리를 차지했다. 우리의 책은 농사꾼과 고기잡이와 행상과 비 오는 새벽길을 부지런히 비질하는 사람들에게 눈길을 주지 않았다.

그리고 이제 책읽기는 좋은 대학교에 들어가기 위한 방편이 돼 가고 있다. 이 나라에서 좋은 대학교에 들어간다는 것은 곧 부와 권력을 거머쥐는 것을 뜻하니, 책읽기가 곧 세속의 욕망을 채우는 수단으로 굴러떨어지고 있는 것이다. 나라에서는 아이들이 책 읽은 것을 시험 봐서 점수를 매기겠다고 하고, 상업주의는 때를 놓칠세라 노름판에 판돈 늘어놓듯이 돈벌이 판에 책을 펴놓고 있다. 이 땅의 어른들은 아이들한테서 꿈꿀 자유를 빼앗은 데서 만족하지 못하고, 드디어 책 읽을 자유마저 빼앗아 가두려고 하는 것이다. 더 늦기 전에 우리가 이를 바로잡아야 한다.

자꾸만 아이들을 틀에 가둬 넣으려고 하는 어른들도 한때는 아이였던 때가 있었고, 마찬가지로 그때의 어른들이 만든 틀에 갇혀 자랐을 것이다. 그때도 누군가 이래서는 안 된다고 생각한 어른들이 있었을 것이고, 소리 내어 말하거나 못 본 체하면서 오늘에 이르렀을 것이다. 소리 내어 말하는 사람들이 많을수록 세상은 앞으로 나아가고, 못 본 체하는 사람들이 많을수록 세상은 뒷걸음질 친다. 그리고 그 속에서 자라는 아이들은 반드시 어른들을 닮는다.

우리 힘으로 아이들에게 책 고를 자유, 책 읽을 자유와 함께 꿈꿀 자유도 되찾아 줄 수 없을까. "네 꿈이 무엇이냐?" "세상에서 가장 멋진 수수깡안경 만드는 거요." 아이가 이렇게 말하고, 어른이 그런 아이를 꼭 안아 줄 수 있는 세상은 정말로 만들 수 없는 것인가.

(《동화 읽는 어른》, 2005. 11.)

책값,
그래도 싸다

소주 세 병, 안주 한 접시, 커피 두 잔, 피자 한 판, 화투 네 목, 사설놀이공원 입장권 한 장, 한물간 피시게임타이틀 한 장……. 이 물건들의 공통점은 무엇일까? 얼추 만 원 안팎으로 살 수 있는 것이고, 대개 책 한 권 값과 맞먹는다.

책 한 권 값과 맞먹는 돈으로 할 수 있는 일에는 또 이런 것도 있다. 성인오락실에서 오 분쯤 놀기, 찜질방 가서 찜질하고 주스 한 잔 마시기, 손전화로 노래 스무 곡 내려받기, 지하상가에서 손톱 다듬기, 노래방에서 한 시간 동안 노래 부르기…….

그러고 보니 책 한 권 값은 그래도 싼 편이다. 가끔 책 겉장에 적힌 책값을 보고 '무슨 책값이 이렇게 비싸?' 하고 중얼거릴 때도 있지만, 어쨌든 다른 물건값과 견주어 보니 그리 비싼 편은 아니란 걸 알겠다. 아니, 오해 없기 바란다. 나는 지금 소주 세 병이나 안주 한 접시가 책 한 권보다 못하다는 뜻으로 이런 말을 하는 게 아니다. 때때로 일상에 지친 서민에게 안주 곁들인 소주 한 병은 그 어떤 것보다 큰 위로가 될 수 있다. 친한 동무와 함께 노래방에 가서 즐기는 한 시간은 그 무엇과도 바꿀 수 없는 귀한 시간이 될 수 있다. 하지만 책 한 권의 값어치도 그에 못지않다.

아주 몰랐던 것을, 어쩌면 평생 모르고 살 뻔 한 것을 책을 읽고서야 알게 되는 일도 있다. 때로는 책에서 잔잔한 감동을 느끼기도 하고, 때로는 아기자기한 즐거움을 얻기도 한다. 지루할 때는 심심풀이가 되기도 하는 것이 책이다. 이만한 쓸모를 가진 책을, 다행스럽게도 우리는 만 원 안팎의 돈으로 살 수 있는 것이다. 싸지 않은가?

때때로, 아주 가끔은 읽다 보면 돈이 아까운 책도 있긴 하다. 겉꾸밈만 요란하고 속은 텅텅 비어, 독자를 무슨 봉으로 아나 싶은 책도 없지는 않다. 세상살이 힘들 때는 이까짓 책 한 권이 다 무슨 소용이야 싶을 때도 있다. 하지만 대부분의 책들은 그 값들을 한다. 웬만큼 공들여 만든 책이라면 적어도 만 원의 값어치는 지니고 있을 것 같다.

하긴, 세상에는 책값보다 더 싸다고 여겨지는 것도 있다.

날마다 우리 밥상에 오르는 갖은 곡식과 채소와 과일은, 아직 그것을 가꾼 농사꾼의 땀값과 눈물값에도 미치지 못한다. 포장마차 아주머니가 구워 내는 국화빵이나, 시장 귀퉁이 좌판 위에 늘어선 자잘한 물건들도 그 정성과 쓸모에 견주어 턱없이 싸다.

또 책 한 권 값에 맞먹는 만 원도 결코 하찮은 돈이라 할 수 없다. 어떤 사람들에게는 몇 끼 허기와 갈증을 달래 줄 큰돈이 될 수도 있고, 어떤 사람들에게는 며칠 생계를 이어갈 값진 돈이 될 수도 있다. 그런 분들 앞에서는 감히 책값이 싸다는 말을 할 수가 없다.

내가 아는 어떤 분은 이렇게 말했다. 책 한 권을 보이며 읽어 볼 것을 권하기에 "그러면 그 책을 좀 빌려 달라."고 청하자 고개를 저으며.

"좋은 책은 빌려 주는 게 아닐세. 사서 읽어야지. 그래야 책이 팔릴 것 아닌가. 책이 팔리면 출판업이 살고, 출판업이 살아야 문화가 살고, 문화가 살아야 나라가 사는 법이지."

또 어떤 분은 이렇게 말했다. 즐겨 읽던 책 한 권을 들고 다니다가 버스에 두고 내렸다면서.

"처음에는 좀 아까웠는데 가만히 생각해 보니 아까워할 일이 아니더라고. 누군가 그 책을 주우면 읽어 볼 테고, 그만큼 그 책이 더 많이 읽힐 게 아닌가. 나는 기꺼이 책 한 권을 더 사겠네."

나는 아직 속물이라 이 두 분처럼 크고 높은 '경지'에 이르지는 못했다. 누가 책을 빌려 달래면 서슴없이(또는 마지못해) 빌려 주고, 어쩌다 책을 잃어버리고 나면 아까워서 끙끙 앓는다. 또 나는 아직 책을 '위대한 정신세계의 표상'으로 대접하는 경지에는 이르지 못했다. 책도 다른 것과 다름없는 '물건'으로 칠 뿐이다. 하지만 물건치고는 괜찮은 물건이라는 것이 내 생각이다. 값도 어지간히 싸겠다, 쓰면 곧 없어지는 다른 물건과는 달리 한 번 사 두면 썩지도 않고 줄어들지도 않아서 오래오래 쓸 수 있다. 게다가 오래 묵을수록 값어치가 커져서, 운이 좋으면 살 때보다 더 비싼 값으로 되팔 수도 있다.

이만하면 괜찮은 물건이 아닌가.

(《책 읽는 북맨》, 2006. 6.)

글장이는 별종인가?

다니던 학교를 그만두고 이른바 '전업' 이란 걸 시작한 뒤, 누가 내게 직업을 물으면 농담반 진담반으로 '백수' 라고 답하곤 했다. 날마다 하는 일이 정해져 있는 게 아니고 때로는 일이 아주 없는 날도 있으니, 이것이 썩 틀린 대답은 아니라는 생각이다. 하지만 묻는 사람이 나를 잘 모르는 사람이거나 정색을 하고 있으면 할 수 없이 '작가' 라고 답할 수밖에 없다. 이 대답을 들은 사람들의 반응은 대체로 세 가지로 나뉜다. '글 쓰는 작가' 를 말하는 거냐고 한 번 더 묻거나, 미심쩍다는 듯이 고개를 갸웃거리거나, 아니면 무척 걱정스럽다는 표정을 짓는 것이다.

첫째 번처럼 되묻는 것은 아마 작가라는 말뜻이 분명치

않아서 그런 것 같다. 글 쓰는 작가 말고도 사진작가, 그림작가, 인형작가 들이 얼마든지 있으니 말이다. 둘째 번처럼 아리송해하는 것은 우리 둘레에 작가와 같은 직업이 흔치 않아서 그럴 게다. 그러니까 그런 것도 직업이 될 수 있는지 스스로 헛갈려하는 중이 아닐까. 그런데 상당수 사람들은 작가라는 말을 듣는 순간 셋째 번처럼 대번에 걱정에 사로잡힌다. 이 경우 걱정이란 도대체 뭘 먹고사느냐는 것이다. 사실 우리나라에서 작가가 글만 써서 먹고살기는 어렵다. 우리 나라 문인들의 연평균 원고료 수입이 일백 만 원이 채 안 된다는 통계도 있지 않은가. 그런 점에서 작가들의 생계를 걱정해 주는 그분들의 반응은 사실 고마운 것이다.

그런데, 이렇게 직업에 관한 이야기를 주고받을 때마다 나는 조금 겸연쩍어진다. '백수' 또는 '실직자' 라고 말할 수 없어서 '작가' 라고 대답은 하지만, 다음과 같은 의문에서 말끔히 벗어날 수 없기 때문이다. '과연 나는 작가인가?' 그리고 작가라는 말이 뜻하는 바를 곰곰이 생각해 본다. 이 물음에 대한 답은 작가를 어떻게 뜻매김하느냐에 따라 달라질 터이다. 우선 그 뜻이 단순히 '글 쓰는 사람' 이라면, 나는 작가가 맞다. 잘 쓰든 못 쓰든 많이 쓰든 적게 쓰든 엉터리든 아니든, 어쨌든 글을 쓰기 때문이다. 만약 작가라는 말뜻이 '글을 써서 먹고사는 사람' 이라면, 그래도 절반은 맞다. 많건 적건 원고료와 인세 수입이 있고, 그것이 얼마만큼 생계에 보탬이 되기 때문이다.

하지만 그 뜻이 '작가가 되기 위해 정해진 관문을 지나거나 자격을 얻은 사람' 이라는 뜻이라면, 나는 작가가 아니다. 이른바 '등단' 이란 걸 나는 아직 못했기 때문이다. 잘 알다시피 우리 나라에는 '문단' 이라는 게 있어서, 거기에는 시인 · 소설가 · 평론가와 같은 '자격을 갖춘' 문인들이 모인다. 이곳에는 아무나 들어갈 수 있는 게 아니라 특정한 절차를 밟은 사람만이 들어가게 된다. 그 절차란 보통 일간지 신춘문예에 당선되거나 잡지사 현상문에에 응모하여 상을 받거나 선배 문인의 추천을 받는 것이다. 내 경우는 그 어느 곳에도 해당되지 않으니 문단에 들어갈 자격이 없고, 당연히 작가라고 말할 수도 없다. 그러니 나이는 쉰이 넘었지만 나는 아직도 '작가 지망생' 인 셈이다. 사정이 이러한데도 많은 독자들이 내 책을 읽어 주고 작가로 대접을 해 주니 그저 고마울 뿐이다.

말이 나왔으니 말이지만 우리 나라 '등단' 제도는 일제강점기 때 만들어진 것이다. 일제가 '말 잘 듣는' 신문 잡지나 문인단체에 약간의 권력을 주어 그들을 길들이려는 속셈으로 만든 것인지는 알 수 없으나, 그때 생긴 현상 모집이나 추천 제도가 지금까지 별로 달라지지 않고 이어져 온 것은 사실이다. 문단에 들어갈 자격을 얻으려면 제도화된 관문을 거쳐야 했기 때문에 많은 문학청년들이 기를 쓰고 신춘문에 같은 '시험' 에 도전했다. 당연히 심사위원의 입맛에 맞는 글을 쓴 사람들이 당선되었고, 그들은 자신을 뽑아 준 선배의 권위 앞에서 감히 딴소리를 할 수 없었다. 자연히 문단에는 권위와 권력의 그늘이 드리워졌다. 이런 풍토에서 작가와 작가, 또는 작가와 독자들 사이에 제대로 된 소통이 이루어질 리 없었다.

요새는 상황이 달라져서 문단을 둘러싼 울타리가 예전처럼 완고하지 않고, 그 덕분에 나 같은 사람도 글을 쓰고 책을 내게 되었다. 겸연쩍어 주뼛주뼛하면서도 누가 직업을 물으면 감히 '작가' 라고 답할 수 있게도 되었다. 어떤 이는 말한다. 이러한 '문단 해체' 현상 때문에 요새는 '개나 소나' 글을 쓰게 됐고, 그 때문에 '함량 미달' 의 작품이 쏟아져 나와 그 질과 수준이 크게 떨어졌다고. 어쩌면 그 개나 소에 해당될지도 모르는 나는 이렇게 말한다. 개든 소든 누구나 글을 쓰는 때가 바로 참된 민주시대라고. 몇몇 문단 안의 특권층이 독점해 오던 '글 쓸 수 있는 권리' 는 이제 마땅히 글을 쓰고 싶어 하는 수많은 대중들에게 돌아가야 한다고. 글이 함량 미달인지 아닌지는 독자들이 판단할 테고, 만약 그 수준이라는 게 단순히 글을 어렵게 쓰는 걸 뜻한다면 낮아질수록 좋은 게 아니냐고.

어쨌든 '글은 아무나 쓸 수 없다' 는 선입견 때문인지 작가를 보는 일반의 인식도 크게 빗나가 있는 것 같다. 더 설명이 필요한가? 말하자면 이렇다. 사람들과 만나 이야기를 나누다 보면, 많은 이들이 '작가는 보통사람과 뭔가 다르다' 고 여긴다는 걸 알게 된다. 내 둘레 사람들에게 '작가가 어떤 사람인 것 같으냐?' 고 물어 보니 대개 다음과 같은 대답이 나오는 것이다. 이 중에는 물론 우스개 삼아 한 대답도 있지만, 그렇더라도 아주 지어낸 말은 아닌 듯하다.

1. 격식에 얽매이는 걸 싫어하고 자유롭게 살려 한다.
2. 현실 세상에 관심이 없고 사회생활에 적응 못 한다.
3. 술 담배를 많이 하며 생활이 불규칙하다.
4. 게으르고 무책임하여 가정을 돌보지 않는다.
5. 고집이 세고 타협할 줄 모른다.
6. 상상력이 풍부하고 불가능한 것을 꿈꾼다.

우선, 나는 이러한 선입견 중 많은 것이 남성에게만 해당된다는 것을 알고 놀랐다. 그리고 대부분이 근거 없는 편견이라는 것을 알고 또 한 번 놀랐다. 도대체 왜 이런 편견이 생겨났을까? 왜 많은 사람들은 글장이를 '현실에 적응도 못 하고 그렇다고 현실을 바꿀 의지도 없는, 냉소주의에 빠진 나약한 남성 지식인' 으로 정형화한 것일까?

나는 이 편견이 일제강점기부터 이 땅의 글장이들이 남긴 슬픈 자화상에서 비롯된 것이라 생각한다. 실제로 어두운 시대에 많은 지식인들은 감히 현실에 저항하지 못하고 그렇다고 쉽게 현실에 안주하지도 못하는 어정쩡한 모습으로 살아왔으니까. 작가들 중 일부는 그런 모습을 저항의 몸짓이나 되는 듯이 자신을 정당화했고, 일부는 스스로 선민의식에 빠져 그런 모습을 일반 대중과 자신을 차별화하는 방편으로 써먹었다. 자연히 보통 사람들의 눈에도 작가들은 '이해할 수 없는 별종' 쯤으로 비춰졌다.

하지만 한때 작가들에게 그런 모습이 있었을지 몰라도, 이것이야말로 명백한 편견이다. 잘라 말하건대, 이 세상 모든 작가들의 모습은 이 세상 모든 농사꾼의 모습과도 같다. 또한 모든 장사꾼의 모습과도 같으며 모든 노동자의 모습과도 같다. 어떤 농부들이 격식에 얽매이는 걸 싫어하는 것처럼 어떤 작가들도 분명히 그럴 것이다. 그러나 또 다른 작가들은 기꺼이 예의범절을 차리며 최소한의 격식은 공동체 안에서 필요한 거라고 여긴다. 어떤 상인들이 술 담배를 많이 하며 생활이 불규칙한 것처럼 어떤 작가들도 분명히 그럴 것이다. 하지만 상당수 작가들은 술 담배를 멀리하고 매우 틀에 박힌 생활을 한다. 어떤 회사원이 고집 세고 타협할 줄 모르는 것처럼 어떤 작가들도 분명히 그럴 것이다. 그래도 많은 작가들은 믿음의 근거가 허물어졌을 때 주저 없이 자신을 버리고 남을 따른다.

요컨대 이 세상 어느 작가도 여느 사람과 특별히 다르지 않다. 그래서 글장이는 별종이 아니다. 적어도 겉보기로는 그렇다. 혹 어떤 글장이가 유별난 모습을 보인다 해도, 그것은 그가 글 쓰는 사람이어서 그런 게 아니라 그저 개성이 뚜렷해서 그럴 뿐이다. 물론 작가에게는 보통 사람들보다 더 넓은 통찰력과 날카로운 비판의식이 필요하고 사물의 감추어진 모습까지 꿰뚫는 비범한 안목도 있어야 하지만, 그런 것이 별스러운 겉모습이나 별난 행동과 연관이 있는 건 아니다.

이야기가 조금 옆길로 나갔지만, 작가에게 겉모습이란 아무 것도 아니다. 수염을 기르고 술을 잘 마신다는 따위는 입에 올리기조차 민망한 것이다. 그런 것은 참으로 하찮은 '겉멋'에 지나지 않는다. 작가에게 절실한 문제는 '얼마나 좋은 글을 쓰느냐' 하는 건데, 과연 좋은 글이란 어떤 것일까? 내게 좋은 글이란 이런 거라고 정의할 능력은 없으니, 그저 깜냥대로 쉬운 글과 어려운 글에 대해서 조금 생각해 보려고 한다.

이런 이야기가 있다. 옛날 어떤 마을에 학자가 새로 이사를 왔다. 그는 사흘이 멀다 하고 매우 멋들어진, 하지만 알아듣기 힘든 말들을 쏟아냈다. 말하자면 이런 식이다. "감각의 소산과 이지의 소산의 갭은 인위적 관념으로 메울 수 없다." 농사꾼 하나가 그 말이 너무 멋있어 보여서 그걸 배우려고 학자를 찾아갔다. "부탁입니다. 학자들이 말하는 법을 가르쳐 주십시오." 학자는 선선히 대답했다. "그건 어렵지 않네. 첫째, 아무도 알아들을 수 없는 어려운 말만 하게. 둘째, 되도록 '-의' 나 '-적' 이라는 말을 많이 쓰게. 셋째, 이건 가장 중요한 건데 말을 할 때는 그 말을 하는 자네도 무슨 뜻인지 몰라야 하네."

이런 이야기들은 공연히 말을 어렵게 하는 사람들을 풍자하려고 만든 것이지만, 일반인들이 글장이를 '별종' 으로 보게 된 데는 이렇듯 공연히 어려운 말을 쓰는 버릇도 한몫한 듯하다. 농사짓고 고기 잡고 공장에서 일하며 사는 사람들은 아무리 봐도 도무지 모를 말들이 글장이들의 붓끝에서 쏟아져 나온다. 읽어 봐도 무슨 뜻인지 모르겠으니까 "에잇, 글장이들이란 도무지 모를 소리만 해대는 별종이로군." 하면서 대중들은 혀를 차고 돌아앉아 버린다. 도대체 글장이들은 왜 글을 이토록 어렵게 쓰는 것일까?

믿어지지 않겠지만, 공연히 글을 어렵게 쓰는 버릇은 대개 '권위의식' 때문에 나온다. '고상한 시인묵객이 어찌 저 잣거리 속인들과 똑같은 말을 쓸쏘냐?' 이런 생각 때문에 많은 글장이들은 쉬운 말을 두고 일부러 어려운 말을 골라 쓴다. '낯선 사람을 만났다' 고 하는 대신 '생소한 이방인과의 조우' 라고 하고, '빠르게 날아 오르내린다' 고 하면 너끈할 곳에 굳이 '날렵한 비상 그리고 추락' 이라는 말을 쓰는 것이다. 이래서 글장이들은 본뜻이 그렇든 아니든 권력자와 부자들 편에 서서 가난한 백성들을 기죽이게 된다. 무슨 말이냐고? 시골 농사꾼과 장사하는 할머니와 어린아이들은 정치인과 학자와 관리들의 말을 도무지 알아듣지 못하는데, 이는 이들이 '무식해서' 그런 게 아니라 그 높으신 분들이 애써 백성 말을 외면해서 그렇다. 그 '높은 사람들' 안에 글장이들이 들어가는 것은 물론이다. 적어도, 글장이들이 어려운 말로 글을 쓰는 한 그렇다.

만에 하나 쉬운 토박이말은 저급하여 '수준 높은 글' 을 쓰는 데 알맞지 않다고 여긴다면, 그건 곧 이미 만들어진 편견에 속고 있거나 스스로 편견을 만들어 남을 속이는 일이다. 세상에 고급하거나 저급한 말이란 없다. 그 말에 담는 생각이 고상하거나 천박할 뿐이지. 아무리 어려운 한자말과 서양말로 철갑을 해도 글 속에 읽는 이를 존중하는 마음이 들어 있지 않으면 얄팍한 잔재주에 지나지 않는다. "원수를 사랑하시오." "목숨은 다 귀합니다." "배우고 익히는 게 또한 즐겁지 않나요?" 성인들의 가르침은 너무 쉬워서 다섯 살 난 아이도 알아들을 만하지 않은가. 말과 글에 진심이 담기면 저절로 쉬워진다.

다시 작가 이야기로 돌아가자. 거듭되는 말이지만 작가는 별종이 아니다. 물론 작가 중에는 별난 사람도 있겠지만, 그건 트럭운전사나 회계사 중에 별난 사람이 있는 것과 조금도 다르지 않다. 또 작가가 특별히 남보다 못난 사람이 아닌 것과 똑같은 이치로 뭐 그리 대단한 사람도 아니다. 다른 작가들이 들으면 눈총을 줄지 모르지만, 나는 글 쓰는 일에 아주 별스런 값어치가 있다고 주장하고 싶지 않다. 나는 단 한 번도 글 쓰는 일이 농사짓는 일이나 고기 잡는 일보다 낫다고 생각해 본 적이 없다. 일의 성격이 다르다 뿐, 이 세상 노동은 모두 값진 것이다. 글 쓰는 일도 그런 노동 중의 하나일 뿐이다.

내가 글을 쓰게 된 건 달리 할 수 있는 일이 별로 없어서다. 힘이 없어 농사도 못 짓고 꾀가 없어 장사도 못 한다. 손재주가 없으니 물건 만들거나 고치는 일을 배우기 어렵고, 헤엄을 못 치니 물에 들어가 하는 일은 엄두조차 못 낸다. 말재주가 없어 남을 설득할 줄도 모르고 숫기가 없어 낯선 곳에 가면 몸부터 얼어붙는다. 형편이 이러하니 그저 글이나 쓸 수밖에 없다. 글도 썩 잘 쓰는 축에는 못 들지만, 그래도 열심히 써 놓으면 독자들이 재미있게 읽어 주니 고마울 따름이다.

다른 작가들은 어떤지 모르지만, 나는 글을 쓸 때 '뼈를 깎는 창작의 고통' 같은 것도 겪어 보지 못했다. 그래서 남들이 '산고에 비길 만한 창작의 아픔'을 얘기해도 그냥 멀뚱히 듣고만 있다. 그리고 속으로 이렇게 생각한다. '아무리 글 쓰는 일이 어렵다 해도 어머니가 아기 낳는 일만큼 힘들까?' 이건 내가 아직 온 힘을 다해 글을 써 본 적이 없어서 그럴 게다. 하긴, 나도 글을 쓸 때 어떻게 써야 할지 몰라 하루 종일 책상 앞에 앉아 끙끙 앓은 적은 종종 있다. 쓸거리를 생각하거나 얼개를 짜느라고 며칠 밤을 새우며 골치를 썩일 때도 없잖아 있다. 버스를 타고 가다가 생각에 잠겨 내려야 할 정류장을 지나친다든지 하는 정도야 누구나 겪는 일이겠지. 하지만 이런 걸 두고 '뼈를 깎는 고통'이라고 할 수는 없지 않은가.

'창작의 고통' 이야기가 나왔으니 말이지마는, 글을 쓸 때 흘리는 땀이 아무리 진한들 농사꾼이 뙤약볕 아래 일하면서 흘린 땀만 하겠는가. 글을 쓸 때 드는 힘이 아무리 큰들 공사판에서 막노동꾼이 쓰는 힘만 하겠는가. 단돈 천 원을 벌기 위해 굽은 등으로 종이상자 가득 실은 손수레를 끄는 할머니의 힘겨움에 견주겠는가. 글을 쓸 때 느끼는 아픔이 아무리 모질다 한들, 그 옛날 독립투사들이 일본 헌병에게 끌려가 받은 고문의 아픔만 하겠는가. 아니, 무엇보다도 1980년 5월 광주의 아픔만 하겠는가. 그런 땀과 힘과 아픔과는 질이 다르고 색깔이 다르다고 해도 마찬가지다. 나는 정말이지, 작가가 스스로 창작의 고통 따위를 자꾸만 들먹이는 건 힘겹게 살아가는 다른 많은 이웃들에 대한 예의가 아니라고 생각한다.

그러나 말이 나온 김에 실례를 무릅쓰고 원고료와 인세 이야기는 좀 해야겠다. 우리 나라의 원고료와 인세 수준은 아직도 턱없이 낮다. 시인이 애써 시 한 편을 발표해 봤자 외국산 커피 몇 잔 값에도 못 미치는 원고료를 받고, 소설가가 몇 달을 고생해서 소설 한 편을 써 봤자 그 원고료로 중학생 등록금도 못 내는 형편이니, 이러고서 어찌 문화사회라 하겠는가. 부동산 투기꾼이 땅과 집을 사고팔아 몇 억을 벌었네 하는 소문을 들을 때, 자본가의 이윤을 나타내는 숫자에 붙은 0을 세면서 눈이 아파 옴을 느낄 때, 작가들의 쥐꼬리만 한 원고료는 더욱 초라하게 보인다. 하지만 나는 이쯤하고 그만 투덜거리겠다. 작가들이 원고료가 적다고 불평할 때, 그런 불평조차 못 하는 더 가난한 서민들이 있기 때문이다. 작가들의 원고료는 분명히 적지만, 그것이 농사꾼의 땀에 전 배추 한 포기 값보다 적다고 불평할 수는 없는 것이다. 늙은 어부가 낡은 배를 타고 바다에 나가 파도와 싸우며 잡아 온 생선 한 마리 값에 견주면 오히려 사치스러울 만큼 많은 것이 원고료이기도 하다. 이 대목에서 혹시라도 오해하는 분이 있을까 봐 덧붙이는데, 나는 지금 그러니까 작가들은 원고료가 적어도 불평하지 말아야 한다는 뜻으로 이 말을 하는 게 아니다. 나는 다만 오늘날 거대한 자본의 그늘이 삼천 리를 덮으면서 어처구니없을 만큼 작게 매겨지는 노동의 값어치에 대해 말하고 싶을 뿐이다.

이제 당신은 나에게 이렇게 물어야 한다. '그렇다면 작가란 아무것도 아니란 말인가?' 그러면 나는 이렇게 대답하겠다. 만약 농사꾼과 고기잡이와 노동자가 아무 것도 아니라면, 당연히 작가 또한 아무것도 아니다. 만약 그분들 하는 일이 값지다면, 작가가 글을 쓰는 일도 얼마만큼 값어치가 있을 것이다. 그리고 무엇보다도 이제는 누구나 작가가 되어야 한다. 입 가진 사람이 누구나 말을 하듯이, 글 배운 사람은 누구나 글을 쓸 수 있어야 한다. '문단' 이라는 걸 만들어 둘레에 높은 울타리를 쳐 두고, 무슨 신춘문예니 추천제도니 하는 시험을 봐서 심사위원 눈에 들어야 그 안에 들어갈 자격을 주던 시대는 이제 옛날로 흘려보내야 한다. 말하는 데 자격증이 필요 없는 것처럼 글 쓰는 데 면허증 따위는 필요치 않다. 아니, 도대체 내가 글 쓰겠다는 데 누가 허락을 하고 말고 한단 말인가?

그래서 이 세상 모든 사람들은 다 작가다. 하루 일을 마치고 지친 몸으로 집에 돌아와 오늘 일터에서 느낀 즐거움이나 억울함을 내 나름대로 글로 써 본다면, 이미 당신은 훌륭한 작가다. 비 오는 일요일 아침 문득 생각난 옛 동무의 이름 석자 가만히 불러 보고 마음에 묻어 둔 말 네댓 줄 끼적여 본다면, 이미 당신은 훌륭한 시인이다. 어릴 적 할머니한테서 들은 옛이야기 한 자리 떠올려 여섯 살배기 아이에게 나긋나긋 들려 준다면, 이미 당신은 훌륭한 이야기꾼이다. 달리 무엇이 더 필요하단 말인가?

이제는 정말 일하는 사람들이 글을 써야 한다. 농사꾼과 행상과 어부와 노동자가 글을 써야 한다. 공연히 어려운 말로 젠체하는 글이 아니라, 삶 속에서 절로 터져나오는 내 생각과 내 느낌과 내 이야기를 쉽게 풀어내는 글을 써야 한다. 그리하여 글이 온 세상에 강물처럼 흘러넘쳐야 한다. 누구나 글을 쓰고 누구나 글을 읽어야 한다. 초등학생이 쓴 글을 국회의원이 읽고, 농사꾼이 쓴 글을 대학교수가 읽고, 염전 노동자가 쓴 글을 장관과 법관이 읽어야 한다. 그리고 감동하며 배워야 한다. 글을 쓰는 사람과 읽는 사람을 바꾸어 말해도 물론 마찬가지다.

아이들이 읽을 수 있는 글도 더 많아져야 한다. 지금까지 동화작가들은 오로지 지어낸 이야기만을 부지런히 써 왔다. 그래서 누구나 '동화'라고 하면 으레 창작동화, 그러니까 지어낸 이야기만을 떠올리게 되었다. 이것은 바람직하지 않다. 겪은 이야기와 살아 온 이야기, 그리고 전해 오는 옛이야기까지, 아이들에게 줄 수 있는 이야깃거리는 너무나 많다. 이 땅의 아이들이 어려서부터 좋은 이야기 한 자리 변변히 못 듣고, '입시공부' 라는 괴물에게 영혼을 빼앗겨 남을 짓밟고 올라서는 방법만 배우며 자라는 한 우리에게 희망은 없다. 수많은 이야기가 어른들의 입과 손에서 흘러나와 아이들의 다친 마음을 어루만지고 상상력의 날개를 달아 줘야 한다. 그러려면 아이들을 사랑하는 모든 어른들이 동화작가가 돼야 한다. 되풀이 말하지만, 작가가 되는 데 면허증 따위는 필요 없다.

그래서 나는 감히 말한다. 이 글을 읽는 당신이 몸소 글을 쓰는 작가가 돼 달라고, 다시 한 번 정중히 부탁한다.

(《내 인생의 글쓰기》, 2008. 1.)

3. 대한민국에서 약자로 살기

지킬 것과 바꿀 것

신문을 읽다 보니 '새 천년 준비위원회 위원장' 이라는 분이 새 천년을 맞아 자식을 키우는 부모들에게 하고 싶은 말을 책으로 묶어 냈다는 기사가 났다. 살펴보니 그 책은 '잔머리 잘 굴리는 아이' 가 새 천년을 이끌 똑똑한 사람이 될 것이라고 말하고 있었다. 다가오는 사회는 '상상력과 창의성이 필요' 한 사회이며, 그런 걸 기르려면 '거짓말은 나쁘다는 고정관념을 버려야' 한다는 것이다. '물론 남에게 해를 미치지 않는 한도 내' 라는 단서는 달았지만, '거짓말을 창조적으로 쓰도록 능력을 살려' 줘야 한다고 되어 있다. 이분은 또 자신의 말로 '옛날 농경시대에는 잔머리 굴려 봐야 소용없었지만 지식사회에는 소프트웨어 개발하는 것, 디자인하는 것, 전부 잔

머리' 라면서 아이가 거짓말하고 꾀부리는 것은 '재치 있고 상황 판단력이 있다는 얘기' 니까 야단치지 말고 오히려 그 힘을 살려 줘야 한다고 주장한다.

남이 쓴 책을 다 읽어 보지도 않고, 그 책을 소개한 신문기사만 가지고 이러쿵저러쿵하는 것이 온당하지 못하다는 것을 잘 안다. 또 신문기사라는 것이 본래 색다름을 부풀리는 성질이 있어서, 전체를 골고루 다루기보다는 색다르다고 생각되는 한 부분만 크게 살려 썼다는 점도 충분히 짐작한다. 그렇지만 여기에 드러난 주장은 놀랍다 못해 섬뜩하다.

이른바 '새 천년' 때문에 여기저기서 말들이 많다. 여러 가지 말이 있지만, 가장 크고 요란한 소리는 '바꿔야 한다' 는 주장이다. 앞으로는 세상이 엄청나게 바뀔 것이기 때문에 우리 삶도 생각도 거기에 맞춰 바꿔야 한다는 것이다. 어떻게 바꾸느냐? 이것도 여러 가지 말이 있지만 가장 크고 요란한 소리는 '재빠르고 가볍고 새롭게' 이다. 요긴한 정보를 많이 모으려면 남보다 재빨라야 하고, 그 정보를 쓸모 있게 가공해서 써먹으려면 어떤 상황에나 가볍게 적응해야 하고 남보다 앞서려면 언제나 새로운 방식을 만들어내야 한다는 것이다. 그러다 보니 뭐든 빠르고 가볍고 새로운 것이면 좋은 것이고, 느려터지고 무거운데다가 헌 것은 나쁜 거라는 생각이 사람들을 지배하게 됐다.

우리가 사는 세상에는 하루 빨리 바꾸거나 없애야 할 것이 있는 만큼 영원토록 바꾸지 말아야 할 것도 있다. 물질숭배와 이기심, 힘으로 남을 억누르기, 힘센 자의 편에 서서 약한 사람 괴롭히기, 이런 것이야말로 하루 빨리 없애야 한다. 그렇지만 '정직'의 값어치는 이 세상이 끝나더라도 바뀔 수 없다. 정직과 믿음, 정의감과 사랑, 더불어 사는 슬기, 이런 것들의 값어치가 달력이 바뀐다고 덩달아 바뀌어야 할 것 같은가? 아무리 새로운 것을 좇아 생각을 바꾸더라도 끝내 무너뜨려서는 안 될 것이 있는 법이다. 아이들에게 재치와 상황판단력을 가르치기에 앞서 정직의 값어치를 알게 해야 한다.

정직하고 우직하게 한 길을 걷는 사람은 진정 이 시대의 패배자인가?

(《글쓰기》, 2000. 1.)

함께 걷는 걸음은 더디다

이런 이야기 한번 들어 보련? 옛날에 두 사람이 한 날 한 시에 죽었어. 한 사람은 살아생전 책 한 권 읽지 못하고 불공 한 번 드리지 못했는데, 책 못 읽은 것은 평생 일만 하느라고 글을 못 배워 그렇고, 불공 못 드린 것은 일하느라 바빠서 절에 갈 여유가 없었던 게지. 그러니 당연히 염불도 못 외었고. 다른 한 사람은 살아생전 책을 몇 백 권이나 읽고 불공도 수없이 드린 사람으로 당연히 염불도 잘 외었지.

염불 잘 외는 사람이 '나무아미타불 관세음보살……' 을 부지런히 외면서 가니까, 염불 못 외는 사람이 그것 좀 가르쳐 달랬어. 자기는 당최 모르니까. 그런데 염불 잘 외는 사람이 어떻게 했는고 하니 안 가르쳐 주고 혼자서 그냥 내뺐네.

저 혼자만 염불을 잘 외어서 저 혼자 극락 가고 싶었던 게지. 염불 못 외는 사람은 하릴없이 뒤따라가면서 겨우 귀동냥으로 듣고 흉내내기를 '천타불 만타불 줄줄이타불, 천타불 만타불 줄줄이타불…….' 이러면서 갔구나.

두 사람이 염라대왕 앞에 가니까 염라대왕이 뭐라고 했는지 알아?

"염불 못 외는 것은 죄가 되지 않으나, 저 혼자 살겠다고 남을 뿌리치고 내뺀 것은 중죄니라."

이러면서, 염불 잘 외면서 먼저 온 사람은 기름 가마로 보내고 엉터리 염불 외며 나중 온 사람은 꽃방석에 앉혔다는 이야기.

요즈음 들어 우리 사회에 참 이상한 바람이 불고 있다. 약삭빠르고 꾀부리는 것은 높이 대접받고 우직하고 올곧기만 한 것은 천대를 받는 듯한 바람이다. 남을 뿌리치고 남을 속여서라도 남보다 앞서기만 하면 칭찬 받고, 남과 함께 가면 뒤진다고 멸시받는다. 땀 흘려 일하는 건 바보짓이라 하고 잔머리 굴려서 일 안 하고 돈 버는 건 현명한 일이라 추켜세운다. 심지어 앞으로는 정직한 사람보다 거짓말에 능한 사람이 세상을 이끌어간다는 말까지 공공연하게 나돈다.

부동산 투기나 증권 사고팔기로 가만히 앉아 떼돈을 번

사람이 부러움을 사고, 남의 컴퓨터에 몰래 들어가 장난을 치거나 해코지를 하는 사람이 그 능력을 인정받는다. 나라에서도 그런 사람을 뽑아 중요한 자리를 맡긴다고 하니 말문이 막힌다. 한마디로 말해 세상이 모두 '남다르고 약삭빠르며 변신에 능하고 꾀부리는 것'을 숭배하고 있는 꼴이다. 이것 정말 큰일 나지 않았나?

우선, 우리는 우리 안에 있는 이기심과 약삭빠름을 숭배하는 버릇부터 걷어내야 한다. 자신도 모르게 가치관이 바뀌고, 그 가치관에 젖어들지 않았는지 진지하게 돌이켜 볼 일이다. 그런 다음에는 정말 비장한 마음으로 비뚤어진 가치관에 맞서 싸울 준비를 해야 한다. 남을 뿌리치고 약삭빠르게 잔머리 굴리며 앞서 가는 사람의 걸음은 조급하다. 그러나 정직하고 가난하게 이름 없이 살아가기를 바라는 사람들이 서로 기대며 부추기며 함께 걷는 걸음은 언제나 더디다.

(《글쓰기》, 2000. 2.)

편들기와 점잔 빼기

이야기 하나

옛날 옛날에 한 사람이 길을 가다가 구덩이에 빠진 호랑이를 만났어.

"사람님, 사람님. 나 좀 살려 주세요."

하도 애원을 하기에 구덩이에서 꺼내 줬지. 그랬더니 호랑이가 대뜸 잡아먹으려고 하는 거야. 하도 억울해서 재판을 받으러 갔어. 먼저 호랑이 동무 늑대한테 갔더니 늑대가 하는 말.

"어, 힘센 호랑이가 힘 약한 사람을 잡아먹는 건 당연하다. 어서 잡아먹어라. (호랑이한테 귓속말로) 너 혼자 먹지 말고 나도 좀 줘."

그래서 그 다음에는 황희 정승한테 갔지. 황희 정승은 호랑이 말을 다 듣더니,

"네 말이 옳다. 잡아먹어라."

그래서 사람이 막 따졌더니,

"듣고 보니 네 말도 옳다."

보다 못한 이웃 사람이 무슨 그 따위 판결이 다 있느냐고 나무라니까,

"자네 말도 옳네그려."

에잇! 화가 나서 마지막으로 토끼한테 갔지. 토끼는 호랑이더러 맨 처음에 어떻게 하고 있었는지 그대로 해 보라고 하는구나. 호랑이가 구덩이에 들어가니까, 그럼 됐다고, 그대로 있으라고……. 그래서 일이 다 잘 됐어. 호랑이는 아직까지 구덩이 속에 들어 있고, 사람은 아직까지 잘 살고 있다나.

이야기 둘

얼마 전에 볼일로 경북 청송에 갔을 때 일이다. 마침 그 날 내가 찾아간 마을에 교통사고가 나서 온 마을이 떠들썩했다. 교통사고라야 뭐 큰일이 난 건 아니고 마을 앞길을 지나가던 짐차가 앞서 가던 승용차를 들이받았는데, 짐차 운전사가 승용차 망가뜨린 걸 다 물어주기로 됐다는 것이다. 승용차가 고급 차라서 돈이 수월찮이 들 거라고, 짐차 운전사가 참 딱하

다고, 대강 그런 얘기로 시끌벅적했다.

“짐차가 뒤에서 들이받았으면 짐차 잘못이 크네요 뭐. 당연히 물어줘야죠.”

나는 무심코 끼어들었다가 마을 노인들한테 야단만 맞았다.

“뭐라꼬? 짐차만 잘못했다꼬? 내사 안 봤지마는 앞차는 뭐 잘못이 하나도 없단 말이가?”

“앞차가 술 취했는 거매로 디따 까불어가 짐차가 피해 갈라꼬 카다가 박을 수도 안 있나.”

“뒤에서 박으면 무조건 잘못이라 카는 게, 그게 잘못이라. 아, 앞에서 지랄을 하는데 안 박을 장사가 어디 있노?”

마을 노인네들이 한 입이 돼서 우우 달려드는 바람에 나는 더 말을 못 하고 머쓱해졌다. 그런데 아무래도 좀 이상했다. 왜 모두들 짐차 편만 드는지 영문을 알 수 없었기 때문이다. 그런데 그 다음 말을 듣고 대강 사정을 알게 됐다.

“아, 짐차에 고추 마늘 싣고 댕기는 사람이 무슨 돈이 있겠노. 돈이사 비싼 차 타고 댕기는 사람한테 있지.”

옳거니, 그랬구나. 마을 사람들의 편들기는 정당했던 것이다. 오히려 일을 당한 사람의 처지는 헤아려 보지도 않고 공정한 척 점잔을 뺀 내가 글러먹었다.

이야기 셋

형제가 싸우면 부모는 대개 아우 편을 든다. 그건 당연하다. 그런데 학교에서 아이들이 싸우면 선생님은 누구 편을 들까? 대개 이렇게 되는 수가 많다.

"야, 너희들 왜 싸웠어?"

"내가 가만히 있는데 쟤가 먼저 놀리잖아요."

"아니에요. 얘가 먼저 때렸어요."

"됐어. 시끄러워. 싸운 건 둘 다 똑같이 잘못이야. 그러니 둘 다 반성해."

그러고 나서 선생님은 아주 공정하게 재판을 했다고 생각한다. 아무 편도 안 들었으니까. 그런데, 정말 그럴까?

생각해 보아라. 세상의 싸움 가운데 정말 양쪽이 똑같아서 일어나는 싸움은 거의 없다. 어른 싸움이고 아이 싸움이고, 사람 싸움이고 나라 싸움이고 간에 다 그렇다. 어느 한 편이 아주 나쁘거나, 적어도 '더 나쁜' 경우가 대부분이다. 그리고 그 경우 나쁜 쪽은 틀림없이 힘센 편이다. 안 그런가?

그래서 앞에 나온 재판은 이렇게 풀어야 한다.

"자, 왜 싸웠는지 어디 말해 봐라. (듣고 나서) 이번 일은 갑동이가 잘못했구나. 힘이 세다고 약한 동무를 때리면 안 되지."

"쟤도 날 놀렸단 말이에요."

"응, 그건 네가 먼저 때렸기 때문에 화가 나서 그런 거야.

그러니까 네가 을동이한테 사과해라."

이때 교사의 편들기는 공정하다. 양쪽 다 옳다고 하거나 양쪽 다 나무라는 일은, 따지고 보면 힘센 편을 도와서 약한 편을 억누르는 일이나 다름없다.

안 해도 되는 이야기

힘센 편과 약한 편이 싸운다면, 그 싸움은 틀림없이 힘센 편이 나빠서 일어난 것이다. 약한 편은 언제나 착하거나 덜 나쁘다. 이건 옛이야기 세상에서나 현실 세상에서나 다 그렇다. 그런데 옛이야기 세상에서는 착한 편이 언제나 이기지만, 현실 세상에서는 나쁜 편이 이기는 경우가 더 많다. 나쁜 편은 힘이 세니까. 그래서 우리는 언제나 약한 편을 들어야 한다. 그래야 세상이 조금이라도 평등해진다. 편을 들 때도 단지 옆에서 잘 싸우라고 부추기는 것보다는 함께 힘을 합쳐 싸우는 게 낫다. 뒷짐 지고 싸움을 구경하면서 둘 다 옳다든지 둘 다 나쁘다고 말하기는 쉽지만, 그건 참으로 돼먹지 못한 점잔 빼기에 지나지 않는다.

내가 초등학교 2학년 때 우리 담임선생님이 그러셨다.

"힘센 사람이 약한 사람을 괴롭히는데 옆에서 구경만 하고 있는 놈은 더 나쁜 놈이다."

(《어린이문학》, 2000. 3.)

모난 돌을 위한 변명

한민이는 언제 어디서나 눈에 잘 띈다. 남과 다르기 때문이다. 공부 시간에도 놀이 시간에도 남과 다른 짓을 자주 한다. 가령, 휴일을 보내고 나서 선생님이 "휴일 잘 보냈느냐?"고 물으면 다른 아이들이 "네!" 하고 합창할 때 한민이는 혼자서 "아니오." 한다. 괜히 그러는 건 아닐 것이다. 휴일에 뭔가 불만스러운 일이 있었겠지. 또 한민이는 아이들과 놀 때도 남들 다 이렇게 하자고 하는 걸 혼자서 저렇게 하자고 우긴다. 고자질도 잘 하고, 다른 아이들이 그냥 보고 넘기는 일도 꼬치꼬치 따진다. 분명 저 나름으로는 까닭이 있어서 그러건만, 아이들은 그러는 한민이를 이해하지 못하고 너무 '튄다'고 나무란다. 반 아이들은 아주 대놓고 한민이를 따돌린다.

원구는 공부를 잘 못한다. 제 이름자를 겨우 쓰고 받침 없는 글자를 더듬거리며 읽는 정도다. 말을 할 때는 목소리가 분명하지 않아서 듣는 사람이 애를 먹는다. 코를 잘 흘리며 늘 꾀죄죄한 옷을 입고 다닌다. 반 아이들은 대놓고 그러지는 않지만 원구를 은근히 따돌리는 눈치다.

선옥이는 공부를 잘 한다. 공부 시간에 선생님이 묻는 것은 거의 다 안다. 그렇지만 선옥이는 선생님이 "대답해 볼 사람?" 하고 물어도 손을 들지 않는다. 손을 들고 대답을 하면 다른 아이들이 '잘난 척한다' 고 흉보기 때문이다. 자기 주장을 철저히 숨기고 억눌러서, 선옥이는 겨우 따돌림을 면하고 산다.

《왕따 리포트》라는 책을 보니, 동무를 따돌리는 까닭으로 '그 애가 그럴 만한 행동을 했으니까' 라는 대답을 한 아이들이 전체의 87%나 된다. '그럴 만한 행동' 가운데는 '튀는 행동' 이 65%로 가장 많다. 한민이 같은 아이는 우리 나라 어느 학교에 가도 따돌림을 받게 되어 있다. 원구처럼 남보다 뭘 못 하거나 선옥이처럼 남보다 뭘 잘 해도 따돌림 받기 쉽다. 요컨대 남들과 같지 않고 뭔가 다르기만 하면 따돌린다는 얘기다. 참으로 어이없고 걱정스럽다. 이것은 다만 아이들 잘못인가? 나는 그렇게 생각하지 않는다. 따돌림 문화는 어른들 사회에서 더 심각하다. 따돌리는 아이들이나 따돌림을 받는 아이들 모두 이 땅의 어른들이 만들어 놓은 '규격문화' 의 피해자다. 규격문화는 '다름' 과 '튐' 을 인정하지 않는다. 규격문화 속에서 개성은 곧 탈선을 뜻한다.

다름을 인정하지 않는 규격문화는 말버릇에서도 드러난다. 많은 사람들이 "이것은 저것과 달라."라고 말할 자리에 "이것은 저것과 틀려."라고 말한다. '틀리다' 는 말이 '다르다' 라는 말과 같은 뜻으로 쓰인다는 것은 의미심장하다. 다른 것은 같지 않다는 말이요 틀린 것은 맞지 않다는 말이니, 같지 않으면 곧 맞지(옳지) 않다는 뜻인가.

우리의 규격문화는 그 뿌리가 깊다. 옛날부터 힘없는 백성들은 권력자들이 만들어 놓은 틀 안에 갇혀, 그 속에서 한 치도 벗어나지 말 것을 끊임없이 강요당해 왔다. 충효, 정절, 신의와 같은 딱딱한 유교 이념으로 울타리를 친 그 틀은 너무나 좁고 갑갑해서 사람이 숨쉬며 살기조차 힘들었다. 울타리 구실을 하는 이념은 겉보기에 그럴 듯하나 사실은 약자에게 지워진 일방의 짐이었고 굴레였다. 옛글 몇 구절을 읽어보자.

손순은 모량리 사람이다. 아버지 학산이 죽으니 아내와 함께 남의 집 일을 해서 곡식을 얻어다 홀어머니 운오를 봉양했다. 손순에게 어린아이가 있어서 늘 할머니의 음식을 빼앗아 먹었다. 손순이 이를 곤란하게 여겨 아내에게 말하기를 "아이는 또 낳을 수 있지만 어머니는 다시 얻을 수 없는데, 어머니가 늘 음식을 빼앗겨 얼마나 배가 고프겠소? 차라리 아이를 묻어 어머니 배를 부르게 해 드립시다." 하고, 아이를 업고 취산 북쪽에 가서 아이를 묻으려고 땅을 파니 돌종이 나왔다.

—《삼국유사》

임진왜란 때 한 선비 부인이 피난을 갔다. 여자 종을 데리고 강을 건너려고 나루에 이르니 많은 사람들이 배를 타려고 서로 붙잡고 배에 오르는데, 한 남자가 배 위에서 이 부인의 손을 잡고 끌어올려 주었다. 이때 부인은 울면서 "내 이미 손이 다른 남자의 손에 더럽혀졌으니 어찌 살 수 있으리요?" 하고는 곧 물에 빠져 죽었다. 이 모습을 본 여자 종도 "주인이 죽었는데 나 혼자 살아 무엇하리요?" 하면서 역시 물에 빠져 죽었다.

—《지봉유설》

홍주목사의 친구가 충청감사가 되어 홍주에 들렀다. 목사는 감사를 예전처럼 친구의 예로써 대했다. 곧 감사는 그 고을 아전을 불러 "너의 관장이 나의 친구이지만, 낮은 벼슬아치로서 상하의 예를 갖추어야 하는데 실수했으니 네가 대신 벌을 받아야 한다." 하고 매를 쳤다.

—《공사견문록》

백성들을 가두는 틀은 좁으면 좁을수록 권력자들에게 유리했다. 통제하기가 그만큼 쉽기 때문이다. 그렇지만 갇힌 백성들은 그만큼 더 갑갑했고, 따라서 벗어나고 싶은 욕구도 그만큼 더 컸다. 이 틀을 유지하려면 가혹한 법이 필요했다. 틀 밖으로 조금만 벗어나면 가차 없이 잘라버리고 내다버리는 서슬 퍼런 형벌이 이래서 생겨났다.

규격문화는 근대에 이르러 일제 식민통치와 군사정권의 병영통치로 점점 더 그 강도가 세어졌다. 누구나 알다시피 일제는 이 땅의 백성들에게 똑같은 말을 하고 똑같은 노래를 부를 것을 강요했다. 군사정권은 한때 백성들의 머리카락과 치마 길이까지 통제했다. 소가 웃을 일이지만 사실 이것은 차라리 순진한 편이다. 정말로 나쁜 것은 사람의 생각까지 통제하려 했다는 것이다. 마음속으로 어떤 생각을 하기만 해도 죄가 되는 제도와 법이 있었다. 이 야만스러운 제도와 법은 아직까지 사라지지 않고 남아있다. 이것이 얼마나 사람을 사람답지 못하게 하는지, 그 심각성을 우리는 온전히 깨닫지 못하고 있다. 사실 더 큰 문제는 이것이다. 스스로 속박을 알아차리지 못한다는 것은 얼마나 불행한 일인가.

아직도 몇몇 학교에서는 아이들의 머리카락 길이와 옷차림, 장신구와 양말 색깔까지 통제하고 있다. 이런 야만스러운 억압 속에 살아가는 아이들이 규격문화에 물들지 않는다면 오히려 이상한 일이다. 규격문화에 젖은 아이들은 스스로 좁은 틀 속에 자기와 남을 가두어 놓고 그 틀을 벗어나는 사람을 '이상한 사람' 으로 보는 데 익숙해져 있다. 아이들은 어른들이 만들어 놓은 억압의 틀에서 벗어나려고 하지만, 그래서 언뜻 보면 상당히 자유분방한 것 같지만, 가만히 들여다보면 스스로 또 다른 틀을 만들어 자기와 남을 서슴없이 가두어버리고 있다. 서울에서 제주도까지, 온 나라 아이들의 옷차림과 머리모양, 말버릇과 취미, 심지어 생각까지도 비슷비슷해서 도무지 개성이 없다는 건 이제 새삼스러운 일도 아니다. 그런데 정작 아이들은 이 몰개성의 심각함을 의식하지 못하는 것 같다. 이것이 아이들 잘못인가? 아니다. 거듭되는 말이지만 이들은 규격문화의 피해자일 뿐이다.

'모난 돌이 정 맞는다' 는 옛말이 있다. 모난 돌은 규격에서 벗어난 돌이다. 사람이 모나지 않게 살려면 성격도 둥글둥글해야 하지만 무엇보다도 '튀는 행동' 을 삼가야 한다. 뭔가 특이한 행동을 하는 순간 남의 눈에 띄게 되고, 눈에 띄면 정에 얻어맞는다. 정 맞아 깨지고 부서지지 않으려면 철저하게 개성을 억누르고 될 수 있는 대로 남과 비슷하게 보여야 한다. 이것은 비극이다. 모든 사람들이 개성을 버리고 비슷비슷해지기를 강요하는 사회는 야만스러운 사회다.

이 야만스러움에 맞서 싸우려면 스스로 '모난 돌'이 되는 수밖에 없는 것일까? 그럴 것 같다. 따돌림이나 놀림 받을 각오를 하고 자기의 개성을 드러내고 내보이는 수밖에 없을 것 같다. 만약 개성이 뚜렷하다는 까닭으로 따돌림을 받는 아이가 있다면, 그 아이와 함께 다수의 횡포에 맞서 싸워야 하는데, 이런 일을 하려면 상당한 용기가 필요하다. 세상에! 우리는 지금 다만 각자가 '자기답게' 살아가는 데에도 용기가 필요한 세상에 살고 있다. 슬픈 일이다.

(《글쓰기》, 2002. 6.)

대한민국에서 약자로 살기

다른 나라에서는 살아 보지 않아서 잘 모르지만, 우리 나라에서 약자가 정당한 대우를 받으며 살아간다는 것은 하늘의 별 따기만큼이나 어렵다. 그래서 약자가 살아가는 방식은 대개 두 가지로 나뉜다. 적당히 강자의 눈치를 보고 비위를 맞추면서 큰 피해 없이 그럭저럭 살아가는 것이 그 한 가지요, 끊임없이 강자의 횡포에 맞서 싸우면서 위험 속에 아득바득 살아가는 것이 다른 한 가지다. 어차피 세상이 강자의 뜻대로 돌아간다는 것을 깨달은 많은 약자들은 자기 자신을 보호하기 위해 일찌감치 앞의 처신을 배운다. 그런데 몇몇 '분수를 모르는' 약자들은 어쩐 일인지 뒤의 '불온한' 처신을 택함으로써 스스로 강자의 채찍을 받는다.

따지고 보면 이 세상이 조금이나마 좋은 쪽으로 바뀌어가고 있는 것은 바로 이 몇몇 '분수를 모르는' '불온한' 약자들의 처절한 싸움과 자기희생 덕분이다. 강자들은 세상이 바뀌기를 바라지 않기 때문에, 그들의 손에 세상을 맡겨 두고 아무도 거스르지 않으면 끝내 변화는 없다. 이것은 역사가 증명한다.

한 나이 어린 여자선생님이 차 심부름을 강요한 교장선생님에게 에둘러 항의하고, 이 일로 사과 요구를 받던 교장선생님이 스스로 목숨을 끊은 일이 생겼다. 요새 이 일을 두고 세상이 시끄럽다. 내가 방금 '세상이 시끄럽다' 고 했는데, 이건 정확한 말이 아니다. 온 세상이 시끄러운 게 아니라 몇몇 사람들이 시끄럽다. 좀 더 정확하게 말하면, 몇몇 신문과 길고 낯설고 이상한 이름을 가진 몇몇 단체들이 그렇다. 이들은 부당한 대우에 항의한 여자선생님과, 그 선생님을 대신해서 사과 요구를 한 노동조합을 거세게 몰아세우면서 마구 화를 내고 있다. 이들의 말을 들어 보면, 그 어린 여자선생님의 항의는 용서받을 수 없는 '패륜' 이고, 노동조합의 사과 요구는 사람을 죽음으로 몰고 간 '파렴치' 로 들린다.

그런데 나는 아무리 생각해도 알 수가 없다. 왜 그런 경우에 항의를 하는 것이 그렇게 나쁜지를. 그 어린 여자선생님은 학교 안에서 명백히 약자였고, 차 심부름을 강요한 것은 누가 뭐래도 약자에 대한 부당한 대우였다. 여기에 대고 항의하는 것은, 아무리 생각해도 용기 있는 일일지언정 나쁜 일일 수는 없다. 아, 내가 말을 잘못했다. 약자의 편에서 보면 그렇다는 말을 빠뜨렸다. 강자의 편에서 보면 이것은 말할 나위도 없이 나쁜 일이다. 약자인 주제에 시키면 시키는 대로 할 것이지 '분수를 모르고' '감히' 강자에게 대들었으니 나쁜 일이고말고.

또 한 가지 알 수 없는 일이 있다. 왜 노동조합의 사과 요구가 그렇게 나쁜지? 나는 그 요구가 자살의 직접 원인이라고 보지는 않지만, 어쨌든 소중한 목숨이 스러진 것은 매우 슬프고 안타까운 일이라 생각한다. 그래서 할 말이 많지만 입을 다문다. 행여 한 사람의 죽음을 산 사람이 이용해서, 그 소중한 목숨을 욕되게 할까 봐 그렇다. 그러나 이것만은 분명히 하고 싶다. 보통 약자들이 강자에게 쓸 수 있는 '무기'라는 것이 기껏 '사과 요구'라는 말이다. 그것이 아무리 과격하다 해도, 겨우 상대에게 잘못을 인정해 달라는 요구에 지나지 않는다. 그런데 강자들이 약자에게 쓸 수 있는 무기는 얼마나 많은가? 입에 담기도 싫지만 잡아 가두기와 고문하기, 억지로 죄 뒤집어씌우기와 일터에서 내쫓기가 먼저 떠오른다. 이런 것은 어둠 속 공권력의 전유물이라 치더라도 꾸짖기, 때리기, 비아냥대기, 모욕하기, 협박하기, 괴롭히기, 원하지 않는 일 강요하기, 원하지 않는 곳에 강제로 보내기……, 이런 것들은 대한민국의 강자들이 흔히 '말을 듣지 않는' 약자에게 두루 써먹는 무기다. 그래서 나는 아무리 생각해도 그런 경우에 사과를 요구한 것이 왜 그렇게 나쁜지를 모르겠다. 아, 이번에도 내가 말을 잘못했다. 약자의 편에서 보면 그렇다는 말이다. 강자의 편에서 본다면, 약자인 주제에 강자에게 뭘 '요구' 한다는 자체가 이미 당돌하고 발칙한 짓일 테니까.

이 일이 생기고 나서 몇몇 신문에는 아주 사나운 말투로 쓴 글이 줄줄이 실렸다. 대개 '많이 가지고 많이 배운 분' 들이 쓴 글로서 하나같이 약자들을 마구 몰아치는 것이었는데, 그 가운데 두 가지만 들어 보인다. 내가 전문을 챙겨 놓지도 못했거니와 다 보일 만큼 중요한 글도 아니어서 고갱이만 간추려 보인다.

> (1) 아버지뻘 되는 윗사람에게 차 심부름하는 것이 무슨 문제가 되느냐? 이것을 문제 삼는 자체가 패륜이다.
>
> (2) 차 심부름이 억울하더라도 지금 당장은 참아야 한다. 못 참으면 자기 손해고, 참고 견디면 나중에 그 보답이 있을 것이므로.

여러분은 어떤가? 나는 (1)보다 (2)를 읽을 때 더 화가 났다. 강자가 약자를 다루는 전형의 술수가 이것이다. "우리에게 복종해라. 그러면 나중에 너도 우리 편에 낄 수 있을지 모른다." 많은 약자들이 이 술수에 휘말려 일찌감치 강자의 논리를 배우고 그들의 문법으로 말해 왔다. 그래서 정말로 강자 편에 끼어 권력을 휘두르는 기쁨을 맛보는 사람도 있고, 그 흉내를 내다 마는 사람도 있고, 끝내 좌절하는 사람도 있지만, 어쨌든 이 때문에 세상은 대체로 강자의 뜻에 따라 움직인다. 힘과 권세가 앞서고 이성과 합리는 언제나 뒤로 밀리는 것이다. 이 야만스럽고 단단한 틀은, 양식 있고 용기 있는 몇몇 약자들이 목숨을 건 싸움과 자기희생 덕택에 오랜 세월 동안 겨우 조금씩 바뀌어 왔다. 사람의 역사란 이 과정의 끊임없는 되풀이에 지나지 않는다.

이쯤 해서 틀림없이 나에게 이렇게 말하고 싶은 사람이 있을 것이다. 도대체 왜 그렇게 편을 가르려 드느냐? 그런 편 가르기가 무슨 도움이 되느냐? 덮어놓고 강자와 약자로 편을 갈라도 좋을 만큼 이 세상이 단순한 줄 아느냐? 그러면 나는 이렇게 대답하겠다. 당신이 정말로 편가르기를 싫어한다면 망설이지 말고 약자 편에 서라. 언제나 편가르기는 강자 편에서 시작됐다. 약자들은 언제나 편가르기 때문에 손해를 봐 왔다. 편가르기로 덕을 보는 이들은 언제나 강자이다. 아아, 정말로 이 세상에 편가르기가 없어진다면, 사정없이 금을 딱 그어 놓고 약자들을 금 밖으로 내모는 야만스러운 일이 깨끗이 없어진다면 얼마나 좋을까.

편가르기는 기득권을 가진 강자들이 자신들의 영역을 지키려고 금을 긋는 데서 시작된다. 금 안의 세상과 금 밖의 세상은 시간이 갈수록 점점 멀어진다. 이 금이야말로 모든 불평등과 불균형의 뿌리다. 약자가 강자에 맞서 싸울 때 구경꾼이 "둘 다 틀렸어."라고 하거나 "둘 다 일리가 있어."라고 하는 것은 약자의 뒤통수에 돌을 던지는 것과 같다. 자, 여기에 어른과 아이가 맞붙어 싸우고 있다고 하자. 이때 뒷짐을 지고 "둘 다 똑같아."라고 하는 것은, 싸움의 원인도 알아보지 않은 채 "감히 아이가 어른에게 대들어? 혼내 줘야 해."라고 하는 것보다 무엇이 나은가? 애당초 기운 저울이라면 양쪽에 똑같은 추를 올려놓는다고 저울이 바로 서지는 않는다. 가벼운 쪽에 추를 자꾸 올려놓아야 그나마 기울이 덜해지지.

우리는 어렸을 때 차를 타면 웃어른에게 자리를 양보하라고 배웠다. 다른 사람은 어떤지 몰라도, 나는 그것을 늙고 약한 어른에게 자리를 비켜 주라는 뜻으로 배우지 못했다. 어른은 아이보다 크고 강하고 권위가 있으니, 그 앞에서 작고 약하고 보잘것없는 아이가 자리를 비켜 줘야 한다는 뜻으로 받아들였다. 이것이 옛날 왕조시대부터 변하지 않고 이어져 온 우리의 도덕 교육이었다. 지금도 실제로 차를 타 보면, 크고 강한 어른보다 작고 약한 아이들이 자리를 더 잘 양보한다.

나는 얼마 전 아이들에게 성교육이라는 걸 잘 한다고 내보이는 곳에 간 적이 있다. 거기에서 아이들에게 가르치는 것 중에는 이런 것이 있었다. "너무 예쁜 옷을 입고 밤에 다니지 마라. 아무에게나 헤프게 웃지 마라." 세상에! 아이들이 혹시 나쁜 일을 당하기라도 하면 이렇게 나무랄 것인가? "그러게 내가 예쁜 옷 입고 헤프게 웃지 말랬지? 네가 화를 자초한 거야." 세상의 모든 올가미를 혼자 짊어지고 가는 불쌍한 우리 아이들! 그러나 나는 겁쟁이처럼 그 바보 같은 교육 방식에 한 마디 항의도 하지 못했다. 아아, 서러워라. 대한민국에서 약자로 산다는 것은!

(《기아자동차》, 2003. 5.)

대한민국 1퍼센트

학생 때 아주 열심히 외웠던 것이 있다. 우리 나라에서 처음 나온 한글신문은 서재필이 낸《독립신문》이고, 처음 나온 잡지는 최남선이 낸《소년》이라는 것. 하도 달달 외워서 머리에 딱 박혀 지워지지 않는 '조각지식' 가운데 하나다. 교사가 된 뒤에는 이것을 또 열심히 아이들에게 가르쳤다. 이렇게 배운 나와 아이들은 비록《독립신문》과《소년》의 내용은 알지 못해도, 그 제호나 표지 모양쯤은 눈을 감고도 선히 떠올릴 수 있다. 교과서에 실린 사진을 여러 번 봐서 눈에 익힌 까닭이다. 그리고, 우리 나라 사람들은 1896년《독립신문》이 나온 덕분에 비로소 신문이란 것을 읽게 되었고, 1908년《소년》이 나온 덕분에 잡지라는 것을 보게 되었구나 하고 생각했다. 물론, 교과서와 참고서가 가르쳐 준 대로 이 신문 잡지가 사람들을 어떻게 계몽했는지에 대해서도 잘 '암기' 하고 있었다. 여러분은 그렇지 않았는지?

그런데 진짜 형편을 알고 나서는 어리둥절해졌다가 곧 속은 느낌이 드는 것이다. 물론 누가 일부러 날 속인 게 아니라 내 스스로 속아넘어간 것이어서 푸념할 데도 없다. 그 이름난 《독립신문》은 창간호가 300부 찍혀 나왔고, 얼마 안 가서 500부로 늘어났다. 한창 때 1500부가 나왔다는데, 찍은 신문이 다 팔렸다고 쳐도 그때 우리 나라 어른의 0.01퍼센트 정도만이 신문을 읽었을 뿐이다. 《소년》은 창간호 독자가 6명이었고, 2호가 14명이었다. 한창 때 200부를 내었다고 하니, 대충 셈을 해도 그때 우리 나라 아이들의 0.005퍼센트가 이 잡지를 읽은 셈이다. 그야말로 선택받은 몇몇 부자나 권력자 또는 그런 특별한 집 아이들만이 이 '문화의 혜택' 을 누렸고, 나머지 99.99퍼센트가 넘는 '보통 백성' 들은 이 일과 아무런 상관이 없었던 것이다.

신문을 읽거나 방송을 듣다 보면, 서울대학교 입학시험에 온 나라의 앞날이 걸려 있는 것처럼 느껴질 때가 있다. 그리고 그 대학교가 하는 일은 성스럽다는 느낌마저 든다. '온 나라 학생들을 시험점수대로 한 줄로 세워 놓고 맨 앞에서부터 차례로 끊어먹는' 이 학교 입학시험 방식이 과연 옳으냐고 물어보는 사람들을, 무슨 '불순분자' 라도 되는 것처럼 몰아세우고 있으니 말이다. 하기야 요새 이 나라 학생들의 시험점수가 그 부모의 재산이나 지위와 신통하게도 비례한다고 하니, 애당초 돈 많고 높으신 분들이 하는 일에 감히 의심을 품은 것이 잘못인지도 모른다. 그래서 나같이 '대학 같지도 않은 대학' 나온 사람들은 그 대학교의 '학생 선발권' 이 우리 같은 서민들의 인권보다 훨씬 더 높은 줄 알고, 몹시 우러러보고 두려워하는 마음까지 갖게 되는 것이다.

서울대학교 학생 수는 우리 나라 모든 대학생의 0.7퍼센트쯤 되고, '서울대학교 나온 사람' 수는 우리 나라 모든 어른들의 0.02퍼센트에 지나지 않는다. 나머지 99.9퍼센트가 넘는 우리 나라 사람들은 사실 이 문제와 직접 관계가 없다. 그런데도 신문과 방송에서는 이 문제가 마치 우리 운명을 쥐락펴락하는 것처럼 말하는데, 사실은 그렇게 말하는 게 맞을지도 모른다. 비록 우리 나라 어른들의 0.02퍼센트에 지나지 않지만, 바로 그 사람들이(정확하게 말하면 그 가운데에서도 힘과 돈과 꾀를 많이 가진 몇몇 사람들이) 우리 운명을 결정하는 온갖 '높은 자리' 를 다 차지하고, 또 앞으로도 그럴 것이기 때문이다. 그러니 이분들 앞에서는 꿈에라도 돈이 없어 대학교조차 못 가는 20퍼센트나 되는 젊은이들의 앞날을 걱정하는 말일랑 입 밖에 내서는 안 된다!

또 어떤 신문을 읽다 보면, 땅과 집을 많이 가진 사람들한테 매긴다는 이른바 '종합부동산세' 때문에 큰일이 났다고 믿게 된다. 정부의 '멍청한 세금정책' 때문에 당장 '세금 폭탄'이 터질 것이고, 앞으로 정부가 이 정책을 순순히 거둬들이지 않으면 몇 년 안에 백성들 살림이 거덜 날 거라고 야단법석을 떠는 것이다. 듣고 보니 이건 과연 무시무시한 세금정책인 것 같다. 어떤 신문은 이를 두고 '자유민주주의에 대한 위협'이라면서 '온 국민의 조세저항'을 불러올 거라고 협박까지 하니, 나같이 소심한 사람은 겁이 많이 난다. 게다가 보잘것없는 서민아파트일망정 자기 이름으로 된 집 한 채 가지고 있는 나 같은 백성은, 혹시라도 정부에서 세금을 무지막지하게 '때리면' 어쩌나 하고 무척 조바심을 치게 되는 것이다.

그런데 알고 봤더니 이 세금은 땅과 집을 지나치게 많이 가진 사람들에게, 말하자면 상식을 벗어날 만큼 어마어마하게 많이 가진 사람들에게, 그것도 십 년이 넘는 동안 조금씩 올려 받을 예정이라고 한다. 거기다가 이 정책 때문에 조금이라도 세금을 더 내는 사람 수가 온 국민의 2퍼센트쯤 된다고 하니 좀 어안이 벙벙해진다. 그렇다면 나머지 98퍼센트에 들어가는 나 같은 사람들은 오히려 은근히 반길 일이 아닌가. 도대체 그 신문들은 세금 내용도 잘 모르고 그런 기사를 썼단 말인가. 하지만 이 상황을 이해하는 데 그다지 오래 골머리를 썩일 필요는 없었다. 온 나라 사람의 5퍼센트가 온 나라 땅의 95퍼센트를 가지고 있고, 바로 그 땅 임자들이 온갖 '영향력 있는 자리'를 다 차지하고 있는 나라에서 이런 일이 일어나지 않으면 그게 오히려 이상하겠지. (이 대목에서, 50년 넘게 이 땅에 살다 보니 이미 세상 돌아가는 이치를 몸으로 익혀 버린 나 같은 좀생원은 망설임도 없이 이렇게 중얼거린다. "흥, 이 종부센가 뭔가 하는 것, 곧 고치고 자르고 비틀고 뒤집고 해서 누더기꼴 안 나나 봐라. 안 나면 내 손에 장을 지진다.")

우리 나라에서 가장 돈 많고 힘세다는 '재벌총수'가 어떤 대학교에서 학위를 받는 것을 학생들이 훼방 놓았다고 해서 온 나라가 들썩거릴 때, 여기저기서 양복 입은 점잖은 어른들이 들고일어나 펄펄뛰며 어린 학생들을 마구 몰아세울 때, 나 같은 시골 무지렁이는 이제 정말로 이 나라가 결딴이라도 나는 줄 알았다. 그런데 바로 그런 야단법석이 벌어질 무렵, 이 나라 한쪽에서는 전기가 끊긴 어두운 방에서 촛불을 켜 놓고 잠자던 아이가 불에 타 죽어가고 있었다. 가스가 끊긴 집에서 깡통에 장작불을 피워 놓고 잠자던 노인 부부가 숨이 막혀 죽어가고 있었다. 몇 달 동안 창고에 갇혀 일만 하던 외국인 노동자가 말귀를 못 알아듣는다고 몽둥이로 얻어맞고 있었다.

700만 명이 넘는 '빈곤층' 국민들은 밀린 공과금 걱정을 하면서 지친 몸을 단칸방에 누이고 있었다…….

이 글을 읽는 분들은 부디 오해하지 마시기 바란다. 내가 앞에서 영점 몇 퍼센트라는 숫자를 들먹이며 좀 비아냥거리듯이 말한 것이 결코 '소수' 니까 가볍게 보아도 좋다는 뜻으로 한 말은 아니다. 이 세상에 단 한 사람이라도 '소수' 라는 까닭으로, 또는 '다수' 와 다르다는 까닭으로 무시당해서는 안 된다. 내 말은, 그 '선택받은 1퍼센트' 가 나머지 99퍼센트보다 몇 천 몇 만 배 더 큰 힘을 가지고 부당하게 우리 삶을 짓누르고 있어서 힘들다는 뜻이다. 그들의 손과 입이 진실을 덮고 거짓을 생산하며 우리 눈과 귀를 가리고 있어서 답답하다는 뜻으로 한 말이다. 그래서 조그맣게 비명을 한번 질러본 것뿐이다.

또, 나는 여기서 감히 '서울대 나온' 1퍼센트와 '초등교육도 못 받은' 1퍼센트를 똑같이 존중해 달라는 '괘씸하고 버르장머리 없는' 주문을 하는 것이 아니다. '우리 나라 땅의 95퍼센트를 가진 5퍼센트' 와 당장 끼니 걱정을 하며 사는 '빈곤층 20퍼센트' 가 똑같은 사람대접을 받아야 한다는 '씨알머리 없고 말도 안 되는' 주장을 하는 것도 아니다. 다만, 못 배우고 가난한 이들도 '사람' 이 아닌가 하고 조심스럽게 물어 보는 것뿐이다. 돈 많고 힘 있는 부자와 권력자에게 기울이는 관심의 1퍼센트, 아니 단 0.1퍼센트만이라도 이들에게 기울이는 것이 아주 불가능한 일이냐고 혼잣말로 한번 중얼거려 보는 것뿐이다.

(《글쓰기》, 2005. 9.)

'내 밑으로'를 외치는 사회

텔레비전 우스개 프로그램에서 한 젊은이가 "내 밑으로 다 조용히 햇!" 하고 외칠 때, 나는 좀 씁쓸한 마음이 든다. 아니, 오해 없기 바란다. 나는 그 젊은이를 참 좋아하고, 또 그가 말하는 '내 밑으로……'에는 풍자가 들어있음을 안다. 내가 씁쓸하다고 하는 것은, 바로 그 풍자의 대상이 되는 우리 사회가 아직 그 풍자를 이해조차 하지 못하는 수준에 머물러 있는 것 같아서 그렇다.

'내 밑으로'는 참 여러 가지 뜻으로 쓰이는 것 같은데, 적어도 이 말이 사람의 키를 가리키는 것이 아님은 분명하다. 군대에서 이 말은 보통 '나보다 계급이 낮은 사람'을 가리킨다. 일터에서는 직위가 기준이 되기도 하고, 직위가 같을 때는 일한 햇수를 따지게 된다. 종종 나이를 잣대로 삼기도 하고, 학교나 동창회 같은 곳에서는 선후배를 가릴 때 이런 말을 쓰기도 한다. 그리고 좀 뭣한 말이지만 부자들은 이 말을 '나보다 돈을 적게 가진 사람' 이라는 뜻으로 쓰고 싶을지 모른다.

한 마디로 이 말은 '줄 세우기' 버릇에서 나온 말이다. 그리고 '밑' 이라는 말이 뚜렷이 보여주듯이 이 줄은 앞뒤로 차례를 정하는 줄이라기보다는 아래위로 서열을 매기는 줄이다. '내 밑으로' 라고 할 때 '내 위' 에 있는 사람들은 신성불가침이 된다. 언제든지 나는 그들에게 복종할 준비가 돼 있다. 왜냐하면 아주 당연하게도 나는 '그들 밑으로' 있기 때문이다. 누군가를 자기 위에 올려놓고 떠받들면서 또한 누군가를 자기 밑에 깔고 앉아 짓밟는, 이 버릇은 도대체 어디서 온 것일까? 내가 생각하건대 아마도 멀리는 짐승의 본성에서, 가까이는 병영문화에서 비롯된 것이 아닐까 한다.

한때 '……하기 나름' 이라는 시쳇말이 널리 쓰였다. 이 말은 대개 '윗사람' 에게 미운털 박힌 '아랫사람' 을 나무랄 때 효과가 있었다. 가령 '시어머니 사랑은 며느리 하기 나름' 이라는 말 속에는 이런 뜻이 들어있는 것이다. "네가 그러니까 시어머니한테 미움을 받지. 다 네 탓이란 걸 알아야 해. 시어머니 비위만 잘 맞춰 봐라. 대번에 사랑 받을걸." 시어머니와 며느리 대신에 다른 말을 넣어도 다 그렇고 그런 뜻이 된다. 말하자면 이것은 '윗사람' 의 권위 앞에 '아랫사람' 이 '알아서 기는' 모양을 떠받들고 부추기는 말이다.

그런데 묘한 것은, 적어도 내가 겪은 바로는, '……하기 나름' 이라는 말을 입에 달고 살면서 '윗사람' 에게 설설 기는 사람일수록 '아랫사람' 에게 가혹하다는 거다. 그래서 나는 때때로 참 신기해한다. 세상에 어찌 저런 틀거지가 다 있나 싶을 만큼 위엄을 갖추고 뽐내던 사람이, 어쩌다 자기보다 힘센 사람을 만나면 세상에 어찌 저런 쓸개도 다 있나 싶을 만큼 비굴해지는 것을 볼 때 그렇다. 만약 그런 사람 입에서 '내 밑으로……' 가 나오면 확실히 볼 만한 구경거리가 될 것이다. (그런데 이상하게도 우리 사회는 이런 모습을 우스개 구경거리가 아니라 자연스러운 일상으로 소화한다.)

나는 이 글을 쓰면서 '윗사람' 과 '아랫사람' 이라는 말에 작은따옴표를 치고 있다. 이런 말을 두루이름씨(보통명사)로 쓰는 게 좀 꺼림칙해서 그렇다. 말인즉 '사람 위에 사람 없고 사람 밑에 사람 없다' 고 하지 않는가. 누구나 애당초 똑같은 값어치를 가지고 태어난다지 않는가. 그런데 사실은, 이렇게 말하는 나 자신도 쑥스러울 만큼 이건 참 세상물정을 몰라도 너무 모르는 철부지 소리다. 그래서 어떤 높으신 '윗사람' 이 나더러 이렇게 호통을 친대도 나는 할 말이 없다. "사람이 다 똑같다니! 어디서 그런 불온한 말을 함부로 지껄이고 있나?"

말이 나온 김에 '세상물정' 이야기를 좀 더 해 보자. 일터에서 더 책임 있는 자리로 옮기는 것을 다들 '승진' 이라고 한다. 그리고 그 자리에 '올라간다' 고 당연한 듯이 말한다. 상식으로 판단하건대 위로 올라가려면 뭔가를 밟고 올라가야 하는데, 내 귀에는 그 말이 자꾸 '남의 등을 밟고 올라간다' 는 뜻으로 들린다. 아니라면 참 좋겠지만, 많은 경우 실제로 그렇다. 또 이건 정말 아니어야 하는데, 가끔은 '높은 자리' 가 반드시 더 책임 있고 일이 많은 자리가 아닐 때도 있는 것 같다.

어른들 세상이 이렇게 돌아가는 것은, 좀 주제넘은 짓일지 모르지만 코웃음 한 번으로 넘겨버릴 만하다. 그런데 조그마한 아이들이 이런 문화에 빠져드는 건 아무리 웃어넘기려고 해도 잘 안 된다. 슬프고 안타깝다. 아이들 사회에서 서열이 정해지는 것을 보면 어른들보다는 좀 낫다 싶지만, 때때로 그 차례가 '아버지 지위' 나 '아파트 평수' 에 영향 받는 것을 보면 너무 역겨워서 그만 이 세상에 살기 싫어진다. 누가 이 아이들을 이렇게 만들었나? 바로 잘난 어른들이 그렇게 만든 것이다.

사람을 '윗사람' 과 '아랫사람' 으로 나누고 '기어오르기 다툼' 을 벌이는 곳에 이웃을 보살피는 따뜻한 손길은 없다.

있어 봤자 윗자리에 앉아서 거만하게 던져 주는 밥찌꺼기가 있을 뿐이다. 이런 곳에 사람들이 한데 어울려 어깨동무하고 노는 자리는 없다. 오로지 위로 올라가려는 아우성이 있을 뿐이다. 아래위만 있는 곳에 옆자리가 있을 리 있는가. "내 밑으로!" 를 외치는 사람들 눈은 처음부터 옆을 보지 못한다. 위만 쳐다보거나 아래를 굽어볼 수 있을 뿐이다.

수직으로 솟아오른 '줄 속의 자신' 을 인식할수록 사람들은 폭력을 아무렇지도 않게 여긴다. 위쪽의 권위가 커지면 커질수록 아래쪽의 권리는 무시되기 때문이다. 폭력은 수직 줄을 떠받치는 '위계질서' 를 유지하는 중요한 수단이 된다. 그래서 상층권력은 은근히 폭력을 부추긴다. 약자의 생존이 오로지 강자의 뜻에 매달린 틀, 이것이 바로 그들이 꿈꾸는 질서이기 때문이다. 우리 나라에서 돈과 권력을 가진 사람들 중심으로 단단하게 뿌리내린, '상식으로 도저히 이해할 수 없는 윤리의식' 은 바로 여기서 비롯되었다. 에둘러 발할 것도 없이 이것은 '조폭문화' 요, 갈 데 없는 '야만의 문화' 다.

어쨌거나, 요새 물신주의가 사람들의 삶과 정신을 지배하면서 이 수직 줄 세우기 문화는 더 기승을 부리고 있다. 열 몇 해 동안 학교 교육을 받았다는 멀쩡한 사람들이 머리를 짜내 이런 광고글을 만든다. "당신이 사는 집과 당신이 타는 차가 바로 당신의 인격을 말해 줍니다." 또한 아주 정신이 멀쩡한 정상인들이 그런 광고글을 보고도 화를 내거나 부끄러워하지 않는다. "부자 되세요!"가 최고의 덕담으로 사람들 입에 오르내리고, 어린아이한테 '성공이란 돈 많이 벌어 사고 싶은 것 마음대로 사는 것'이라고 가르쳐도 별로 이상하게 들리지 않는다. 돈을 많이 가진 사람이 곧 '윗사람'이기 때문이다. 그리고 이제, 드디어 텔레비전 우스개 프로그램에서 한 젊은이가 "내 밑으로 다 조용히 햇!"을 외쳐도, 그 요란한 몸짓과 말투에 웃음을 터뜨릴 뿐 그 말을 곧 풍자로 받아들이지 못하는 지경에 이르렀다.

이런 세상에서 제정신을 가지고 살려면 아주 국외자가 되어 사는 수밖에 없는데, 이것이 그리 쉬운 일이 아니다. 세상 물정 모르는 바보나 세상을 등진 괴짜쯤으로 손가락질 당하는 건 점잖은 축에 들고, 줄에서 벗어난 낙오자 또는 불만투성이 불순분자로 낙인찍히거나, 아니면 아예 미치광이가 돼서 살아야 한다. 너도나도 "내 밑으로!"를 외치는 사회에서 이 길 말고는 달리 사람답게 살 길이 정녕 없단 말인가.

(《글쓰기》, 2005. 12.)

배아픈 사촌을 위한 변명

가령, 초등학교에 다니는 아이한테서 이런 말을 들었다 치자.

"오늘 학교에서 반장 선거를 했는데요, 나는 떨어지고 재돈이가 뽑혔어요. 걔네 집은 부자라서요, 아이들한테 선물도 돌리고 피자 파티도 세 번이나 했거든요. 또, 재돈이가 아이들한테 자기가 반장 되면 크게 한턱낸다고도 했어요. 그래서 아이들이 다 재돈이 찍었고요, 나보고 미안하다고 하는 아이도 있었어요. 속상해요."

여러분이라면 이런 경우 어떻게 하겠는가? 좀 유치하더라도, 다음에 든 보기 중에서 답을 골라 보기 바란다.

① "넌 왜 그렇게 밴댕이 속이니? 경쟁에서 졌으면 깨끗이 인정하고 재돈이를 축하해 줘야지." 하고 아이를 나무란다.

② "세상일이란 다 그런 거야. 그러니까 너도 열심히 공부해서 돈 많이 벌어야 돼." 하고 아이를 위로해 준다.

③ "그게 다 가난한 집에서 태어난 죄지 뭐겠니? 그러니까 세상은 불공평한 거야." 하고 아이와 함께 속상해한다.

④ "그건 공정하지 못하구나. 선거를 다시 하든지, 적어도 앞으로는 이런 일이 없도록 해야겠는걸." 하고, 일을 바로잡을 수 있는 방법을 찾아본다.

몇 번을 골랐는지 묻지는 않겠다. 다만, 건강한 상식을 가진 사람이라면 ①번처럼 하지는 않으리라 믿는다. 이 경우 애당초 공정하지 못한 경쟁이었으니까 아이가 속상해하는 건 당연한 일이다. 어쩔 수 없이 물러나는 건 몰라도, 누구든지 이럴 때 '패배를 기꺼이 인정하고 승자에게 손뼉을 쳐' 주고 싶지는 않을 것이다.

그런데 이상하게도 우리 사회에서는 ①번이 정답이다. 적어도 우리 사회의 '지도층인사'들은 우리에게 ①번을 정답으로 고를 것을 강요한다. 만약 ②, ③, ④번을 고르려고 하면 당장 비웃음과 호통이 날아온다. "하여튼 엽전들은 할 수 없어. 남이 잘 되는 꼴을 못 본다니까. 사촌이 논 사면 배 아프다는 옛말이 왜 나왔는지 알만해."

오래 전 일이지만, 나는 한 신문에서 참 놀라운 글을 읽었다. 어떤 '저명인사' 가 쓴 그 글은 이렇게 시작되었다. (오래 전에 읽어서 낱말 구절 하나까지 그대로 떠올리지는 못하지만, 뜻은 틀림없이 이런 것이다.) "우리 나라 사람들은 부자를 존경할 줄 모른다. 외국 사람들은 부자에게 아낌없는 존경과 찬사를 보내는데, 우리 나라 사람들은 거꾸로 부자를 욕한다. 세상에 이런 나라는 없다." 그런데 더 놀라운 것은, 이런 말에 고개를 끄덕이는 사람이 뜻밖에도 상당히 많더라는 것이다. 한번은 여러 사람이 모인 자리에서 그 글 이야기를 했더니, 한두 사람을 빼고는 다 '일리 있는 말' 이라는 반응을 보였고, 그 가운데에는 스스로 '부자를 욕하는 못난 버릇' 을 고백하며 아주 부끄러워하는 사람도 있었다.

처음부터 공정한 경쟁이 보장되고, 그런 건강한 바탕 위에서 누군가가 돈을 많이 벌거나 높은 지위에 올랐다면, 아무도 그 성공을 두고 속상해하거나 배 아파하지 않을 것이다. (많은 돈과 높은 지위가 과연 성공의 조건이 될 수 있느냐는 물음은 우선 접어 두자.) 하지만 애당초 규칙이 공정하지 못한 상태에서, 게다가 그 불공정한 규칙마저 마구 어기면서 부와 권력을 거머쥔 경우라면, 그런 '성공' 까지도 축하하고 존경해야 하는가? 이건 매우 안타깝고 서글픈 일이지만, 우리 사회의 '기득권을 가진 지도층인사' 들은 거의 떳떳하지 못한 방법으로 '성공' 한 것이 사실이다.

설마 하는 분이 있을지 몰라서, 별로 내키지는 않지만 정치판 이야기를 좀 해야겠다. 오래 전에 어떤 정치인이 스스로 "선거할 때 법을 어기면서 많은 돈을 썼다."고 고백한 적이 있었다. 그때 우리 사회에 어떤 반응이 일어났는지 모두들 기억하시는가? 하루아침에 그는 웃음거리가 됐다. 온 나라 사람들이 다 들고일어나 바보라고 놀렸고, 딴에는 점잖다는 사람들도 '적절치 않은 처신' 이라고 은근히 나무랐다. 누가 봐도 그 사람보다 더 많은 돈을 '불법으로' 썼을 법한 정치인들은 아예 대놓고 욕을 하며 짜증을 냈다. 이 판에 '공정한 규칙' 같은 말이 어디 가당키나 한가? 그런 말은 아마 조심스럽게 운만 떼는 데도 온갖 욕을 얻어먹을 각오를 해야 할 것이다. 이것이 우리 나라 권력자들 모습이다.

더 내키지 않지만 재벌기업 이야기도 좀 해야겠다. 우리 나라에서 몇 손가락 안에 꼽히는 부자기업(재벌)들이 어떻게 돈을 벌었는지는 아이들도 다 안다. 정치권력에 돈을 갖다바쳐서 엄청난 이권을 얻고, 부동산이든 주식이든 외국돈이든 돈이 될 만한 것이면 모조리 덤벼들어 노름(투기)을 일삼지 않았는가? 노동자들을 감시하고 겁을 주어 입을 다물게 하고, 일거리를 떠맡긴 하청업체를 몸종 부리듯 해 온 것도 아는 사람은 다 안다. (이 글을 쓰는 동안에도 어떤 재벌이 불법을 저지르고 '솜방망이' 벌을 받았다는 소식이 들린다.) 이 판에 '공정한 규칙' 같은 말이 무슨 잠꼬대고 헛소리란 말인가? 그런데도 부자들을 존경해야 하나?

따지고 보면, 설령 부자들이 돈을 버는 과정에서 나쁜 짓을 하나도 안 했다고 해도, 축하까지는 모르지만 '존경' 씩이나 할 일은 아니다. 그래 봤자 그저 돈을 많이 벌었을 뿐이 아닌가. 그 돈으로 가난한 사람들을 도와주었다든가 병든 사람을 고쳐 주었다든가 하면 마땅히 우러러볼 일이지만 말이다. 존경은 그런 뚜렷한 행동이 있을 때 보내는 것이지, 부자이기만 하면 무조건 갖다 바쳐야 하는 것이 아니다. 그러니 부디 우리더러 부자를 존경하지 않는다고 나무라지 마라.

따분하더라도 한 가지 얘기만 더 들어 주기 바란다. 얼마 전에 본 신문기사(한겨레신문, 2005년 8월 16일자) 이야기다. 내용인즉 '고등학교 3학년 학생들의 대학수학능력시험 점수가 그 부모의 경제력과 정확히 비례' 하더라는 것이다. 쉽게 말하면 돈 많은 집 아이들 점수가 가난한 집 아이들 점수보다 높은데, 가령 100만 원 버는 집 아이 점수가 100점이라면 200만 원 버는 집 아이 점수는 200점, 이렇게 신통하게 맞아 떨어지더라는 얘기다. 부모의 벌이가 많을수록 '사교육비' 씀씀이도 늘어날 테니, 이건 쉽게 고개가 끄덕여지는 말이다. 이른바 '일류대학' 에 들어가는 것이 '성공' 의 지름길인 우리 현실에서, 이쯤 되면 애초부터 공정한 경쟁 같은 건 바랄 수도 없는 것이 아닌가.

부와 권세가 대물림되는 사회는 공정한 사회가 아니다. 이 '현대판 신분사회' 에서 패자에게 조금이라도 기회를 주는 것은 승자의 영역이 위협받는 것을 뜻한다. 그래서 승자들은 말한다. 부자와 권력자를 존경하라고. 그들을 미워하거나 시샘하는 것은 나쁜 버릇이라고. 그리고 우리는 저도 모르는 사이에 조금씩 그 '훈계' 에 길들어 간다. 이대로 간다면, 언젠가 우리는 모두 땅에 납작 엎드려 이렇게 외치는 날이 올지도 모른다.

"모든 것은 내 탓입니다. 가난한 것도 내가 게으른 탓이요, 불행한 것도 내 운이 나쁜 탓입니다. 당신들은 우리보다 뛰어난 능력을 가지고 몇 배나 많은 노력을 했기 때문에, 당신들이 존경받는 것은 당연합니다. 고귀한 신분을 가지는 것도, 온갖 영화를 누리는 것도 다 당신들 능력 덕택입니다. 우리는 감히 당신들이 누리는 것을 넘보지 않겠습니다. 남의 행복을 시기하는 것은 나쁜 버릇이니까요."

사실, 이런 말을 하고 있는 나 자신도 나날이 '자본의 채찍질' 에 길들어 가고 있다는 걸 느낀다. 그래서 문득문득 혼자서 소스라치곤 한다. 하지만 다행히도 아직까지는, '권력을 등에 업고 뇌물 받은 돈으로 부동산 투기를 해서 떵떵거리고 잘 사는' 사람들을 위해 아플 배는 남아 있다. 더구나 그런 사람들이 그렇게 번 돈으로 또 (부동산 투기를 하려고) 땅을 사는 꼴을 보면, 나는 솔직히 배가 많이 아프다.

(《글쓰기》, 2006. 3.)

물에 빠진 양에게 돌팔매질하기

중국에서 혁명이 일어난 뒤, 루쉰은 《페어플레이는 아직 이르다》는 글에서 '물에 빠진 개는 때려야 한다'며 다음과 같이 말했다. (다음에 드는 글은 루쉰 산문집 《아침꽃을 저녁에 줍다》에서 그대로 옮긴 것이다.)

> 개가 물에 빠진 원인에는 대략 세 가지가 있을 것이다. 첫째, 개 스스로가 발을 헛디뎌 빠진 경우. 둘째, 남이 빠뜨린 경우. 셋째, 내가 때려서 빠뜨린 경우. 만일 앞의 두 종류의 개를 만나 남들과 부화뇌동하여 때린다면 이는 너무 심심한 일이거나 비겁에 가까운 일일 것이다. 그러나 개와 싸우다가 자신이 직접 빠뜨렸다면, 몽둥이로 물 속에서 마구 때리더라

도 결코 잘못된 것이 아니다. 이 경우를 앞의 두 경우와 함께 논해서는 안 된다.

짐작하다시피 여기서 루쉰이 말하는 '개'는 권력을 등에 업고 외세에 빌붙어 민중을 배신한 무리들을 가리킨다. 혁명이 일어나 이들이 하루아침에 권세를 잃고 성난 민중의 공격을 받자, 린위탕(林語堂) 같은 이들이 '페어플레이'를 들먹이며 용서와 화해를 주장하자, 루쉰이 여기에 맞받아 쓴 글이다. 글이 재미있으니 몇 대목 더 읽어 보기로 하자.

개와 고양이는 원수지간인데, 발바리는 고양이를 많이 닮았다. 절충 · 공정 · 조화 · 평정을 모두 갖춘 듯이 의젓해하며, 다른 개들은 다 극단적인데 자기만이 중용의 도를 터득한 듯한 표정을 하고 있다. 이때문에 돈 많은 사람들이나 벼슬아치, 사모님, 아가씨들이 총애하며 그 종자가 면면히 내려오고 있다. 발바리가 하는 일이란, 영리해 보이는 외모 덕분에 귀하신 분들 손에 길러지는 일이거나, 중국이나 외국의 여인들이 외출할 때 개고리를 목에 매고서 뒤를 졸졸 따라다니는 것뿐이다. 이런 것들은 우선적으로 물에 빠뜨리고, 계속 때려야 한다. 제 스스로 물에 빠졌더라도 쫓아가 때려도 상관없다. 자신이 지나치리만큼 좋은 사람이라면 때리지 않아도 되지만 불쌍히 여길 필요는 없다.

루쉰은 몹시 화가 나는 상태에서도 평정을 잃지 않고 재미있는 비유로 글의 격조를 높이고 있다. 그럴 듯한 우스개까지 내세우면서 아무렇지도 않은 듯 말하고 있지만, 사실 이 대목에서 글쓴이의 속은 부글부글 끓어올랐을 것이다. '발바리' 가 어떤 부류를 가리키는지, 아직도 미심쩍은 분들을 위해 조금만 더 그의 글을 옮겨 본다.

현재의 관료들과 토종 신사들, 서양물을 먹은 신사들은 자기들 마음에 들지 않으면 모조리 빨갱이나 공산당으로 몰아버린다. 중화민국이 수립되기 이전에는 약간 달랐다. 처음에는 캉유웨이당이라고 몰아붙이다가, 나중에는 혁명당이라고 몰아붙였고, 심한 경우 관청에 밀고하기도 했다. 물론 자신의 존엄과 명예를 보존하기 위해서 그러한 면도 있었지만, 혁명당을 밀고하거나 살해하여 높은 벼슬자리에 오르려는 의도도 없지 않았다. 하지만 혁명은 결국 일어났다. 거드름을 피우던 신사 무리들은 초상집 개처럼 주눅이 들어 늘어뜨리고 다니던 변발을 황급히 틀어 올렸다.

이쯤 읽고 보면, 처음에 '물에 빠진 개는 때려야 한다' 는 루쉰의 말에 어리둥절해하던 사람들도 다 실소를 머금으며 고개를 끄덕일 것이다. 또 어느 곳에서나 '개' 또는 '발바리'와 같은 사람들이 설쳐댄다는 걸 느끼고 한숨을 쉴 것이다. 그리고 '페어플레이'나 '관용' 같은 말이 경우에 따라서 얼마나 허망한지를 깨닫게 될 것이다.

말머리가 좀 길어졌는데, 사실 내가 하고 싶은 얘기는 이런 게 아니다. 남의 나라 역사를 두고 이러쿵저러쿵할 만큼 우리 사정이 한가한 것도 아니지만, 그보다 우리는 아직 단 한 번도 '개가 물에 빠지는' 꼴을 본 적이 없다. 가까운 역사만 보더라도, 광복 바로 뒤에 '반민족행위특별조사위원회(반민특위)'라는 것이 생겼으나 오히려 곤욕을 치른 이들은 그 특위위원들이었다. 지금도 '진실 · 화해를 위한 과거사정리위원회'라는 긴 이름을 가진 기관이 진심 어린 활동을 하고 있지만, '진실'의 한 조각이나마 제대로 밝혀낼 것이라고 기대하는 사람은 그리 많지 않다.

우리의 경우 언제나 물에 빠지는 쪽은 '개'가 아니라 '양'이었다. 무슨 말인고 하니, 당하는 쪽은 힘센 편이 아니라, 늘 '기득권층'의 잘못을 따지거나 그것을 바로잡자고 주장하는 힘없는 사람들이었다는 뜻이다. 옛 독재정권 시절에는 민주주의를 실현하자고 주장하는 사람들이 잡혀가 옥에 갇히고 고문당하고 죽어 갔다. 그들이 바라는 거라고는 그저 선거를 정직하게 하거나, 대통령을 내 손으로 뽑고 싶다는 것뿐이었다. 노동자도 사람이니 사람답게 살고 싶다고 외치면 붙잡혀 갔다. 막다른 길에서 온몸을 불사르며 죽어간 전태일 청년이 원한 것은 다만 정부와 기업이 근로기준법을 지켜 달라는 것뿐이었다.

오늘날에도 수많은 양들이 물에 빠져 허우적거린다. "온 국민이 군인처럼 국기에 경례를 하고, 몸과 마음을 바치겠다는 거짓맹세를 꼭 해야 하느냐?" 고 물은 선생님은 학교에서 쫓겨나고, 신념에 따라 총을 들지 않으려는 젊은이들은 감옥에 갇힌다. 믿고 싶은 종교를 학교 안에서도 자유롭게 믿으려 한 학생은 퇴학을 당하고, 전쟁에 대해 색다른 논문을 쓴 학자는 벌을 받는다. 내 땅에 미군이 들어오는 걸 원치 않는다며 고향 떠나기를 거부한 시골사람은 잡혀가고, 병든 미국 소고기와 곡식을 들여오지 말라고 시위를 벌인 농사꾼은 몽둥이로 얻어맞는다. 놀라운 것은, 이들은 모두 한없이 연약하여 남한테 지푸라기 하나 못 던질 형편인데도 '말발 센' 이들은 흉측한 괴물이나 된 듯이 마구 몰아세운다는 것이다. 그리고 많은 사람들은 이 거짓말에 속아 물에 빠진 양들에게 서슴없이 돌팔매질을 하고 있다!

이래서 오늘날 대한민국에는 네 부류의 사람들이 남게 되었다. 몇몇 '물에 빠진 양' 들과, 그들을 '위험인물' 이라고 선전하는 힘세고 돈 많고 말발 센 많은 사람들, 그리고 그 말에 속아 물에 빠진 양에게 돌을 던지는 더 많은 사람들이 있고, 마지막으로 양들 편에서 날아오는 돌을 막으며 이건 아니라고 소리치는 정말 몇 안 되는 사람들이 있다. (먼발치에서 팔짱을 끼고 구경만 하고 있는 나 같은 사람들도 있지만, 이들은 아무 구실을 못 하기에 부류에 넣지 않겠다.)

그래서 마지막 부류에 속하는 몇 안 되는 사람들은 말한다.

"우리가 바라는 것은 참 작고 소박하고 눈물겨운 것이다. 이 땅에 정의가 실현되기를 바란다든지, '물에 빠진 개' 를 두고 용서를 할 것이냐 말 것이냐를 따지는 일은 엄두조차 내지 못한다. 그런 건 아예 꿈도 꾸지 않는다. 우리가 바라는 게 있다면, 그저 아무 죄 없는 양들을 물에 빠뜨리는 일은 없었으면 하는 것이다. 아니, 물에 빠진 양들이 무자비하게 돌팔매질 당하는 일만이라도 없었으면 하는 것이다. 그래서 우리는 다만 간절한 목소리로 이렇게 부탁할 뿐이다. 힘세고 돈 많고 말발 센 사람들아, 물에 빠진 양이 비록 마음에 들지 않더라도 '괴물' 이라고 거짓말을 하지만 말아 다오. 그리고 물가에 선 많은 사람들아, 그 거짓말에 속아서 물에 빠진 양에게 퍼붓는 돌팔매질만은 멈추어 다오. 그 양들은 당신들의 적이 아니라 바로 당신들의 동무요 이웃이란다."

이제, 먼발치에서 팔짱을 낀 채 구경만 하고 있는 나 같은 사람들이 대답할 차례다. 팔짱을 풀고 한 걸음만 나서서, 조그마한 목소리로라도 말해야 한다. 물에 빠진 양에게 돌팔매질하는 것은 옳지 않다고. 양들이 개 짖는 소리를 흉내내지 못한다고 해서 그게 죄가 될 수는 없는 거라고. 이 세상에 다만 울음소리가 다르다는 까닭만으로 물에 빠뜨리고 돌팔매질할 수 있는 권리는 아무에게도 없다고. 비록 그 목소리가 너무 작아서 제 귀에조차 안 들린대도 좋다. 옛말에 여러 백성들의 입은 무쇠도 녹인다고 하지 않았던가?

(《글쓰기》, 2006. 12.)

성을 갈 권리, 자손 될 권리

실례되는 줄은 알지만, 당돌하고 뜬금없는 물음으로 이 글을 시작하겠다. 당신의 조상은 누구인가? 당신은 누구 핏줄을 타고났는가? 조상이 많아서 한 마디로 답하기는 어렵겠지만, 그래도 한번 생각해 보아라. 만약 당신의 성씨가 '김' 씨라면, 조상의 성씨도 당연히 '김' 씨인가? 당신은 그 사실을 한 번도 의심해 본 적이 없는가?

요새는 어떤지 모르지만, 몇 해 전만 해도 학교에서 아이들에게 내는 숙제 가운데 '뿌리 찾기' 라는 것이 있었다. 자신의 가계도를 그리고, 집안의 내력을 조사하며, 조상 중에 훌륭한 분이 누구인가를 알아 오는 숙제였다. 그때, 만약에 성이 '김' 씨인 아이가 '이순신' 장군을 자기 조상으로 적어 왔다면 어땠을까? 모르긴 해도 이 정도 반응이 나오지 않았을까? "너 장난하니?"

하지만 그 숙제는 옳을 수 있다. 그뿐이 아니다. 지금 이 글을 읽고 있는 당신의 성씨가 무엇이든, 당신은 '강감찬' 의 후손일 수도 있고 '장영실' 이나 '홍경래' 의 후손일 수도 있다. 도대체 무슨 잠꼬대를 하느냐고 나무라기에 앞서, 내 말을 조금만 더 들어 보기 바란다. 성미가 급한 분은 화가 날지도 모르지만, 될 수 있는 대로 차근차근 한 마디씩 새겨 가며 읽어 주면 좋겠다.

우리는 누구나 아버지와 어머니 사이에서 태어났다. 굳이 핏줄을 따지자면, 아버지와 어머니의 피를 반반씩 타고난 셈이다. 아버지는 어떤가? 두 말할 나위도 없이 할아버지와 할머니의 피를 반반씩 타고났다. 어머니는? 외할아버지의 피와 외할머니의 피를 반반씩 타고났다. 여기까지, 내 핏줄이 닿은 조상은 여섯 분이다. 그 중 나와 성씨가 같은 분은 몇 분인가? 아버지와 할아버지, 두 분뿐이다. 나머지 네 분은 나와 성씨가 다르지만, 틀림없는 내 조상이다.

이쯤에서 짚고 넘어갈 게 있다. 아버지와 친할아버지만 내 조상이고, 어머니와 친할머니와 외할아버지와 외할머니는 내 조상이 아니라고 생각하는 분은 이 글을 더 읽지 말기 바란다. 읽을수록 점점 더 이해하지 못하게 되거나, 아니면

화가 나서 책을 던질 수도 있을 테니까. 그렇지 않은 분은 좀 더 생각해 보기 바란다. 할아버지 윗대에는 증조할아버지와 증조할머니가 있고, 할머니 윗대에 또 두 분의 조상이 있다. 마찬가지로, 외할아버지와 외할머니 윗대에도 각각 두 분의 조상이 있다. 여기까지, 내 핏줄이 닿은 조상은 모두 열네 분이고, 이 가운데 나와 성씨가 같은 조상은 단 세 분뿐이다.

아직도 '감을 못 잡는' 분을 위해 조금만 더 얘기하겠다. 이런 식으로 아버지 쪽 조상과 어머니 쪽 조상을 함께 더듬어 올라가면, 다섯 세대 위까지 내 조상은 모두 예순두 분이고, 그 중 나와 성씨가 같은 조상은 다섯 분뿐이다. 아버지와 할아버지, 증조할아버지와 고조할아버지, 그리고 오대조할아버지인데 이분들은 내가 핏줄을 이어받은 모든 조상의 8퍼센트에 해당한다. 이런 식으로 10대까지 올라가면, 내 조상 중에서 나와 성씨가 같은 분의 비율은 0.05퍼센트밖에 되지 않는다! 물론 이런 계산 방식이 정확한 건 아니지만, 어쨌든 우리가 '조상' 이라고 생각하는 분들 중 많은 수는 나와 성씨가 다르다.

그런데도 우리는 선불리 이렇게 생각한다. '김' 씨는 '김' 씨 핏줄을 타고났고, '이' 씨는 '이' 씨 핏줄을 타고났다고. 그리하여, 나는 나와 성씨가 같은 어느 '한 남자' 의 후손이라고 서슴없이 믿어 버린다. 사실은 '그 남자' 말고도 내가 모르는 몇 백 또는 몇 천의 여자 또는 남자가 내 조상인데도 말이다. 사실은 내 조상 중에 '김' 씨 말고도 수많은 '이' 씨와 '박' 씨와 '최' 씨가 있는데도 말이다.

얼마 전에 여러 사람이 모인 자리에서 이런 이야기를 했더니, 어떤 분이 이렇게 말하더라.

"그래요. 성씨라는 것, 그거 믿을 게 못 돼요. 지금 나돌아다니는 족보도 거짓으로 꾸며낸 게 많지요. 조선시대까지만 해도 성씨 없는 사람이 수두룩했는데요, 뭘."

맞는 말이긴 하지만, 내가 하고 싶은 얘기는 그게 아니었는데……. 이 글을 읽는 분은 어떤가? 혹시 내게 이렇게 묻고 싶으신가? "그럼, 그 말을 하려고 한 게 아니었나?" 그렇다면, 내가 말재주가 없어서 또 고갱이를 놓치고 말았구나!

자, 이제 정말로 내가 하고 싶은 말을 할 차례가 되었다. 우리는 그 동안 너무 오랫동안 '남자 쪽' 눈으로 세상을 보는 일에 길들여져 왔다. 남자 쪽 눈으로 조상을 보면, 아버지와 어머니 중에서 어머니는 저절로 뒷전으로 밀려나고 아버지만 남는다. 어머니가 금 밖으로 밀려나가면, 외할아버지와 외할머니도 자연스럽게 눈길에서 벗어나게 마련이다. 그쪽(외가 쪽) 줄기는 이제 내 조상이 아닌 것이다. 그러면 할아버지와 할머니가 남는데, 할머니도 '여자' 이기 때문에 자연스럽게 밀려난다. 그러면 내 조상의 줄기에는 할아버지만 남는다. 이런 식으로 끊임없이 '여자를 내모는' 것이 바로 우리가 지금까지 '뿌리를 찾는' 방식이었다.

얼마 전 정부에서 자식이 무조건 아버지 성만을 따라야 한다는 민법 속 '강제규정'을 없애자고, 어떤 신문 말대로라면 '물의를 일으킨' 적이 있다. 무슨 말인고 하니, 본디 우리 민법에는 자식이 무조건 아버지 성을 따르도록 되어 있었는데, 몇 해 전에 그걸 고쳐서 어머니 성을 따를 수도 있도록 해놨다. 그런데, 고친 법에도 '부모가 합의해서 어머니 성을 물려주는 경우가 아니면 아버지 성을 쓰는 것이 원칙'이라는 다만줄(단서조항)이 있었다. 그러니까 이것으로 사실 아버지가 허락하지 않는 한, 자식이 어머니 성을 따르는 일은 '원천봉쇄'된 셈이다. 그것이 불합리하니, 이참에 손질을 해서 아무 거리낌 없이 자식이 부모 중 한쪽 성을 이어받을 수 있도록 하자는 것이 정부의 제안이었다.

이걸 두고 아니나 다를까, 여기저기서 반대 목소리가 높다. 호주제를 없애자고 할 때도 그렇더니, 당장이라도 세상이 거덜날 것처럼 흥분하는 이들이 많다. 이번에는 정부 안에서도 반대하는 사람이 많아서, 소문을 듣자니 슬그머니 '없던 일'이 돼버렸다고 한다. 안타까운 일이다. 반대하는 사람들 말을 들어보면 이렇다. 그렇게 성을 함부로 갈아서는 질서 없는 세상, 그야말로 '짐승 같은 세상'이 된다는 거다. 세상 격정하는 마음이야 고맙지만, 나는 아무리 생각해도 그게 왜 그렇게 나쁜 일인지 모르겠다. '어머니 쪽도 내 조상' 이라는 걸 인정하는 게 그렇게 위험한 일인가?

자식이 자유롭게 부모 중 한 성을 물려받는 일은, 생각해 보면 뭐 그리 대단한 일도 아니다. 아버지와 어머니를 똑같은 부모로 인정한다면 말이다. 이것은 오랜 세월 아버지 중심으로 굳어져 온 '생각의 틀' 을 조금만 바꾸면 쉽게 풀리는 문제다. '아버지—할아버지—증조할아버지……' 로 이어지는 '남자 쪽 집안내력' 에 갇힌 눈길을 돌려 조금만 멀리 그리고 넓게 바라보면 된다. 나와 성씨가 다른 분도 조상이 될 수 있다는 걸 인정만 하면 된다. 우리는 이것을 '아주 조금' 인정하는 데 몇 백 년이 걸렸다. 그리고 이제 그것을 조금 더 인정하자는 정부의 주장은 몰매를 맞고 있다.

어떤 이는 말한다. "아니, 그렇게 되면 아버지와 친자식 성이 다르고, 친형제 사이에도 성이 달라질 텐데, 그런 콩가루집안이 돼도 좋단 말인가?" 그런데 우리는 몇 백 년 동안 '어머니와 친자식 성이 다른' 제도 아래 살아오지 않았나? 하지만 그것을 두고 딴죽을 거는 사람은 나는 아직 보지 못했다. '친형제 사이에 성이 달라지는' 걸 두고도 할 말이 많지만, 딱 이 말만 하련다. 세상에는 성씨가 달라도 사랑으로 맺어진 식구들이 많다. '김' 씨와 '이' 씨와 '박' 씨가 만나 오순

도순 어울려 사는 것이 진정한 식구지, 똑같은 '김' 씨끼리 모여 명령과 복종으로 '질서를 유지' 하는 건 가족의 탈을 쓴 '집단' 일 뿐이다.

이참에 나는 '가족' 이라는 일본말보다 '식구' 라는 우리말을 많이 쓸 것을 권하고 싶다. '식구' 는 한솥밥을 먹는 사람들이다. 함께 일하고 함께 놀고 함께 웃는 사람들이다. 명령하고 복종하는 사람들이 아니라, 서로 부둥켜안고 울 수 있는 사람들이다. 식구 사이에 '핏줄' 은 서로를 이어주는 끈이 될 수도 있지만, '성씨' 는 다만 껍데기일 뿐이다. 그것은 똑같은 색깔과 똑같은 모양으로 만들어진 제복처럼 사람을 '집단' 안에 가두는 굴레일 뿐이다.

옛날 우리 어머니들은 시집을 가서도 '아버지 성' 을 썼다. (물론 지금도 그렇다.) 서양이나 일본에서는 여자가 시집을 가면 '남편 성' 을 따르는 데도 말이다. 이를 두고 어떤 이는 우리 조상들이 여자를 더 '독립된 사람' 으로 봐 줘서 그렇다고 말하기도 한다. 그것은 거짓말이다. '아버지 성' 은 너무나 거룩한 것이어서 감히 바꾼다는 걸 상상조차 못했을 뿐이다. 우리 어머니들은 '아버지 성' 을 결코 버릴 수 없었지만, 시집을 가면 친정 식구로 대접받지도 못했다. '출가외인' 이었기 때문이다. 더 기가 막히는 것은, 우리네 어머니들은 죽은 뒤에 귀신이 되어서도 자신이 머물 곳을 고를 자유가 없었다. 죽으면 남자들이 정해 놓은 대로 '아무개 씨 집안 귀신'이 되어야 했기 때문이다.

이제 이런 야만스러운 풍습은 버려야 한다. 이 세상 모든 자식들은 아버지와 어머니를 똑같이 사랑하고 존경하며 부모로 인정할 권리가 있다. 그래서 아버지 성을 따르는 것과 똑같은 까닭과 무게로, 어머니 성을 따를 권리도 있어야 한다. 그래서 원한다면 '성을 갈' 수 있어야 한다. 자식이 어머니 성을 이어받는 일은, 아버지 성을 이어받는 일만큼 자랑스러운 일이다. 부모 성을 함께 쓰는 일도 마찬가지다. 그것은 무슨 별난 변화라기보다, 감고 있던 한쪽 눈을 뜨고 나와 내 조상을 고루 바라보는 일이다. 핏줄에 대한 편견에서 해방되는 일이다.

그런데 아쉽게도 아직 우리는 온전한 해방을 맞지 못했다. 아버지가 특별히 허락하고 명령하지 않는 한, 자식이 어머니 성을 이어받는 일은 아직 죄가 된다. 부디 '아직'이라고 말할 수 있기를 바라지만, 우리는 아직 성을 갈 수 없다. 아버지가 물려준 성씨를(사실은 나라에서 강제로 정해 준 성씨를) 내 마음대로 갈았다가는 경을 치게 될 것이다. 하지만 언젠가는 우리도 성을 갈 권리를 찾을 거라고 믿는다.

'성을 간다'고 말하니까 아직도 뭔가 마음 한 구석이 찔리고 눈치가 보이는, 바로 나처럼 소심한 사람들을 위해 군소리

한마디만 더 보태련다. 옛날 우리 어머니들은 시집가서 아들을 못 낳으면 죄인이 되었다. 하지만 이제 와서 누가 그런 소리를 한다면 웃음거리가 될 것이다. 용기 있는 사람들이 그게 죄가 아님을 줄기차게 외친 덕분이다. '성을 가는 일' 도 마찬가지다. 눈을 감으면 힘센 사람들의 사나운 외침만 들리겠지만, 용기를 내어 눈을 뜨면 세상이 보일 것이다. 세상이 보인다고 해서 무슨 대단한 것이 보이지는 않을 것이다. 다만 '어머니도 부모로', '어머니 쪽 조상도 내 조상으로', 그리고 드디어 '여자도 사람으로' 보일 것이다. 그런 것이 보일 때, 비로소 우리는 자유로운 사람이 된다.

(《글쓰기》, 2007. 4.)

호랑이에게 잡아먹힌 토끼 나무라기

나만 그런지 몰라도, 요새는 하루가 다르게 세상이 참 흉흉해져 간다는 느낌이 든다. 그래서 신문방송 보기가 겁나는데, 때로는 끔찍한 소식보다도 그것을 다루는 신문방송의 태도에 더 소름이 돋을 때도 있다. 이를테면 사람 목숨이 죽어 나가도, 그 사람이 돈 없고 권세 없고 이름도 없는 사람이라면 그런 일이 있긴 했네 하는 투로 시큰둥하게 넘겨버리는 것이다. 그러다가도 권력자의 말 한마디에 세상이 끝나는 것처럼 호들갑을 떠는데, 그런 걸 보면 이 나라 신문방송이라는 게 참 역겹기까지 하다.

얼마 전에는 이런 일이 있었던 모양이다. 미국에 사는 한국 청년이 아무 죄도 없이 경찰관이 쏜 총에 맞아 죽은 일 말이다. 그 젊은이는 경찰이 왔을 때 자동차 고치는 데 쓰는 쇠막대기를 들고 있었을 뿐이라는데, 그 때문에 오해를 받아 총을 여남은 발이나 맞고 즉사했다는 것이다. 그런데 아니나다를까, 이 참혹한 일도 별 이야깃거리가 되지 못하고 곧 사람들 관심 밖으로 밀려나고 말았다. 도무지 신문방송이 관심을 가져 주지 않았기 때문이다. 죽은 사람이 평범한 서민이어서 그랬을까. 아니면 그 일이 일어난 곳이 미국이어서?

그런데 더 놀라운 것은, 그 일이 있은 뒤에 인터넷을 무대로 사람들 입방아에 오르내린 화제다. 그게 뭔고 하니 이른바 '미국에서 경찰에게 안 죽는 법' 이라는 건데, 내용인즉 이렇다. '미국에서 경찰에게 총 맞아 죽지 않으려면 이렇게 해라. 경찰이 오면 무조건 무릎을 꿇고 손을 머리 위로 올려라. 호주머니에 손 넣으면 죽는다. 경찰이 와서 내 몸을 뒤져도 절대 움직이거나 말을 하지 마라. 경찰이 엎드리라고 하면 두 손을 머리에 얹고 땅바닥에 납작 엎드려라.' 나는 처음에 이것이 자조 섞인 우스개인 줄만 알았는데, 알고 보니 그게 아니라 아주 정색을 하고 가르쳐 주는 말이었다. 세상에!

그뿐 아니다. 이런 얘기가 널리 퍼지자 은근히 죽은 사람을 나무라는 듯한 뒷말이 곧장 따라붙었다. 무슨 말이냐고? 그러니까, 총 맞아 죽은 청년은 그런 물정을 모르고 서툰 짓을 하다가 당했다는 것이다. 요컨대 그 무서운 미국 경찰 앞에서 '알아서 기지' 아니하고 함부로 나댄 것이 화를 불렀다는 것. 그런 얘기가 나오면서 언제 그랬느냐는 듯이 이 일에 얽힌 이야기는 슬그머니 무대 뒤로 사라졌고, 인터넷에 모여 떠들던 사람들도 썰물처럼 빠져나갔다. 그리고 사람들은 아무 일도 없었다는 듯 또다시 권력자의 말 한 마디, 또는 연예인을 둘러싼 입소문에 열을 올리기 시작했다. 일이 이렇게 되는 데 신문방송이 앞장선 것은 두말할 나위도 없다.

이 모습을 바라보는 나 같은 사람은 참 어이가 없다. 그리고 화가 치밀어오르다가 이내 몹시 슬퍼진다. 미국이 아무리 위험한 곳이라 해도, 그래서 경찰이 하루라도 총을 쏴대지 않으면 질서가 안 잡히는 곳이라 해도 그렇지, 죄 없는 사람을 쏘아 죽인 경찰에게 아무 잘못이 없단 말인가. 그래서 모든 신문방송은 하품만 하고 있는가. 그래서 대한민국 인터넷에는 미국 경찰에게 안 죽는 법만 요란하게 나돌고, 그 경찰을 나무라는 소리는 쏙 들어갔단 말인가. 도대체 죽인 사람이 나쁜가, 죽은 사람이 나쁜가. 만약에 똑같은 일이 이쪽에서 일어나, 한국 경찰관이 죄 없는 미국 사람을 '오해' 하여 쏘아 죽였다면 어떤 일이 벌어질까. 그때도 미국 신문방송들은 하품이나 하고, 미국 사람들은 인터넷에 '한국에서 경찰에게 안 죽는 법' 을 올리며 죽은 사람이 세상물정을 몰라서 당했다고 나무라며 수군거리기나 할까. 정말 그럴까. 아니, 혹시라도 이 나라 신문방송들은 까무러치게 놀라, 정부는 얼른 '특사를 파견' 하여 미국에 '공식 사죄' 하라고 다그치지나 않을까.

나는 지금 그러니까 인터넷에 '미국 경찰에게 안 죽는 법' 이나 올리며, 죽은 사람을 두고 이러니저러니 입방아를 찧은 '보통 사람들' 이 어리석다거나 나쁘다는 뜻으로 이 말을 하는 게 아니다. 그 사람들은 다만 미국 또는 미국 경찰이 만들어 놓은 질서에 잘 적응했을 뿐이고, 이 나라 '사회지도층' 이 이끄는 대로 따랐을 뿐이다. 그러니 무슨 죄가 있을 텐가. 말이야 바른 말이지, 나서서 대놓고 그러든 숨어서 은근히 그러든, 권세 있고 돈 많은 사람들은 무슨 일이 터질 때마다 '약자 나무라기' 또는 '피해자 나무라기' 에 앞장서 오지 않았나. 이 경우 강자 또는 가해자의 행동은 언제나 정당하게 분칠되기 때문에 애당초 비판의 대상이 될 수 없다. 아예 이야깃거리조차 안 되도록, 처음부터 이들은 슬그머니 뒤로 빠지고 약자 또는 피해자들만을 무대 위에 내세운다. 그러면 저절로 객석에 앉아 있는 '당하지 않은 약자' 들은 무대 위의 '당한 약자' 들을 손가락질하며 나무라게 된다.

더 설명이 필요한가? 이를테면 어떤 노동조합이 회사와 정부의 횡포에 맞서 파업을 벌이기로 했다 치자. 그러면 무슨 일이 벌어지겠는가? 먼저 한쪽 싸움 당사자인 사용자나 정부는 재빨리 물러나 무대 뒤로 숨는다. 마치 처음부터 이 일과는 아무 상관이 없다는 듯이. 그리고 신문방송들은 기다렸다는 듯이 노동조합을 나무라기 시작한다. 이때 절대로 빠지지 않는 것이 있다. 정말로 이 일과는 아무 상관없는 시민들을 끌어들여 싸움을 붙이는 것이다. "야, 저놈들 좀 봐. 애매한 시민들을 볼모로 잡고 자기들 잇속을 챙기려고 하네." 이렇게 말이다. 그러면 '애매한 시민' 들은 정말로 그 노조가 자신의 것을 빼앗아 가는 적이라도 되는 것처럼 느껴진다. 그 뒤에 일어나는 일은 다들 짐작하는 바와 같다. 인터넷을 무대로 '파렴치한 귀족노조' 에 대한 성토는 줄을 잇고, 드디어 '여론' 의 공격을 견디다 못한 노조는 힘없이 무너진다. 그때까지 강자들은 무엇을 하느냐고? 그냥 무대 뒤에 숨어서 느긋하게 '약자들끼리 벌이는 싸움' 을 즐기면 된다.

이것이 이 나라 신문방송들이 앞장서 만들어 온 '약자 나무라기' 의 한 모습이다. 백성들은 이들이 만든 덫에 걸려 '다른 약자' 가 곧 자신의 적인 양 착각을 일으킨다. 생각해 보아라. 만약 노조의 파업이 성공하여 부당한 탄압이 없어지고 일하는 환경이 더 좋아지면 어떻게 되겠는가. 그 열매는 시민들이 사이좋게 나누어 가질 수 있다. 아니, 거기까지 생각하지 않아도 좋다. 어떤 경우에도 노조는 다만 사용자를 상대로 싸움을 벌인다. 세상에 어떤 노조도 '애매한 시민들' 에게 싸움을 거는 일 따위는 결코 없다는 뜻이다. 시민들은 그저 구경꾼으로서 양쪽이 왜 싸우는지, 서로 어떤 주장을 하는지 얼마든지 들어 보고 판단할 수 있다. 어느 한쪽을 '성토' 하는 건 그 다음에 해도 늦지 않다는 말이다. 하지만 이 나라 시민들은 여태 단 한 번도 그런 경험을 해 보지 못했다. 문제가 일어나기만 하면 신문방송이 생각할 틈을 주지 않고 몰아친 까닭이다.

약자들끼리 서로 미워하며 싸우게 하는 건 강자들 처지에서는 꿩 먹고 알 먹는 격이요 손 안 대고 코푸는 격이다. 하지만 약자들 처지에서는 스스로 무덤을 파는 꼴이 된다. 호랑이가 토끼를 잡아먹으려고 할 때, 쫓기는 토끼들이 서로 숨겨주고 보듬어 주지는 못할망정 서로를 나무라고 비웃는 데 힘을 쏟는다면, 그런 토끼들에게 앞날은 없다. 더구나 이미 호랑이에게 잡아먹힌 토끼를 손가락질하며 "저건 다 자기 어리석은 탓에 화를 자초한 거야."라고 말하는 건 같은 토끼로서 할 짓이 아니다. 만약에 호랑이가 탐욕스럽고 교활하다면 은근히 그런 싸움을 부추길 것이다. 그런 부추김에 말려들지 않는 것이 토끼가 토끼로서 살아남는 길이다. 우리가 '미국 경찰 무서운 줄 모르고 서툰 짓하다가' 총에 맞아 죽은 청년을 손가락질할 것이 아니라, '다만 자동차 고치는 데 쓰는 쇠막대기를 들고 있다는 까닭으로' 죄 없는 사람을 총으로 쏘아 죽인 미국 경찰에게 왜 그랬느냐고 물어야 하는 까닭이 여기에 있다.

어떤 이는 말할지도 모른다. 그 미국 경찰을 우리가 당장 어떻게 할 수 없으니 우리 스스로 조심할 수밖에 없지 않느냐고. 그럴 듯한 말이지만 옳은 말은 아니다. 당장 어떻게 할 수 없다고 해서 아예 그쪽은 쳐다보지도 않고 우리끼리 옥신각신하고 있으면 백날 천날이 가도 변화는 없다. 당장 어쩔 수 없더라도 할 말은 해야 한다. 그 말에 메아리조차 없다 해도, 그 때문에 말 한 마디 않고 돌아서서 폭력 앞에 스스로 '알아서 기는' 못난 약자의 모습을 보여서는 안 된다. 비록 지금 당장 돌아오는 건 코웃음뿐일지라도 틀린 것은 틀렸다고 말해야 한다. '얻어맞은 약자' 를 보고 왜 조심하지 않았느냐고 말하지 말고, '때린 강자' 를 바라보며 왜 그랬느냐고 말해야 한다.

'약자끼리 벌이는 싸움' 은 문제를 단 한 조각도 풀지 못한다는 점에서 슬프고 헛된 몸부림이다. 어차피 강자들은 세상이 조금이라도 바뀌는 것을 바라지 않을 터이므로, 가만히 앉아서 그들이 자비를 베풀기를 기다리는 것은 배나무 밑에 누워 입 벌리는 것과 다름없다. 문제를 풀려면 약자들이 서로 미워하는 일을 그만두고 싸움을 그치는 수밖에 없는데, 이것이 물론 쉬운 일은 아닐 게다. 오늘 당장 우리 집에서, 우리

일터에서, 우리 모임에서 조그마한 다툼이 일어났을 때, 또는 알게 모르게 서로를 미워하거나 샘을 낼 때, 이것이 혹시 약자들끼리 벌이는 허망한 싸움이 아닌지 되돌아볼 일이다. 내일 당장 내가 우리 아이에게 던지게 될지도 모르는 무심한 말 한마디, "그게 그렇게 억울해? 당한 네가 바보지."나 "너 그렇게 눈치가 없어서 세상 어떻게 살래?" 같은 말 한 마디가 모진 칼날이 되어 약한 마음을 찢어 놓을 수 있다는 것도 새겨볼 일이다.

(《글쓰기》, 2008. 3.)

우리는 바보가 아니다

좀 뜬금없어 보일지 모르지만, 오래 전 내가 중학교 다닐 때 일로 이 글의 허두를 떼 볼까 한다. 어느 날 국어 시간에 어떤 이름난 시인이 썼다는 시 한 편을 배웠는데, 그 가운데 이런 구절이 있었다. 워낙 유명한 시여서 다들 알 것이다.

'한 송이 국화꽃을 피우기 위해 천둥은 먹구름 속에서 또 그렇게 울었나 보다.'

그때 우리 학생들은 거의가 가난한 농촌 아이들이었고, 마침 모진 가뭄이 들어서 내남없이 큰 어려움을 겪고 있을 때였다. 그러니 비를 부르는 천둥 먹구름은 바로 발등의 불이요 목숨줄과도 같지 않았겠나. 당장 논에 선 나락이 죽느냐 사느냐 하는 판이니 말이다. 그런데 뭐라고? 한가하게 '한 송이 국화꽃을 피우기 위해' 천둥 먹구름이 그렇게 운다고? 이건 아무리 애를 써도 도저히 이해할 수 없는 일이었다. 멍하니 앞만 바라보는 내 눈에 '우리 문학사에 길이 남을 수작' 이라고 열을 내어 설명하는 선생님 얼굴이 그때만큼 낯설어 보일 때는 없었다.

그로부터 한참 뒤에는 이런 일도 있었다. 하루는 선생님이 교실에 두고 간 신문을 보았는데, 제목 하나가 확 눈길을 끌었다. 그때는 신문에 한자가 많아서 한글 제목이 유난히 더 눈에 띄었던 것 같다. 그 제목이란, 내 기억이 틀림없다면 이런 거였다.

'날마다 자장면 먹고 뛰어'

내용인즉, 국회의원인지 장관인지는 모르지만 엄청 높은 사람이 어찌나 '서민적' 인지 날마다 자장면을 먹으면서 바쁘게 일한다는 것이었다. 그러니까 값비싼 요리 대신 싸구려 자장면을 먹어서 대단하다는 건데, 이걸 또 나는 도무지 이해할 수 없었다. 나처럼 가난한 시골아이에게 자장면은 고급 중에 고급 음식이었으니 말이다. 어쩌다가 정말로 특별한 날에 한 번 맛보게 되는 그 비싼 자장면을 날마다 먹다니! 그러면서 그걸 '서민적' 이라고 말하다니! 나는 그날 집으로 돌아오는 길 내내 어지러워진 머리를 추스르느라 아주 애를 먹었다.

말이 난 김에 한 가지만 더 이야기해야겠다. 고등학교 다닐 때인 것 같은데, 음악 시간에 '청산에 살리라' 라는 노래를 배웠다. 낮고 느릿한 가락이 마음을 편하게 해 주는 것 같아 열심히 따라 부르긴 했지만, 노랫말이 자꾸 마음에 걸렸다.

'나는 수풀 우거진 청산에 살리라. 세상 번뇌 시름 잊고 청산에 살리라.'

산촌에 살아 본 사람은 다 알겠지만, '수풀 우거진 산' 은 사람이 살 만한 곳이 못 된다. 만약 억지로 그런 곳에 살다가는 오래지 않아 굶어 죽거나 산짐승한테 변을 당할지도 모른다. 꼭 깊은 두메산골이 아니라도 그렇다. 우리 나라 어느 곳에 있는 산이라도 농사꾼이 들어가 살면서 세상 번뇌 시름 따위를 잊기는 어렵다. 시골사람들은 보통 나무를 하거나 나물을 캐거나 밭에서 일을 하려고 산에 가는데, 그러면서 무슨 번뇌와 시름을 잊을 텐가. 오히려 없던 걱정거리도 생기기 쉽지. 산이라고 하는 건 어쩌다 한 번씩 놀러가기에는 좋을지 몰라도 아주 거기서 일하면서 살기엔 알맞지 않은 것이다. 그날 나는 이런저런 생각 때문에 노래에 집중할 수가 없었다.

말이 났으니 말이지마는 '공기 좋고 물 좋은' 산골에 살았으면 좋겠다고 생각하는 사람들은 다 팔자 좋은 도시 사람들이다. 힘들게 농사지으며 산골에서 오래 살아 온 사람들은 열에 아홉은 그곳을 떠나고 싶어 한다. 도시에 살다가 '뜻한 바 있어' 일부러 농사지으러 간 사람이 아니라면, 대개는 죽지 못해 산골에서 땅 파먹으며 산다. 당장 뾰족한 수가 없어 그곳을 떠나지 못할 뿐이다. 끊임없이 농촌과 농촌사람들을 금밖으로 내모는 도시화 · 산업화 사회에서는 그렇지 않은 것이 오히려 이상할지도 모른다. 이런 마음은 아이들이라고 해서 다를 바 없나 보다.

> '우리는 촌에 마로(뭐 하러) 사노? 도시에 가서 살지. 라디오에서 노래하는 것 들으면 참 슬프다. 그런 사람들은 도시에 가서 돈도 많이 벌일 게다. 우리는 이런 데 마로 사노?'
>
> — '일하는 아이들' 에서, 안동 대곡분교 2학년 김종철

선 자리가 다르면 보는 눈도 달라진다. 이건 참 어쩔 수 없는 일인가 보다. 어차피 자신의 눈으로 세상을 보는 사람들에게 그 눈길을 바꾸라고 하기는 어렵겠지. 저마다 자신이 선 자리에서 세상을 보는 것까지 나무랄 수는 없지 않겠나. 그러니까 어떤 시인이 '간밤엔 무서리가 많이 내리고 나는 잠도 한숨 못 잤는데, 그게 다 한 송이 국화꽃을 피우기 위해서야.' 라고 말한대서 우리가 화를 내서는 안 된다. 고관대작들이 자장면 먹고 일했다고 생색을 내면, 자장면조차 배불리 못 먹는 백성들은 기운이 좀 빠지기는 하지만 이 또한 참을 수밖에 없다. 도시 사람들이 '청산에 살리라' 를 노래하며 산골로

몰려든대서 시골 사람들이 그들을 쫓아낼 수 없는 것도 같은 이치다.

하지만 선 자리가 다르다고 해서 남을 업신여기거나 무시해도 될까? 그건 안 될 말이다. 그쪽 사정을 생각지도 않고 내 처지만 드러내어 고집을 부려도 될까? 그것도 안 될 말이다. 무엇보다도 정말 하지 말아야 할 일은 상대에게 '자신의 눈길' 을 강요하는 것이다. 그러니까 말하자면, 시인이 꽃보다 곡식을 더 소중히 여기는 농사꾼을 보고 '국화꽃의 아름다움도 모르는 바보' 라고 비웃거나, 부자가 국수 한 번 실컷 못 사 먹는 가난뱅이한테 '자장면은 싸구려 음식' 이라고 우기거나, 도시 사람이 산골을 떠나고 싶어 하는 토박이더러 '그 좋은 곳을 왜 떠나?' 하고 시비를 걸어서는 안 된다는 뜻이다. 그것이야말로 갈 데 없는 야만이요 폭력이 될 테니까.

얼마 전에는 어떤 고관대작이 몇 천만 원짜리 골프회원권을 '싸구려' 라 했대서 사람들 입방아에 오르내리더니, 요새는 '높은 분' 들 중에 안 한 사람이 거의 없다는 땅 투기가 또 화제다. 그 바람에 나 같은 어리보기도 세상물정을 얼추 알게 됐는데, 이 땅의 부자들과 높은 벼슬아치들은 내남없이 시골 여기저기에 땅을 많이 사 놓고 값이 오르면 되팔아서 한몫 챙기나 보다. 그렇게 땅값을 쥐락펴락하면서 정말로 땅이 필요한 사람 눈에 피눈물을 내는 일은 분명 큰 죄이지만, 그나마 숨어서 쉬쉬하며 하는 일이라면 모른 체해 줄 수도 있다. 그런데 대놓고 그게 '자연을 사랑하는 방식' 이라며 백성들을 가르치려 드는 데 이르면 우리 같은 무지렁이들은 그만 머리가 멍해진다. 여태 바로 그 땅에 발붙이고 살아 왔으면서도 우리는 아직 자연을 사랑하는 법을 못 배웠단 말인가. 그래서 돈이 없어 시골에 땅 한 뼘 못 사 놓은 걸 부끄러워해야 하나. 참으로 놀라운 일이다.

그래도, 바로 그 땅에서 농사지으며 사는 사람들은 손에 흙 한 번 묻히지 않고 땅임자 노릇하는 부자들에게 '농사도 못 짓는 바보' 라고 욕하지 않는다. 오히려 시비를 걸고 드는 쪽은 땅 부자들 쪽이다. 무슨 말이냐고? 나도 들은 얘기지만 며칠 전 어느 '교수님' 이 텔레비전에 나와서 그랬다면서? "우리 현실에서는 땅 투기 안 한 사람이 바보"라고? 믿고 싶지 않지만, 세상은 기어이 이 막다른 곳에까지 와버린 것이나! 아아, 그런 말은 그 '교수님' 이 속한 '상류층' 땅 부자들의 '사교모임' 에 가서 했으면 좋았을 텐데……. 거기서 그런 말을 했다면 좋은 반응을 얻지 않았을까. 하지만 안타깝게도 텔레비전에서 그 말을 하는 바람에 '하류층' 인 우리까지 듣고 말았다.

그들은 이해하기 힘들지 모르지만, 이 나라에는 땅을 무슨 노름밑천쯤으로 아는 투기꾼들만 사는 게 아니다. 곡식과

나물과 짐승과 벌레들이 자라는 땅을, 무엇보다도 사람 목숨을 낳고 지켜 주는 땅을, 만지고 파고 일구고 보듬으며 사는 농사꾼들이 있다. 그리고 그 땅과 농사꾼들을 마음속 깊이 존중하며 사는 보통 백성들이 있다. 바로 그 땅에서 아이들과 함께 뒹굴며 흙냄새를 맡고 싶어 하는 사람들 말이다. 또, 무엇보다도 돈이 없어 땅 투기 같은 건 꿈도 못 꾸는 가난뱅이들도 이 땅에는 많이 있다. 하지만 이들은 바보가 아니다.

다시 한 번 분명히 말하지만 우리는 바보가 아니다.

(《우리말과 삶을 가꾸는 글쓰기》, 2008. 4.)

4. 글쓰기의 민주화

재미있는 농사말

얼마 전에 어떤 농사책을 읽다가 '기비 시비시 퇴구비 시용' 이라는 구절을 보고 어리둥절했던 적이 있다. 한참 만에야 그것이 '밑거름 줄 때 두엄을 쓰자' 는 뜻인 줄을 알았다. 세상에! 어떤 농사꾼이 이런 말을 쓰겠는가.

농사짓는 사람들이 쓰는 말은 아주 깨끗하나. 시저분한 한자말이나 돌온말이 없는 대신 아주 감칠맛 나고 재미있는 토박이말이 많다. 그 사람들이야 어디 가서 유식한 척, 잘난 척할 일이 조금도 없을 테니 그럴 수밖에.

산골 논다랑이는 오밀조밀하다. 좁은 땅을 요리조리 파 일구어 한 치라도 넓은 논을 만들자니 그 모양도 제각각이다. 내 고향에는 '진(긴) 뙈기' 라는 논이 있었는데, 산허리를 빙

둘러가며 만든 논이라 너비는 좁아도 길이는 엄청나게 길었다. 아침에 동쪽 끝에서 논매기를 시작하면 해가 기울어야 서쪽 끝에 닿는다는 말도 허풍만은 아니었다.

'삿갓배미' 라는 말도 재미있다. 어느 농사꾼이 골짝에 다락논을 여러 배미 가지고 있었는데, 그 논이 어찌나 사랑스러운지 일을 마칠 때마다 세어 보는 것을 낙으로 삼았다. 비 오다 갠 어느 날 논매기를 마치고 두렁에 앉아서 "한 배미, 두 배미……." 논을 세어 보던 농사꾼은 깜짝 놀랐다. 논 한 배미가 어디로 갔는지 보이지 않는 것이다. 아무리 찾아 봐도 소용없었다. 발만 동동 구르다가 어두워져서 집으로 가려고 삿갓을 들었더니, 그 속에서 논 한 배미가 나오더라는 것이다.

그래서 산자락에 낀 아주 작은 다랑이를 '삿갓배미' 라 한다. 삿갓으로 덮으면 폭 덮일 만큼 작은 논배미라는 뜻이다. 지지리도 좁은 땅에 살면서 땅을 목숨처럼 귀히 여겼던 우리네 농사꾼이 아니고서는 지어내지도 이해하지도 못할 이름이다.

이와 비슷한 말로 '배꼽도가리' 라는 것이 있다. (논배미를 '논도가리' 라고도 한다.) 평퍼짐한 곳에 이리저리 큰 논을 만들다 보면, 논과 논 사이에 빈 터가 생기는 수가 있다. 이 손바닥만한 땅을 놀리기 아까워 물을 대고 모를 심은 것이 배꼽도가리다. 배꼽처럼 다른 논 사이에 조그맣게 끼어 있다는 뜻이다.

땅 생김새에 맞추어 논을 만들다 보면 별의별 모양이 다 생기게 된다. 장구처럼 가장자리가 넓고 가운데가 좁은 논이 '장구배미' 다. 이것을 '요고전' (허리 있는 북 모양이라는 뜻)이라고 써 놓은 글을 본 적이 있는데, 우리말이라면 무엇이든지 한자말로 옮겨 적어야 직성이 풀리는 사람들이 아직도 많은 것 같다.

장구배미와 반대로 가운데가 볼록한 논이 '술통배미' 다. 장구배미와 술통배미는, 이를테면 서로 궁합이 잘 맞는 짝이라 할 수 있다.

이 밖에도 논바닥이 삐딱하게 기운 논이 '비뚝배미' , 동그스름하고 한쪽 끝이 뾰족하게 생긴 논이 '쪽박도가리' , 뒤는 곧고 앞은 활처럼 휜 논이 '반달도가리' 다. 상주 모심기 소리에 "네가 무슨 반달이냐, 초승달이 반달 되지." 하는 대목이 있는데, 바로 이 반달도가리를 두고 하는 말이다.

논배미(도가리) 이름은 대개 그 생김새를 따라 지어 부르지만, 좀 더 새겨볼 만한 것도 있다. 경상도에 지방에는 '밥논도가리' 와 '죽논도가리' 라는 것이 있는데, 밥을 지어먹고 힘깨나 쓰면서 일군 논이 밥논도가리요, 죽을 쑤어먹고 힘없이 만든 논이 죽논도가리다. 그래서 밥논도가리에서는 소출이 쏠쏠하고 죽논도가리에서는 쭉정이만 나온다. 밥을 배불리

먹지 못하고 일했던 우리 농민들의 설움이 담겨 있는 말이다.

'바래지배미'는 집 앞 가까운 곳에 있는 논을 말한다. 한자말로 쓴다면 '문전옥답' 쯤 되겠는데, 뜻은 그것과 딴판이다. 식구 중에 누군가 장보러 갔다든지 먼 길이라도 떠났을 양이면, 집 앞에서 논을 매는 식구들은 일하다 말고 동네 어귀를 바라보는 일이 잦을 것이다. 만일 집 안에 뉘어 놓은 아기는 아파서 울고, 아버지는 약 지으러 재 너머 용한 의원 찾아갔다면, 아무리 바쁜 농사일이라 한들 어머니는 일손이 잡히겠는가. "하마나 올까, 하마나 올까……." 바라기만 하지. 그래서 바래지논(배미)이다.

그러고 보니 '문전옥답'이라는 한자말은 일 안 하는 땅임자들이 지은 말 같다. 양반이 뒷짐 지고 큰기침하며 팔자걸음으로 문을 나서면 눈앞에 너른 논이 펼쳐지고, 그러면 흥겨워서 넉 자로 된 '문자' 쯤 흥얼거릴 만하지 않은가. 농사꾼이 그런 문자를 쓸 법도 하지 않거니와, 제대로 된 농부라면 집 앞에 있는 논이나 골짝 논이나 똑같이 사랑스럽게 여길 테니 말이다.

옛날 남의 땅 부쳐 먹던 농민들이 부르던 논 이름도 가지가지다. '배메깃논'은 소출을 땅임자와 반반으로 나누는 논이고, '고지논'은 보릿고개에 품삯을 미리 받고 한 해 동안 거저 일해 주는 논이며, '사래논'은 묘지기나 마름이 새경 대신 부쳐 먹는 논이다.

위에 보기를 든 것은 모두 제법 널리 쓰이는 이름, 그러니까 두루이름씨(보통명사)처럼 쓰이는 말이다. 대개는 논이 있는 곳 이름을 따서 '질갯들 긴 배미' '솔안 말가웃지기 도가리' 이런 식으로 부른다. 그러니까 우리 나라 곳곳에 널려 있는 논배미들은 저마다 이름 하나씩 다 가지고 있는 셈이다. 농사짓는 사람들은 그 이름을 부르면서, 마치 논을 친한 벗이나 한 식구처럼 여겼을 것이다.

논배미 이름 말고도 농사짓는 사람들이 쓰는 말을 들어보면 감칠맛 나기가 이를 데 없다. 그래서 농사꾼은 모두 시인이라 할 만하다. 어린이가 모두 시인인 것처럼.

'대문달고개'는 대문을 달아도 좋을 만큼 골이 좁은 고개에 붙인 이름이다. 고갯길이 골짜기를 따라 꼬불꼬불 올라갈 때, 골이 너무 깊어서 양쪽 언덕에 바지게가 부딪혀 거치적거릴 만큼 좁은 길이 있다. 여기에 대문을 달아 놓으면 썩 어울리지 않겠는가. '대문달고개'라는 말을 들으면 재미와 익살과 서글픔을 한꺼번에 느낀다. 서글픔은 왜 느끼는고 하니, 그 좁은 고개를 허위허위 오르내리자니 얼마나 힘들겠나 싶어서 그렇다.

'도둑들'이나 '팔래걸이'는 물싸움 때문에 생긴 이름이다. 여름 가뭄에 바짝바짝 타 들어가는 논을 보다 못해 남의 물꼬를 터서 물도둑질한 내력이 있는 들에는 영락없이 '도둑들' 이라는 이름이 붙고, 그러다가 팔을 걷어붙이고 싸움이라도 한바탕 하고 나면 '팔래걸이' 가 된다. 말 없는 들이야 무슨 죄가 있으리요마는, 들도 사람이 있고서야 제구실을 하니 어쩌랴.

'길마(질매)재' 라는 이름은 매우 흔한데, 고갯마루가 양쪽 산등성이보다 높아서 마치 소 길마처럼 생긴 재를 가리키는 말이다. 그러고 보니 길마에 딸린 이름도 재미있고 아기자기하다. 껑거리끈, 껑거릿대, 언치, 겉언치, 배때끈, 궁글대……. 이 말맛을 어찌 싱거운 한자말에 견주랴.

산등성이가 가파르게 흘러내리며 어름어름에 모롱이가 발끈발끈 솟은 산을 '뚝딱비알' 또는 '뚝딱미기' 라고 한다. 듣다 보면 산이 꼭대기에서 뚝딱뚝딱 떨어지는 듯한 모양이 눈에 보이는 듯하다.

'댕댕이고개' 도 재미있는데, 알고 보니 댕댕이풀이 많이 난다고 해서 붙인 이름이다. 이와 같은 말로 '따박골' 과 '모드랙들' 이 있다. 따박골은 딸기가 많이 나는 골이요, 모드랙들은 모드라기풀이 많이 나는 들이다.

길마재처럼 생긴 모양이나 성질에 따라 붙인 이름으로는 꼽장골, 지질메, 들백이, 밀개등 같은 것이 있다. 꼽장골은 곱사등이처럼 생긴 골이요, 지질메는 진흙이 많은 산이다. 들백이는 들어얹힌 듯한 모양의 언덕이고, 밀개등은 밀개(고무래) 모양의 등성이를 이르는 말이다. 또 비탈진 골짝을 '삐둑골' 이라 하고, 물 많고 기름진 들을 '구렛들' 이라 하며, 납작하게 가라앉은 들을 '나박들' 이라 하는 것도 같은 이치다.

'성냥골' 은 뭔가 했더니, 옛날에 대장간이 있던 골을 그렇게 불렀다. 대장간을 성냥간, 대장일을 성냥일이라 하니 그럴 듯하다. 불 켜는 성냥도 여기서 나온 말일까?

'쿵쿵미' 는 땅거죽이 굳고 속은 성기어 뛰면 쿵쿵 소리가 나는 곳을 일컫는다. '길발패' 는 사람들이 지름길로 밟고 다니는 밭을 말한다. 이런 밭 임자는 속상하겠다.

농사짓는 사람들은 재미있고 고운 말을 아주 쉽게 쓴다. 나 같은 사람이 이런 걸 보고 무슨 대단한 발견이라도 한 양 떠드는 것은 여태 맛없는 한자말에 길들여진 탓이다.

우리말을 지키는 일은 아주 쉽다. 말을 새로 만들거나 찾아낼 것이 아니라, 어려운 말을 안 쓰면 되는 것이다. 그러니 얼마나 쉬운가.

(《우리말 우리글》, 1995. 2.)

말 병, 마음 병

오늘은 옛이야기나 한 자리 할까?

옛날에 문자 쓰기 좋아하는 사위가 처가엘 갔대나 봐. 가서, 밥에 떡에 술에 암탉 잡아 주는 것까지 잘 얻어먹고 잠을 잤지. 뭐 시골 살림에 방이나 많았겠나? 장인영감 자는 방에 같이 잤단 말이야. 그런데, 자다가 그만 일이 났네. 범이 와서 장인영감을 물어가더라 이 말이야. 옛날에야 그런 일이 더러 있었다고 그러지 않나.

아, 이 사위가 혼이 다 빠졌어. 빨리 사람들을 불러 모아서 제 장인을 구해야 할 판이거든. 그런데 제 버릇 남 못 준다고, 밖에 뛰쳐나가 크게 왼다는 말이,

"원산맹호가 래오처가하야 오지장인을 착거하니 유창자

는 지창래하고 유총자는 지총래하고 유궁시자는 지궁시래하되 무창무총무궁시자는 지장래하라. 속속래구요, 속속래구요."

이랬다지 뭐야. 그러니까 이게 무슨 뜻이냐? 먼 산에 사는 사나운 범이 제 처가에 와서 제 장인을 잡아가니 창 있는 사람은 창을 가지고 오고, 총 있는 사람은 총을 가지고 오고, 활 있는 사람은 활을 가지고 오되, 창도 총도 활도 없는 사람은 작대기를 가지고 오너라, 빨리 와서 구해 다오, 뭐 이런 뜻 아니겠나?

아, 이래 놓으니 어느 시러배아들놈이 오겠나? 밖에서 무슨 소리가 들리긴 하는데, 무슨 말인지 도통 알아들어야 오든지 말든지 하지. 그래서 한 사람도 안 왔어. 아무도 안 오니까 장인은 속절없이 범한테 물려가고 말았지.

그 다음날 동네 사람들이 와서 이 사위를 족쳤어. 그래, 장인영감이 범한테 물려 가는 걸 보고도 구경만 하고 있었느냐 이렇게 말이야. 그랬더니 사위가 이러이러하게 소리쳤는데도 아무도 안 오더라고 그러거든. 동네 사람들이 가만히 들어보니 참 같잖아서 말도 안 나와. 그냥 '사람 살려!' 하면 될 것을 그따위 문자를 줄줄 늘어놓고 앉았다니 뭐 이런 놈이 다 있나 싶거든.

"아 그래, 장인영감이 범한테 물려 가는 판인데 문자를 쓰고 있었어? 이 오라질 놈아."

동네 사람들이 화가 나서 이놈의 사위한테 몰매를 갖다 안겼어. 그랬더니 이놈의 사위가 한다는 말이,

"에구 에구, 차후로는 불용문자하오리다."

하더라나. 이제부터는 문자를 안 쓰겠다는 말이지. 아주 문자가 뼛속까지 들어차서 그게 병이 되어서 도저히 안 되겠더래.

별로 재미도 없는 이야기를 요란하게 해서 미안하다. 그런데 가만히 생각해 보면 이런 사람이 옛날에만 있었던 게 아니라 요새도 있는 것 같다. 그 왜 "사람은 언제 어디서나 혼자서는 살 수 없다."고 하면 될 것을, 일부러 "사회적 존재로서의 인간은 시간적으로나 공간적으로 고립되어 생존할 수 없다."고 말하는 사람들 있지 않나.

이런 이야기하면 틀림없이 "또 시시콜콜 말 한마디 가지고 따지자는 거냐. 지겹다 지겨워." 하시는 분들도 있을 것이다. 하기야 말이 뭐 대수겠는가. 생각만 바르면 되지. 그런데 문제는 말이 바르지 않고서는 생각도 바를 수가 없다는 데 있다. 이를테면 우리가 무심코 듣기에 '사람은……'으로 시작되는 말보다 '사회적 존재로서의……'로 시작되는 말이 느낌이 더 좋다면, 이미 우리는 알게 모르게 남의 것을 좇아가

는 마음에 젖어들고 있는지도 모른다는 것이다. 제 것을 깔보고 남의 것을 좇아가다 보면 끝내 종살이 버릇에서 벗어날 수 없게 된다. 말 한 마디야 아무 것도 아닐 수 있지만, 그 말을 쓰는 사람의 마음은 아무 것도 아닐 수 없으니까.

말과 글을 바르게 하는 일이 힘들다면, 그건 뭔가 잘못되어도 한참 잘못된 일이 아닌가? 힘들이지 않고 말하는 것이 그대로 바른 글이 되어야 하지 않겠나? 그런데도, 사실 나 같은 사람은 말을 바르게 하고 글을 바르게 쓰는 일이 힘들다. 아마 여러분도 나와 같을 것이다. 이건 우리가 어려서부터 잘못 배운 탓이다. 그렇다고 우리가 "아이고, 그렇게 힘든 일을 구태여 따져 가면서 해야 하나? 그냥 배운 대로 하면 되지." 하고 한숨을 쉬는 동안에도 우리말이 병들고 우리 마음이 병들어가고 있다고 한다면, 내가 너무 엄살을 떠는 것인가?

(《글쓰기》, 1996. 12.)

메밀나물과 우리말

오늘도 옛이야기나 한 자리 하지. 옛날에 어떤 시골 사람이 서울 구경을 갔어. 여기저기 구경하며 돌아다니다 보니 풀을 파는 가게가 있거든. 소여물도 팔고 약풀도 팔고 하는 곳인데, 가만히 보니까 연한 메밀나물을 팔고 있더래. 마침 배가 잔뜩 고프던 참이라 그걸 한 바가지 사서 먹었어. 메밀나물이야 장에 무쳐 반찬으로도 먹고 국 끓일 때 넣어 먹기도 하니까, 그냥 먹어도 요기는 되겠다 싶었던 게지. 그런데 그 꼴을 보고 있던 서울양반이 배를 잡고 웃어대네.

"하하하. 저 바보천치 같은 시골뜨기가 풀을 다 먹네그려. 세상에 풀을 사서 먹는 놈은 머리털 나고 처음 봤다. 아이고 우스워라. 너무 웃었더니 신경통이 도지는구나."

바보천치 같기로 말하면 서울양반이 더하지. 사람이 먹을 수 있는 풀이 있다는 것도 모르고 남을 마구 놀려대는 게 진짜 바보가 아니고 뭐겠어? 시골 사람이 되레 놀려 줄 양으로 슬슬 의뭉을 떨었지.

"서울양반님이 뭘 모르시나 본데, 이 풀이 다 약이 된답니다. 그 가운데 저 질경이풀은 신경통에 그만이지요."

신경통에 좋다는 말을 들으니 서울양반 귀가 번쩍 띄었나 보네.

"뭐라고? 신경통에 좋다고? 그럼 어디 먹어 볼까."

서울양반이 질경이풀을 한 바가지 사서, 그 떫고 쓰고 아린 걸 우걱우걱 입에다 쑤셔 넣으니까, 이번에는 시골 사람이 배를 잡고 웃어대겠지.

"아이고 우스워라. 나야 사람이 먹는 메밀나물을 먹었지만, 똑똑하신 서울양반님이 어찌 당치도 않는 말에 속아서 토끼나 먹는 질경이풀을 잡수십니까?"

서울양반이 그제야 속은 걸 알고 얼굴이 벌개져서 줄행랑을 놓더라, 그런 이야기가 있어.

이 이야기는 잘 알지도 못하면서 공연히 으스대는 사람을 은근히 놀려주고 있는 것이지만, 우리는 여기서 눈이 번쩍 띄는 가르침을 하나 더 얻을 수 있다. 나와 다른 것을 인정하라는 가르침을.

이 이야기에 나오는 서울양반처럼, 뭐 좀 있거나 아는 사람일수록 자기네와 다른 걸 못 봐 주는가 보다. 자기네와 다르면 곧 틀린 거라고 생각하니 말이다. 그래서 애매한 사람들을, 다만 생각이 다르고 행동거지가 다르고 풍습이 다르다는 까닭만으로 구박하며 자기네를 닮으라고 윽박지르지 않나. 이런 잘못은 대개 가진 사람들이 못 가진 사람들에게, 힘센 사람들이 약한 사람들에게, 아는 사람들이 모르는 사람들에게 저지른다. 힘센 나라가 작은 나라를 윽박지르는 것이나, 백인들이 유색인종을 얕잡아보는 것이나, 어른들이 아이들을 들들 볶는 것에는 다 이런 잘못된 생각을 바탕에 깔려 있다.

때로는 힘센 쪽이 그런 편견을 가지고 윽박지를 때 약한 쪽이 그만 제풀에 넘어가 버리는 수가 있다. 아주 속속들이 넘어가 버리는 수가 있다. 앞 이야기로 예를 들자면 시골 사람이 '아이고 부끄러워라. 메밀나물을 먹다니! 나는 정말 야만스러운 시골뜨기야. 이제부터는 교양 있는 서울양반님을 본받아야지.' 이렇게 생각해 버리는 경우다. 종살이 버릇이 바로 여기에서 시작된다.

요새 어떤 우리 나라 사람들은 영어를 공용어로 쓰자고 주장하나 본데, 그런 주장을 하는 사람들이 제발 정신 차렸으면 한다. 또 그런 주장에 귀가 솔깃해지는 사람들도 제발 정신 차렸으면 한다. 두 말할 나위도 없이 문화라고 하는 것은, 더구나 말과 글은 나라마다 겨레마다 달라야 한다. 그리고 서로가 다른 것을 인정해 줘야 한다. 시골 사람이 메밀나물을 먹는다고 비웃는 서울양반도 잘못이지만, 만약에 그런 서울양반을 무작정 따르는 시골 사람이 있다면 더 큰 잘못이다.

영어를 공용어로 쓰자는 주장 따위는 너무 어이없는 것이라 거들떠볼 필요조차 없을지 모르지만, 우리가 그렇게 외면하고 있는 동안 그런 어이없는 주장이 점점 힘을 얻게 될까 걱정이다. 마치 서울 갔다 온 몇몇 사람들이 떠드는 말만 듣고 '아, 우리가 이렇게 메밀나물을 먹고 있다가는 언제까지나 서울양반님을 따라갈 수 없겠구나. 어서 빨리 메밀나물 대신에 서울양반님들이 먹는 것을 따라 먹어야겠네.' 이렇게 생각하는 시골 사람들이 늘어나는 것처럼.

앞 이야기에서 메밀나물은 시골 사람들의 자존심만이 아니다. 자존심 따위는 사실 사치스러운 것이다. 메밀나물을 잃는 순간 시골 사람들은 삶을 잃어버릴 것이다. 그리고 둘 중 어느 한 길로 가야 할 것이다. 아예 서울양반이 되든지, 아니면 서울양반의 종살이를 하든지.

시골 사람들의 메밀나물은, 우리에게는 말과 글의 상징이다.

(《글쓰기》, 1998. 9.)

점, 뗑, 닷?

컴퓨터 없이는 못 사는 세상이다. 더 정확하게 말하면 인터넷의 도움 없이는 일을 제대로 할 수 없는 세상이다. 인터넷으로 정보를 찾고 돈을 벌고 물건을 사고 이야기를 하고 소식을 주고받는 일이 이제는 조금도 낯설지 않게 되었다. 그러다 보니 인터넷과 관계되는 말이 많이 생겨났다. 그런 말은 다 미국말(영어가 아니다)로 되어 있는데, 우리 나라 사람들도 우리말로 옮기지 않고 거의 그대로 쓰고 있다. 그 가운데에서도 '-닷컴' 이라는 말이 생겨나서 빠르게 번지고 있다.

'-닷컴' 은 로마자 '-.com' 을 미국말 소리 그대로 적은 말이다. 앞에 고유한 이름이 붙고 점을 하나 찍고 그 뒤에 '컴' 이라는 말을 붙이는 것이 인터넷 주소로 많이 쓰인다고 해서 이런 말이 생겼나 보다. 점을 굳이 미국말 소리 그대로 '닷' 이라 한 것이 참 우습다. 낱말이랄 수도 없는 이런 괴상한 말이 별다른 저항 없이 빠르게 번지는 것을 보니, 그 동안 우리가 미국말 버릇에 얼마나 익숙해져 왔는지 알겠다.

한때는 점을 '뗑'이라고 하는 사람들이 많았다. 해방 뒤에 태어난 나는 한참 동안 이것이 일본말인 줄 몰랐다. 동네 아주머니들은 물방울무늬를 '뗑뗑이 무늬'라고 했고, 선생님들은 칠판에 점을 여러 개 찍어 놓고 "뗑뗑뗑……."이라고 말했다. 아직도 '뗑'은 우리 둘레에서 사라지지 않고 있다. '뗑' 때문에 '점'이 사라지지 않은 것이 다행이라면 다행이다.

그러던 것이 이제는 '닷'이 '점'과 '뗑'을 대신하여 인터넷시대를 주름잡고 있으니 씁쓸하다. '-닷컴'과 같은 말이 고유한 뜻을 가진 낱말이고, 우리말로 옮기기가 어려워서 그대로 쓸 수밖에 없는 형편이라면 누가 뭐라나. '점'을 '닷'으로 바꾼 것 말고는 아무런 뜻도 마땅함도 없기에 하는 말이다. 이건 그저 미국말을 빌려 쓰면 뭔가 '있어 보이기' 때문에, 그런 치장으로 일반 백성들을 속여서 행세를 하든가 돈을 벌려고 그러는 거지, 뭐 다른 까닭이 있을 것 같지 않다.

이런 일을 누가 꾸미고 퍼뜨리는가? 다 권세 있고 많이 가진 사람들이 백성들을 속이려는 엉큼한 속셈이나 장삿속으로 꾸미고 퍼뜨린다. 옛날 우리가 중국의 영향을 받던 시절에는 한문이나 한자말을 써서 잇속을 챙기고 행세하던 사람들이 있었다. 일본의 지배를 받던 시절에는 일본글 일본말을 앞장서 퍼뜨리고 써서 잘 먹고 잘 살던 사람들이 있었고. 이제 세상이 미국을 중심으로 돌아가니까 미국글자와 미국말로 한몫 챙기려는 사람들이 득시글거린다.

'점' 과 '뗑' 과 '닷' 에는 우리말과 우리글의 이런 씁쓸한 역사가 숨어 있다. 모르긴 몰라도 한자말 '점' 이 널리 쓰이기 전에는 그 말을 대신할 우리 토박이말이 있었을 것이다. 그러다가 '점' 이 그 말을 밀어내고 그 자리를 빼앗았을 것이다. 이제 그만하면 됐다. '점' 이 '뗑' 에게, '뗑' 이 '닷' 에게 자리를 내주는 못난 역사를 되풀이해서는 안 된다. 우리 모두 정신 똑바로 차리고 '점' 을 지키자.

(《우리말 우리 얼》, 2000. 4.)

쉬운 말과 글로 좋은 세상 만들기

바야흐로 서기 이천 년, 이 땅에 우리말이 있어 온 지는 몇 만 년이고 한글이 생긴 지는 오백 년이 넘는다. 지금 바로 이 땅에 어떤 일이 일어나고 있는지, 이른바 '미래의 주인공' 들이 공부하고 있는 초등학교 교실을 들여다보자. 그 많은 학교 가운데 어느 곳을 들여다볼까 걱정할 필요는 조금도 없다. 백령도에서 제주도까지, 이 땅의 학교란 그 모습이 틀에 찍은 국화빵처럼 다 비슷비슷하니까.

장면 하나

국어 시간에 아이들이 교과서에 실린 글을 읽고 있다. 아이들은 글을 읽다가 뜻을 잘 모르는 낱말이 나오면 교사에게 묻고, 교사는 그 뜻을 풀어 준다.

"선생님, '신뢰한다' 는 무슨 뜻이죠?"

"응, 그건 믿는다는 뜻이다."

"여기 '지속적으로' 는요?"

"그건 '끊임없이' 로 풀면 되겠는데."

"이런 말도 있어요. '의외의 조우' 요."

"뜻밖에 맞닥뜨렸다는 뜻이로구나."

"선생님, 마치 외국말을 번역하는 것 같아요. 이걸 다 그냥 쉬운 우리말로 쓰면 안 되나요?"

"……."

장면 둘

여기도 국어 시간. 아이들이 말의 예의범절을 배우고 있다. 교사는 목청을 높여 열심으로 가르친다.

"어른이 사는 집은 '집' 이라고 하면 안 돼. 반드시 높여서 '댁(宅)' 이라고 해야 한다. 어른의 나이는 연세(年歲)나 춘추(春秋)라고 하고, 어른의 이름은 함자(銜字)라고 해야 돼. 그리고 어른이 술을 마셨으면 '약주(藥酒)를 드셨다' 고 하는 법이다. 어른이 아플 때는 '병환(病患)이 나셨다' 고 하고, 밖에 나갔으면 '출타(出他)하셨다' 고 하지."

"휴, 어려워. 선생님, 낮추는 말은 다 쉬운데 높이는 말은 왜 다 어렵죠?"

"……."

장면 셋

여기서는 교사가 아이들에게 한자를 배워야 하는 까닭을 설명하고 있다.

"한자를 모르면 우리말을 제대로 쓸 수가 없어. 가령 '방화' 라고 하는 낱말을 보면 말이지, 여기에는 불을 놓는다(지른다)는 뜻도 있고 불을 막는다(끈다)는 뜻도 있거든. 놓을 방(放)자를 쓰면 불을 놓는다는 뜻이고 막을 방(防)자를 쓰면 불을 막는다는 뜻이 되는데, 한자를 모르면 그걸 구별 못하지."

"선생님, 그러면 아예 '방화' 라는 말 대신에 '불놓기(불지르기)' 나 '불막기(불끄기)' 를 쓰면 안 되나요? 그러면 따로 한자를 안 배워도 될 텐데……."

"……."

위에 든 장면은 모두 상상해서 만들어 본 모습이지만, 실제로 이와 비슷한 일은 얼마든지 일어나고 있다. 결국 아이들은 학교에서 두 가지 말을 배우는 셈이다. 토박이말과 한자말. 토박이말은 보통 입으로 지껄이는 말(입말)이요, 삶 가까이 있어 몸으로 익힐 수 있는 쉬운 말이다. 한자말은 대개 말보다는 글에서 쓰는 말(글말)이요, 일부러 공을 들여 배워야 하는 어려운 말이다. 오늘날 이 땅의 아이들은 이 두 가지 말을 다 배워야 한다. 이만저만한 교육력의 낭비가 아니다.

예를 들면 이렇다. 아이가 태어나 자라면서 모국어로 익히는 말 '풀뿌리' 와 '나무껍질' 은 일부러 공을 들여 배워야 하는 어려운 말이 아니다. 아이는 자연스럽게 이 토박이말을 익혀서 삶 속에서 불편 없이 쓰게 된다. 그런데 학교에 가면 '초근(草根)' 과 '목피(木皮)' 라는 한자말을 새로 배워야 한다. 이 말은 입말로는 거의 쓰이지 아니하고 글말로만 쓰이며, 배워서 편리하다기보다는 오히려 거추장스러운 짐이 된다. 삶 속에는 쓰이지 아니하지만 특별한 글을 읽거나 시험을 볼 때는 필요하기 때문에 버릴 수도 없다. 한 가지 사물을 두고, '실제로 쓰는 말' 과 '쓰지는 않지만 알고는 있어야 하는 말' , 이 두 가지를 다 배워야 하는 것이다. 이 얼마나 심한 교육력의 낭비인가.

본디 하나였던 말이 입말과 글말로 갈라서게 된 까닭은 사람들의 욕심 때문이다. 남을 다스리는 사람들과 남보다 더 많이 가진 사람들이 그들의 자리를 굳건히 지키려고 말에 권위를 불어넣으면서 이른바 '지배언어' 라는 것이 생겼다. 왕조시대의 임금과 벼슬아치들은 그들이 다스리는 백성들의 말과는 다른, 그들만의 말을 만들어냄으로써 권위를 지키려고 했다. 우리 나라의 경우 그 말이 바로 한자말이요 글말이다.

오늘날에도 남을 다스리는 사람들과 남보다 많이 가진 사람들은 종종 남과 다르고, 남이 쉽게 알 수 없는 말을 써서 그 권위를 지키려고 한다. 정부 관리들의 공문서가 그러하고 법관의 판결문이 그러하며 학자들의 학술논문이 그러하다. 백성들이 '높실 사는 사람' 이라고 말할 때 정부 관리들은 '고곡리(高谷里) 주민' 이라고 말한다. 시민들이 '뉘우치는 기색' 이라고 말할 때 법관들은 '개전(改悛)의 정' 이라고 말한다. 보통 사람들이 '함께 사는 사람' 이라고 말할 때 학자들은 '사회적 존재(社會的 存在)로서의 인간(人間)' 이라고 말한다.

가만히 들여다보면 이 말들은 토박이말을 그저 한자말로 바꾼 데 지나지 않는다. 그런데도 남을 다스리는 이들과 남보다 많이 가진 이들은 그들의 권위가 실린 한자말을 고급말로 대접함으로써, 끝내 토박이말을 저급한 말로 만들어버렸다. 오늘날에는 한자말이 차지하는 자리에 서양말이 대신 들어서기도 하지만, 어쨌든 토박이말은 다만 보통 백성들이 쓰는 말이라는 까닭으로 천대받게 된 것이다.

아이들이 학교에서 두 가지 말을 배우고 평생 그 굴레에서 벗어나지 못하는 까닭이 여기에 있다. 이들이 배운 두 가지 말은 각각 그 쓰임이 다르다. 쉬운 우리말은 다른 사람과 말을 주고받을 때, 보통 격식 없는 글을 쓸 때, 그 밖에 거의 모든 일상의 삶 속에서 두루 쓰인다. 하지만 어렵게 배운 한자말은 시험을 칠 때, 또는 정부 공문서나 판결문이나 학술논문 같은 특별한 글을 쓸 때 가끔 쓰일 뿐이다.

그렇다면 해답은 분명해졌다. 누구든지 글을 쓰거나 말을 할 때 쉬운 우리말로 글을 쓰고 말을 하면 된다. 한자말이라도 대신 쓸 우리말이 없는 경우라면 마땅히 우리말로 대접하여 쓰면 된다. 정부 공문서고 판결문이고 학술논문이고 모두 그런 쉬운 말로 쓰면 되는 것이다. 그렇게만 된다면 '쓰지는 않되 알고는 있어야 하는' 어려운 말은 저절로 사라질 것이요, 사라진 말은 시험에도 나오지 않을 터이니 아이들은 학교에서 그런 말을 따로 배울 필요가 없을 것 아닌가.

말과 글이 쉬워지면 세상이 평등해진다. 누구든지 같은 말을 하고 누구든지 글을 쓰거나 읽고 새기는 데 어려움이 없으면 사람 사이도 가까워질 것이기 때문이다. 멀지 않은 장래에 우리가 들여다볼 초등학교 교실은 이런 모습이었으면 좋겠다.

장면 넷

여기도 국어 시간이다.

"자, 오늘은 뭐든지 재미있게 읽은 글이 있으면 가져와서 소개하기로 했지? 누가 어떤 글을 가져왔는지 볼까?"

"저는 우리 옆집 할머니가 살아온 이야기를 쓴 글을 받아 왔어요. 고생하신 이야기가 너무 감동스러웠어요."

"저는 신문에 난 글을 가져왔어요. 아파트 경비실에서 일하는 분이 쓴 '낯선 사람을 웃으며 맞자' 라는 글인데 아주 좋아요."

"이건 우리 동네 국회의원한테 부탁해서 받은 글이에요. 우리 고장 역사 이야기죠."

"그래? 글 속에 어려운 말은 없더냐?"

"전혀요. 아주 쉽고 재미있었어요."

(《남해화학》, 2000. 9.)

겹말,
어떻게 할 것인가?

'역전 앞' 처럼 똑같거나 비슷한 뜻인데 쓸데없이 겹쳐 쓰는 말이 겹말이다. 겹말을 함부로 쓰는 것은 말법에 어긋날 뿐 아니라 말맛이 어수선해져서 못 쓴다. 그래서 될 수 있는 대로 겹말은 안 쓰는 게 좋다.

그런데 가만히 생각해 보면 겹말도 말이다. 말이라고 하는 것은 어느 때나 필요해서 생기는 것이다. 아무런 까닭 없이 생기는 말은 없다. 겹말도 틀림없이 그만한 까닭이 있어서 생겼을 것이다. 그러니 덮어놓고 겹말을 쓰지 말자고만 주장하는 것은 별로 도움이 안 된다. 겹말이 왜 생겼는가를 따져보는 것이 우선 긴요하고, 그렇게 따지다 보면 어떻게 해야 할지 그 길도 보일 것이다.

겹말은 대체 왜 생겼을까? 이것을 따져보기 전에 먼저 겹말의 겉모습부터 살펴보자. 다음에 보기로 든 말은 내가 지난 일 년 동안 시시때때로 듣고 겹말이라고 판단해서 받아 적어 놓은 것이다. 대부분 일상 속에서 주고받는 말이지만, 방송에서 들은 말도 있고 글에서 읽은 말도 있다. 또 어떤 겹말에서 암시를 받아 비슷한 말을 떠올린 것도 있다. 우선 겉으로 드러난 짜임을 살펴보자.

(1) 이름씨+이름씨꼴 : 고목나무, 국화꽃(채송화꽃), 글모음집, 경필 쓰기, 기간 동안, 함성 소리(원성 소리, 음성 소리), 냉수물(온수물, 육수물), 다시국물, 대로길(소로길, 철로길), 전구다마, 동해바다(서해바다), 목기그릇(유기그릇, 제기그릇), 새벽 여명, 청천 하늘, 생일날(기념일날, 7일날), 선줄, 와이어줄, 아침조회(아침조례), 안속, 역전 앞, 옥상 위(단상 위), 외갓집(치갓집, 초가집), 저녁 석양, 증조할아버지(고조할아버지)

(2) 이름씨+토씨꼴 : 매일마다(매주마다, 매월마다)

(3) 그림씨+이름씨꼴 : 푸른 창공, 넓은 광장, 좁은 협곡, 남은 여생, 야심한 밤

(4) 어찌씨+풀이씨꼴 : 굉장히 크다, 다시 재론한다, 오른쪽으로 우회전한다(왼쪽으로 좌회전한다), 가까이 접

근한다, 아직 미완성이다

이름씨와 이름씨가 겹쳐서 된 겹말이 가장 많지만, 여기에 뚜렷한 까닭이 있는 것 같지는 않다. 그런 말이 가장 흔하니까 그렇겠지. 그런데 이것을 다른 기준에 따라 나누어 보면 뚜렷이 드러나는 것이 있다.

(1) 우리말+우리말꼴 : 안속

(2) 들온말+들온말꼴 : 전구다마

(3) 우리말+들온말꼴 : 나머지 모두

한자말도 우선 들온말로 본다면, 겹말은 거의가 우리말과 들온말이 겹쳐서 생긴다는 것을 알았다. 우리말과 우리말, 또는 들온말과 들온말이 겹쳐서 생기는 겹말은 거의 없다고 봐도 좋겠다. 우리말과 들온말이 겹친 말 중에는 두 말할 나위도 없이 한자말과 겹친 것이 가장 많다. 위의 보기에서 '다시국물' 과 '와이어줄' 을 빼면 모두 '우리말+한자말' 꼴이다.

이제 우리는 겹말의 대부분이 우리말과 한자말이 겹쳐져서 생긴다는 것을 알았다. 왜 이런 경우에 겹말이 자주 생기는 것일까?

가령 '역전 앞' 이라는 말이 생긴 과정을 짐작해 보자. 이

때 '역 앞' 이라는 말이 쓰이다가 뭔가 미심쩍어서 그 사이에 '전' 이 끼어들었다고 보기는 어렵다. 틀림없이 '역전' 이라는 말이 먼저 있었고, 그것이 뭔가 모자란다고 여겨서 그 뒤에 '앞' 이라는 말이 덧붙었을 것이다. 다시 말해서, 한자말만으로는 모자라고 무엇인가 더 필요해서 우리말이 덧붙은 것이다. 도대체 무엇이 모자랐던 것일까?

사람들은 '역전' 이라는 말에서 '역 앞' 이라는 뜻을 얼른 느끼기 어려웠다. '역' 은 아무런 문제가 없지만 '전' 은 그 뜻을 뚜렷이 전달하는 데 실패한 것이다. 뜻이 분명하지 않으니까 무슨 말이라도 덧붙여서 뜻을 분명히 할 필요를 느꼈고, 그래서 '역전 앞' 이 탄생한 것이다.

'고목나무' 도 매한가지다. 먼저 '고나무' 라는 말이 있다가 그 사이에 '목' 이 끼어든 게 아니라, '고목' 이라는 말이 쓰이다가 '나무' 라는 말이 덧붙은 것이다. '고목' 만 가지고는 나무의 느낌이 뚜렷하지 않으니까, 아예 '나무' 라는 말을 덧붙여서 뜻을 분명히 한 것이다.

이제 우리는 겹말이 생긴 까닭을 알았다. 한자말만으로는 뜻이 불분명했기 때문이다. 한자말은 지배층이 쓰고 퍼뜨린 말이다. 백성들은 평소에 이런 말을 배우지도 않고 쓰지도 않았다. 그래서 도무지 낯설고 뜻이 잘 전달되지 않으니까 우리말을 덧붙여 뜻이 분명한 말을 만들었다. 이것이 겹말이다.

이래서 겹말은 백성들의 말이요, 한자말에 우리말의 옷을 입힌 말이다.

그런데 여기서 한 가지 더 생각해 봐야 할 것이 있다. '역전' 이라는 말이 처음 나올 때, 과연 그 말을 대신할 우리말이 없었던 것일까? 아니다. 틀림없이 '역 앞' 이라는 말이 쓰이고 있었을 것이다. '고목' 이라는 말도 '늙은 나무' 라는 말이 아예 없어서 생긴 거라고 믿기는 어렵다. 엄연히 우리말이 있는데도 불필요하게 한자말이 생겼고, 이런 말이 자꾸 쓰이니까 뜻을 분명히 하려고 우리말을 덧씌워 겹말을 만든 것이 틀림없다.

겹말은 분명 기형이다. 그렇지만 그 배경에는 한자말을 우리말처럼 만들려는 '못 배운 사람들' 의 눈물겨운 안간힘이 숨어 있다. '유식한 사람들' 은 본디 쓰이던 우리말에 한자말을 덧씌워 겹말을 만드는 따위의 번거로운 일은 하지 않았다. 그럴 필요가 있는가? 그 사람들은 단호하게 우리말을 버리고, 그 자리에 새로운 한자말을 만들어 놨을 뿐이다. 그 한자말에는 권위와 힘이 실려 있어서 금방 널리 퍼져나갔다. 그러나 백성들은 그 말을 그대로 받아 쓰지 못했다. 늘 우리말만 써 오던 사람들은 한자말의 소리만 듣고 그 뜻을 도무지 떠올리지 못했고, 답답한 나머지 우리말을 덧씌워 겹말을 만들어냈다.

이제 우리가 대답할 차례다. 그러면 이 겹말을 어떻게 할 것인가? 기형이라 해서 천대하고 업신여기기는 쉽다. 그러나 그것은 현명한 일이 아니다. 또 그렇게 한다고 해서 쉽게 없어질 말도 아니다. 가장 좋은 길은, 두 말할 나위도 없이 한자말을 쓰지 않는 것이다. 그렇게만 된다면 겹말은 저절로 사라질 것이다. 만약 아무도 '역전' 과 '고목' 이라는 말을 쓰지 않는다면 '역전 앞' 과 '고목나무' 도 저절로 없어질 거라는 말이다. 그러나 이것을 바라기는 어렵다.

그러면 어떻게 해야 하나? 내 생각에는 겹말 대신 우리말을 쓰기로 힘쓰되, 마땅한 우리말이 없거나 이미 너무 굳어져서 자연스럽게 쓸 수 있는 겹말이라면 온전한 우리말로 대접해서 쓰는 것이 온당하다고 본다. 위에서 보기로 든 겹말을 가지고, 쓰지 말아야 할 것과 써도 좋을 것을 가려 보기로 한다.

(1) 쓰지 말아야 할 겹말(화살표 다음은 대신 쓸 우리말)

글모음집 → 글모음

경필 쓰기 → 글자(글씨) 쓰기

기간 동안 → ~ 동안, 그동안

함성 소리(원성 소리, 음성 소리) → 고함 소리, 큰 소리(원망하는 소리 또는 원성, 목소리 또는 말소리)

냉수물(온수물, 육수물) → 찬물(더운물, 고깃국물)

다시국물 → 국물

대로길(소로길, 철로길) → 큰 길(좁은 길, 철길)

전구다마 → 전구

목기그릇(유기그릇, 제기그릇) → 나무그릇(놋그릇, 제사그릇)

새벽 여명 → 새벽, 동틀 무렵

청천 하늘 → 파란 하늘

선줄(와이어줄) → 줄

안속 → 안, 속

역전 앞 → 역 앞

저녁 석양 → 저녁 놀

매일마다(매주마다, 매월마다) → 날마다(주마다, 달마다)

푸른 창공 → 파란 하늘

좁은 협곡 → 좁은 골짜기

남은 여생 → 남은 삶, 남은 일생, 여생

야심한 밤 → 한밤중, 깊은 밤

다시 재론한다 → 다시 말(이야기)한다

오른쪽으로 우회전한다 (왼쪽으로 좌회전한다) → 오른쪽으로 돈다(왼쪽으로 돈다)

가까이 접근한다 → (가까이) 다가간다

옥상 위 → 지붕 위

단상 위 → 단 위

(2) 써도 좋은 말

고목나무 : '늙은 나무' 라 하면 좋겠지만, '고목' 이라는 말이 없어지지 않는 한 이렇게 쓸 수밖에 없다.

국화꽃(채송화꽃) : 이것은 틀린 말이 아니다.

동해바다(서해바다) : 공연히 '해' 라는 한자말의 뜻에 매달릴 필요는 없다.

생일날(기념일날, 7일날) : 마땅히 이렇게 쓸 일이다.

아침조회(아침조례) : '아침모임' 이라고 하면 좋겠지만, 조회나 조례라는 말이 두루 쓰이는 한 이렇게라도 써야 한다.

외갓집(처갓집, 초가집) : 이것은 훌륭한 우리말이다.

증조할아버지(고조할아버지) : 이것이 겹말이라고 '증조부', '고조부' 라고만 할 것인가? 증조할머니(고조할머니)도 마찬가지다.

넓은 광장 : '넓은 마당' 이라 해야 하겠지만, 광장이라는 말이 두루 쓰이니까 이 말도 그대로 쓰는 게 어떨까? 광장에도 좁은 것이 있고 넓은 것이 있으니까.

굉장히 크다 : '굉장하다' 라고만 해도 되겠다. 그러나 이것만으로 크다는 느낌이 분명하지 않다면 이렇게 쓸 수밖에

없다. '굉장히 많다, 굉장히 높다' 도 좋지만 '굉장히 작다, 굉장히 좁다' 는 아무래도 어색하다.

위에 가려 놓은 것은 어디까지나 나 혼자 생각이다. 좀 다른 기준으로 가려 볼 수도 있을 것이다. "이 말은 반드시 쓰지 말아야 하고, 이 말은 써도 괜찮고……." 와 같은 규칙을 만드는 일은 서두를 일이 아니다. 그보다는 겹말을 대하는 태도가 중요하다. 겹말을 덮어놓고 몰아내려고 하기보다, 잘 살펴서 쓸 수 있는 말을 거두어들여 쓰는 것이 슬기로운 일이다. 그것이 우리말을 어지럽히는 일이 아니라 오히려 우리말을 살리는 일이 될 수도 있다.

(《글쓰기》, 2002. 12.)

이상한 말밑

얼마 전에 라디오에서 재미있는 이야기를 들었다. 무슨 상식인가를 알려 준다는 프로그램을 진행하는 사회자가 말밑(어원) 이야기를 꺼내면서, 옛날 사람들이 쓰던 말에는 우리가 미처 알지 못한 묘한 뜻이 들어있다고 했다. 그러면서 보기를 드는데, 아기를 어를 때 쓰는 흉내말에도 다 깊은 뜻이 들어있다는 거다. 무슨 말인고 하니 '도리도리'는 하늘의 '도리(道理)'를 깨치라는 뜻이요, '짝짜꿍'은 지난(어제) 일을 스스로 돌아보고 생각하라는 '작자궁(昨自窮)'이 바뀌어서 된 말이란다. 또 '곤지곤지'는 '도리도리'와 짝을 이루는 말로서, 이미 하늘의 도리를 다 깨쳤으면 이제 땅[坤地]의 도리를 깨치라는 뜻이라 하고, '잼잼'은 소리의 이칠랑 천천히 알아나가도 된다는 '지음지음(遲音遲音)' 이 줄어서 된 말이라는 것이다. 이런 이야기를 하면서 사회자는 아주 진지한 말투로, 옛사람들은 아이를 어르는 말에도 이렇게 깊은 뜻을 담아 가르쳤다고 크게 감탄하는데, 나는 이야기를 들으면서 처음에는 피식 웃다가 나중에는 '허허' 하고 잠깐 소리 내어 웃었을 뿐이다. 그러면서 '이건 참 재미있는 이야깃거리가 되겠구나.' 하고 생각했다.

그런데 며칠 뒤에 이 이야기를 다른 자리에서 했다가 나는 참 어안이 벙벙해졌다. 이야기를 마치고 나서 "참 우습죠?" 하고 되묻는 내 말에 그 자리에 모인 분들이 보인 반응이 아주 뜻밖이었기 때문이다. 내가 짐작하고 바란 대로 어이없어 하거나 피식 웃거나 탄식하는 게 아니라, 모두들 이상하다는 듯이 고개를 갸우뚱거리는 것이다. 그러면서 하는 말이,

"아니, 방송국 같은 데서 설마 근거 없는 이야기를 함부로 하겠어요?"

"그게 근거 없는 이야기라면 방송국에 항의라도 해야 하는 것 아닌가요?"

"정말 그런 뜻이 들어있지 않다는 걸 선생님은 어떻게 아셨어요?"

이러는 것이다. 전혀 예상 못한 반응이었기 때문에 잠깐 동안 나는 머쓱해졌다. 그렇지만 이 상황을 이해하는 데 그리

오랜 시간이 걸리지는 않았다. 아, 그렇구나. 라디오에서 들은 이 같은 이야기는 대개 아주 '그럴 듯한' 것이다. '정말 그럴까?' 하고 의심하기보다는 '옳아, 그런 뜻이 들어있었군.' 하고 감탄하기가 더 쉬운 것이다. 지금 이 글을 읽고 있는 독자 여러분은 어떤가?

오래 전에 내가 살던 시골에는 마을 이름들이 참 재미있었다. '골안', '서낭댕이', '오래기', '구만이' 같은 것이었는데, 유식한 어른들이 이 이름에다가 아주 '깊은 뜻'을 붙여놓는 바람에 모두가 헷갈려 하면서도 감히 딴죽을 걸지 못하고 감탄(하는 척)했던 기억이 난다. 그 뜻인즉 '골안'은 예부터 난초가 많이 자라는 마을이어서 '고란(古蘭)'이요, '서낭댕이'는 옛날에 신선이 살던 마을이어서 '선항당(仙巷堂)'이요, '오래기'는 예부터 다섯 가지 즐거움이 있는 마을이어서 '오락(五樂)'이요, '구만이'는 가을에 늦게 국화가 피는 마을이어서 '국만(菊晩)'이라는 것이다. 듣고 보면 썩 그럴 듯해서, 본디 골짜기 안에 있는 '골안' 마을도 서낭당 고개 밑에 있는 '서낭댕이' 마을도, 얼떨결에 알쏭달쏭하긴 하지만 어쨌든 더 깊고 오묘한 뜻을 가지게 됐다. 그리고 나를 포함한 많은 사람들이 '오래기'와 '구만이' 마을이 정말 그런 깊은 뜻을 갖고 있는지, 아니면 다만 개울가나 언덕 위에 있어서 그런 이름을 갖게 됐는지, 한참 동안 갈피를 잡지 못했다. 여러분은 어떻게 생각하는가?

'야단법석' 이 불교에서 나온 '심오한' 말이라고 주장하는 어떤 유식한 분의 말을 들은 적이 있다. 설명인즉, 한밤중에 만든 단[夜壇]에서 스님이 설법하는 자리[法席]를 일컫는다는 것이다. 그러면서 덧붙이기를, 그런 자리에는 사람들이 워낙 많이 모여서 시끌벅적하게 떠들기 때문에 '무지한 신도들' 이 그 뜻도 모른 채 아무 데서나 시끌벅적하게 떠드는 꼴을 보고 '야단법석' 이라고 말하기 시작했다는 것이다. 그때는 그냥 웃고 말았지만, 이 글을 쓰면서 사전을 찾아보니 과연 사전에도 그 '야단법석' 이 올라 있다. 물론 야단을 하고 법석을 떠는 '야단법석' 과는 아주 다른 뜻으로 말이다. 그런데, 그보다 더 놀라운 것은 시끌벅적하게 떠드는 '야단' 에도 한자가 붙어 있다는 것이다. 아무리 생각해도 무슨 뜻인지 알 수 없지만 거창하게도 '이끌 야(惹)' 자와 '끝 단(端)' 자다. 이런! 나 같은 '무지몽매한' 백성들은 아직 배워도 한참을 더 배워야 하겠구나!

'개차반' 이 '개가 먹는 음식[개茶飯]' 을 뜻하는 말이라거나 '빈대떡' 이 본디 가난한 사람이 먹는 떡[貧者떡] 또는 손님 대접할 때 내놓는 떡[貧待떡]이라고 하는 것은 차라리 애교스럽다. 논에 서 있는 '나락' 이 본디 '신라의 봉록' 을 가리키는 말[羅祿]에서 왔다는 것이나, '을씨년스럽다' 가 을사조약이

맺어진 해에 모두들 기분이 씁쓸했다고 '을사년(乙巳年)스럽다' 고 한 말에서 유래됐다는 풀이도 그저 웃어넘길 만하다. 그런데 '미루나무' 를 '아름다운 버들[美柳]' 에서 온 말이라고 하고, '우레' 가 비 내리고 천둥친다는 '우뢰(雨雷)' 에서 나온 말이라고 우기는 데 이르면 좀 걱정스럽다. '이러다가는 우리 토박이말은 아예 씨가 말라버리겠구나.' 하는 생각마저 든다. 여러분은 어떻게 생각하는가?

학자들은 이런 것을 '민간어원' 이라고 썩 얕잡아보기만 할 뿐 대수롭지 않게 여긴다. 그럴 듯한 근거도 없이 그냥 비슷한 말소리로 앞뒤를 꿰어맞추어 내놓은 말밑이어서 우습지도 않다는 거다. 그런데, 내가 보기에 진짜 문제는 근거가 있고 없고가 아니라, 이러한 말밑이 우리말을 아주 못쓰게 망가뜨린다는 데에 있다. 가만히 살펴보면 다들 알겠지만, 이 이상한 말밑은 하나같이 우리말을 한자말로 바꾸어 놓은 것이다. 그냥 '소리' 로 들으면 좋을 것을 모조리 '뜻' 으로 칠갑을 해 놓아서 말맛을 버려 놓았다. '도리도리' 를 그저 '소리' 로만 들으면 고개를 이리저리 돌리는 아기의 귀여운 모습이 절로 떠오른다. 그런데 하늘의 도리라는 '뜻' 을 매기면서 이 말을 들으면 그저 무겁고 딱딱한 '관념' 이 머릿속에 어중간하게 자리 잡을 뿐이다. '짝짜꿍' 도 매한가지다. 그냥 들으면 귀여운 아기가 작은 손을 마주치는 소리가 귀에 들리는 듯하다. 그런데 뭐라고? 어제(작) 일을 스스로(자) 돌아보고 생각(궁)하라고? 어이구, 그게 다 뭐야? 모두 말맛이라고는 하나도 없는 맹탕말이 되고 말았다.

옛날에 지체 높고 유식한 양반들은 가난하고 못 배운 백성들이 쓰는 우리 토박이말을 아주 못쓰는 말이라고 얕봤는지 모른다. 그래서 백성들이 만든 예쁜 말에다가 저희들이 즐겨 쓰는 한자말을 이리 붙이고 저리 덧대어 뜻으로 덧칠하기를 즐겼는지 모른다. 그래 놓고 '무지몽매한 것' 들이 감히 알 수 없는 그 '오묘한' 뜻을 풀어 보며 만족했는지 모른다. 그러나 이제 우리는 속지 않는다. 아무리 그럴 듯하게 어려운 한자말로 덧칠을 해도 우리는 그게 다 말장난인 걸 안다. 그리고 그 말장난이 끝내 맛깔스러운 우리말을 모조리 싱거운 한자말로 만들어버리는 것도 안다.

이 글을 읽는 분들은 부디 오해하지 마시기를 바란다. 나는 학자들이 '민간어원' 이라고 얕보는 말밑이 다 시시껄렁한 것이라고 주장하는 게 아니다. 책이나 글로 남은 '근거' 가 없다고 해서 별것 아니라는 주장이야말로 진짜 시시껄렁한 것이다. 가령 '아주머니' 를 '아기주머니를 가진 사람' 으로 푼다든가 '소쩍새' 를 '솥 적다고 우는 새' 로 푸는 따위는, 비록 '근거' 는 없다손 치더라도 얼마나 재치 있고 재미난가? 여기에 굽이굽이 옛이야기 한 자리쯤 얽혀 들어간다면 더구나 굉장한 말밑이 되는 것이다. 내가 속지 말라고 하는 것은 그런 게 아니라, 우리 토박이말을 공연히 한자말로 만들어 그 맛을 지워버리는 '이상한 말밑' 을 두고 하는 말이다. 그렇다. 가만히 두면 될 것을 '공연히' 건드려서 말맛을 망가뜨리는 것 말이다. 그러니까 한자말을 끌어다 억지로 뜻을 집어넣어 만든 말밑에 속지 말자는 것이다.

행여 나와 다른 생각을 가진 분들도 오해 없기를 바란다. 나는 본디 한자말로 된 '야단법석' 이나 '우뢰' 라는 말을 아예 부정하는 것이 아니다. 한자로 된 그런 말이 있다고 치자. 아니, 분명히 있을 것이다. 그러나 그 한자말이 우리말 '야단법석' 이나 '우레' 의 말밑이라고 주장하지는 말라는 것이다. 그렇게 되면 우리말은 정말로 설자리가 없어진다. 그 둘이 애당초 다른 말이었다고 하면 누가 뭐라나. 아니 백 걸음을 물러서서, 설마 그렇지야 않겠지만, 설령 그 한자말이 우리말의 말밑이라고 치자. 그렇더라도 이제 와서 그 말밑을 자꾸 끄집어내서 우리말을 망가뜨리는 일은 삼가 달라는 것이다. 그것은, 예컨대 '빵' 이라는 말이 포르투갈 말 '팡' 에서 왔다는 것을 자꾸만 들쑤셔서, 끝내 우리말의 울타리 밖으로 쫓아내는 일과 다름없기 때문이다. '빵' 은 엄연한 우리말인데도 말이다.

말밑을 밝히는 일은, 대단히 실례되는 말인 줄 알지만, 별로 할 일 없는 학자들에게 맡겨 두어도 충분하다. 이 글을 읽는 분들에게 감히 제안한다. 이제부터 '도리도리'가 하늘의 도리를 가리킨다는 따위의 '이상한 말밑'에는, 거짓으로라도 감탄하는 소리를 내거나 고개를 끄덕여 주지 말자고. 그저 '허허' 하고 한 번 웃어 주자고.

(《글쓰기》, 2004. 9.)

글쓰기의 민주화

"사회적 존재로서의 인간은 공간적으로는 물론 시간적으로도 고립되어 생존할 수 없다."

이름난 대학교 논술 시험 문제에 들어 있었다는 이 문장을, 만나는 사람에게 들려주고 나서 무슨 뜻인지 물어 보면 대개는 그냥 웃어넘긴다. 그런데 내 머리로는 아무리 궁리해도 이 거창한 문장에 '사람은 언제 어디서나 혼자서는 살 수 없다' 는 뜻 말고 다른 것이 들어있을 것 같지 않다.

이른바 지식인들은 왜 글을 어렵게 쓰는가? 아무리 좋은 말로 분칠을 해도 대답은 뻔하다. '뭔가 있어 보이려고' 그러는 것이다. 아니라고? 제발 아니었으면 좋겠다.

의사 선생님들은 왜 암호 같은 외국글자로 처방전을 쓰느냐고 물어 봤더니 '환자들이 못 알아보게 하려고' 그런단다. 누구든지 다 알아보게 쓰는 처방전은 권위가 떨어지기 때문이라는 것이다. 법관들은 왜 보통 사람들이 쓰지 않는 이상한 말로 공소장이나 판결문을 쓰는지, 안 물어 봤지만 그 까닭 또한 뻔하다. 토씨만 빼고 모조리 외국말로 철갑을 한 학술논문 따위는 대학도서관 같은 데 가면 지천으로 널려 있는데, 글을 쉽게 쓰는 일이 과연 어렵긴 어려운가 보다.

옛날 봉건왕조시대에는 귀족들이 일반 백성들과 저희들을 분명하게 차별하려고 백성들이 쓰는 쉬운 말(민중말)을 버리고 일부러 어려운 말(귀족말)을 만들어 썼다. 그런데 말을 새로 만든다는 게 어디 쉬운 일인가? 그저 남의 나라 말을 끌어다 쓰는 게 고작이었는데, 이 버릇은 그들의 사대 사상과 맞물려 점점 굳어져 갔다. 뭐든 고급스럽고 좋은 것에는 남의 나라 말을 갖다 붙이고, 값싸고 하찮은 것에는 토박이말을 붙여 놓은 심보가 여기에서 비롯되었다. 오죽하면 민간풍속답다는 '속되다' 는 말과 일반 서민답다는 '상스럽다' 는 말까지 그야말로 '속되고 상스러운' 것으로 만들어버렸을까.

이 못난 왕조시대의 찌꺼기를 오늘날 지식인들이 아무 생각 없이 이어받은 것이 바로 글을 일부러 어렵게 쓰는 버릇이다. 어렵게 쓴다고 해 봐야 기껏 우리 토박이말을 버리고 남의 나라 말을 끌어다 쓰는 건데도 말이다. 그 남의 나라 말이라는 것이 옛날에는 한자말이었고 한때는 일본말이었지만 요새는 대개 서양말이다.

당신이 스스로 문화인이라고 여긴다면, 그리고 민주주의의 값어치를 인정한다면, 지금부터라도 아주 쉬운 말로 글을 써라. 농사짓는 사람, 고기 잡는 사람, 시장에서 장사하는 사람들도 다 알아들을 수 있는 말로. 어린아이들도 다 알아들을 수 있는 말로 쓴다면 더 좋다. 그것이 바로 글쓰기의 민주화가 아니겠는가.

(《시하늘》, 2005. 1.)

우리말을 망치는 토씨 '의'

초등학교 교과서를 읽다 보니 이런 문장이 눈에 띈다.

"우리 민족의 소박한 정서가 깃들어 있는 이 질화로는 지금은 사라져 그 모습을 찾아보기 힘들지만, 겨울에 방 안의 실내 공기를 따뜻하게 해 주는 중요한 구실을 하였다." (초등학교 4학년 1학기 '읽기' 교과서 27쪽)

'방 안의 실내 공기'라고 겹말을 써버렸다. 왜 이런 겹말을 썼을까 생각해 보니, 까닭은 딴 데 있는 게 아니라 토씨 '의'에 있다는 걸 알겠다. 애당초 그냥 '방 안 공기'라고 하면 될 것을, 공연히 '의'라는 토씨를 군더더기로 집어넣으니까 '실내'라는 겹말이 따라붙은 게다. 아무리 겹말에 너그러운 사람도 '방 안 실내 공기'라고 쓰기는 어려울 테니, '의'

라는 토씨가 붙어서 공연히 말을 지저분하게 만든 셈이다.

'의' 는 참 여러 가지로 말썽을 일으킨다. 우선 이 말은 소리내기가 여간 까다로운 게 아니다. 오죽하면 놓이는 자리에 따라서 소리가 다 다르게 날까. '우리말 표준발음법' 이라는 걸 보면 토씨 '의' 는 '에' 로 소리내도 되고, '의' 가 낱말 맨 앞에 놓이지만 않으면 '이' 로 소리내도 좋다고 해 놨다. 게다가 '이' 앞에 놓이는 '의' 는 '으' 로 소리내는 게 좋다고도 하니, 이게 참 소리내기 어렵긴 어려운가 보다. 억지로 만든 말이긴 하지만 '민주주의의 의의' 라는 말을 소리내어 읽어 보면 목구멍이 다 얼얼해진다.

또한, 토씨 '의' 는 뒤에 따라오는 말을 이름씨(명사)로만 가려 받아서 우리말을 아주 삭막하게 만들어버린다. 우리말은 움직씨(동사)와 그림씨(형용사)를 참 넉넉하게 가지고 있는데, '의' 가 이들을 외면하는 바람에 말이 앙상해져서 찬바람이 쌩쌩 일 지경이다. 가령 '사람이' 하고 말을 시작하면 '태어나서 해야 할 일이……' 이렇게 말이 부드럽게 이어지는데, '사람의' 라고 시작하면 '의무는……' 처럼 말허리가 뚝 잘린다.

그런데 이 정도는 아직 약과다. 토씨 '의' 가 저지르는 정말 큰 잘못은 쉬운 토박이말을 써도 될 곳에 억지로 어려운 한자말을 쓰도록 이끈다는 데 있다. 지금 아무 책이나 펼쳐

놓고 토씨 '의' 가 쓰인 곳을 살펴보아라. 그 앞뒤에 거의 어려운 한자말이 진을 치고 있다는 걸 알 것이다. '말없는 가르침' 이라고 해도 너끈할 곳에 '무언의 교훈' 이라는 말을 썼다면, 덤터기 중에 절반은 토씨 '의' 가 져야 한다.

이 말도 많고 탈도 많은 토씨 '의' 는 유난히 글말에 많이 쓰인다. 소리내기 어려운데다가 공연히 말을 어렵고 딱딱하게 만들기 때문에, 입말에서는 '의' 쓰기를 매우 꺼린다. 여러분이 유별나게 유식한 체하기를 좋아하는 사람이 아니라면, 평소 입으로 주고받는 말에 '의' 따위는 거의 쓰지 않을 것이다. 할머니 할아버지들이 옛이야기를 할 때, '의' 한 마디 없이 밤새 말을 한대서 이상할 것은 조금도 없다. 하지만 글을 쓸 때는 다르다! 토씨 '의' 가 아주 없는 글을 예사로 쓰는 사람은 드물다. 격식을 잘 갖춘 글을 쓸 때는 더 그렇다. 나이 서른을 넘긴 사람이라면, '우리는 민족중흥의 역사적 사명을 띠고……' 로 시작되는 '국민교육헌장' 을 기억할 것이다. 그리고, 권위와 허세로 가득한 이 여덟 문장짜리 짧은 글 속에 토씨 '의' 가 스무 번이나 들어있다는 걸 내가 말해준다 해서 크게 놀라지도 않을 것이다.

그렇다. '의' 는 입말토가 아니라 글말토다. 그래서 입말에는 거의 쓰이지 않고, 글말에는 지나치게 많이 쓰인다. 누구든지 글을 입말에 가깝게 쓰고 싶거든 일부러 토씨 '의' 를 빼고 써 보기 바란다. '의' 를 아예 들어내거나, '의' 가 들어갈 자리에 다른 토를 넣어서 써 보라는 뜻이다. 글맛이 아주 달라질 것이다. 어떻게 달라지느냐고? 훨씬 우리글다워지고 맛이 푸근해진다.

다음에 들어 놓은 것은, 이름씨 대신에 움직씨나 그림씨를 써서 '의' 를 없앤 보기다. 책이나 신문을 읽다가 눈에 띄는 대로 주워든 보기라서 짜임새가 없을 테지만, 재미삼아 봐 주기 바란다.

파종의 즐거움 → 씨뿌리는 즐거움

양질의 물건 → 질 좋은 물건

묘령의 여인 → 젊은 여인

고가의 물건 → 값비싼 물건

무명의 용사 → 이름없는 용사

12세의 어린이 → 12살 난 어린이

나눔의 시간 → (이야기) 나누는 시간

최악의 경우 → 가장 나쁜 경우(나쁠 때)

최상의 조건 → 가장 좋은 조건

청정의 나라 → 깨끗한(공기 좋고 물 맑은) 나라

세계 유수의 호텔 → (세계에서) 이름난 호텔

무언의 교훈 → 말없는 교훈(가르침)

네 살 연장의 형 →(나이) 네 살 더 많은(먹은) 형

연상의 여인 → 나이 (더) 많은 여인

다음은 토씨 '의'를 아예 빼고 쓰면 더 좋을 것 같은 경우다.

콰이강의 다리 → 콰이강 다리(우리 나라 사람들은 아무도 '한강의 다리'라고 하지 않는다. 그냥 '한강 다리'라고 하지.)

팔작지붕의 고택 → 팔작지붕 고택(옛집)

엄마로의 변신 → 엄마로 변신하기(바뀌기)

엄청난 다리의 모습이 장관이었다 → 엄청난 다리 모습이 장관이었다(볼 만했다)

천 년의 역사 → 천 년 역사

감나무의 열매 → 감나무 열매

녹차의 향 → 녹차 향

부산까지의 여행 → 부산까지 (가는) 여행

나의 동생 → 내 동생('나의'는 모조리 '내'로 바꾸어도 아무 탈이 없을 것 같다. 입말로는 다 '내'라고 하듯이.)

원하는 대로의 행복을 누려 보아요 → 원하는 대로 행복을 누려 보아요

다음은 '의' 말고 다른 토씨를 대신 쓰면 좋은 경우다. 특히 '의' 대신에 임자말토 '이/가/은/는'을 쓰면, 따르는 말이 저절로 바뀌면서 물 흐르듯 자연스러운 말이 된다.

프랑스인들의 장수의 이유 → 프랑스인들이 장수하는(오래 사는) 이유(까닭)

기차의 입장이 시작된다 → 기차가 들어오기 시작한다

위층은 대청마루의 쓰임새를 갖는다(이름씨 뒤에 '의'를 버릇처럼 붙이다 보면 말이 이렇게 비비꼬인다.) → 위층은 대청마루로 쓰인다

이번에는 낱말 차례를 바꾸어 본다. 꾸미는 말이 앞에 오는 것은 대개 외국말 번역투여서, 우리말투로 차례만 바꾸어 주면 저절로 '의'가 빠지면서 말이 깔끔해진다.

한 잔의 술 → 술 한 잔

품위 있는 자태의 여인(이름씨 뒤에 덮어놓고 '의'를 붙이는 버릇이 이런 어색한 말을 낳는다) → (자태가, 모습이) 품위 있는 여인

네 명의 인부 → 인부 네 사람

몇 권의 책 → 책 몇 권

한 장의 사진 → 사진 한 장

밝은 색깔의 옷 → 색깔이 밝은 옷

300여 그루의 나무 → 300그루가 넘는 나무, 나무 300그루 남짓

다들 아는 사실이겠지만, 토씨 '의'를 함부로 쓰는 버릇은 일본말투에서 왔다. (이오덕, 우리글 바로쓰기 107쪽~110쪽 참고) 일본말로는 '눈앞'을 '눈의 앞[目の前]'이라고 하고 '숲길'을 '숲의 길[森の道]'이라고 하며 '나무 사이'를 '나무의 사이[木の間]'이라고 한다. 심지어 '냇물'을 '내의 물[川の水]'이라 한다니, 이쯤 되면 '의' 없이는 말 한 마디도 하기 힘든 지경이 아닌가. 남의 나라 말을 가지고 시비를 걸 생각은 조금도 없지만, 우리가 아무 까닭 없이 남의 말버릇을 흉내낼 일은 없다는 생각이 들기에 하는 말이다.

일본말에는 움직씨나 그림씨가 넉넉하지 못해서, 그걸 쓸 자리에 '이름씨+의[の]'를 대신 넣어 꾸미는 말을 만들 수밖에 없다고 한다. 그런데 우리말은 어디 그런가. 위에 보기를 들어 놓은 것을 한 번 쓱 훑어보기만 해도 우리말에 얼마나 움직씨와 그림씨가 발달되어 있는지 알 것이다. 어려울 것 없다. '의'만 좀 덜 쓰면 우리말은 저절로 살아난다.

이쯤 쓰다 보니 이 글이 읽는 이에게 공연한 짐이 될까 봐

걱정이다. 그래서 괜한 소리 한 마디 덧붙이자면, 우리말 바로 쓰기는 편하자고 하는 일이지 힘들자고 하는 일이 아니다. 무슨 말인고 하니, 우리말을 망치는 '틀' 에 맞서 싸우면서 우리 스스로 또 다른 틀을 만들어 스스로 그 안에 갇히지는 말자는 것이다. '이렇게 하면 안 되고, 저렇게 해서도 안 되고……' 하는 복잡한 틀은 만들면 만들수록 사람이 불편해진다. 더군다나 그 틀 안에 남까지 억지로 집어넣으려고 하면, 정말 안 하느니만 못한 일이 될 수도 있다. 따지고 보면 이 세상에 남 해코지하는 말 말고는 '해서는 안 될 말' 이란 없다. 그래서 이 글을 읽는 이들, '의' 덜 쓰자는 내 말도 부디 가볍게 들어 주기 바란다. (나 자신도 이 글 안에 토씨 '의' 를 세 번이나 썼다.)

(《글쓰기》, 2005. 3.)

우리를 슬프게 하는 영어 바람

요새 영어 때문에 세상이 참 시끄럽다. 때를 만났다는 듯이 '영어 찬가'를 부르는 사람들 말을 들어 보면 그야말로 '영어만이 살 길'인 것 같다. 그에 맞서는 사람들은 영어 말고도 세상에는 중요한 일들이 많다고 말한다. 전에도 영어 또는 영어교육을 두고 이러니저러니 말들이 많았지만 이번에는 그 정도가 좀 심한 듯하다. 영어로 먹고사는 분들, 이를테면 영어 선생님들이나 학자들조차 이 소동에 짜증을 내는 걸 보면 확실히 그렇다. 그분들은 대개 이렇게 말한다. "영어 떠받들기와 우러러 모시기 다 좋다. 그런데 제발 품위 좀 지키자." 시쳇말로 '쪽팔려서' 못 살겠다는 건데, 나는 이 말에 백번 동의한다. 세상 어떤 일에도 최소한의 품위는 필요하다.

영어에 관해서라면, 요새 하도 많은 사람들이 하도 많은 이야깃거리를 들고 나와 한꺼번에 풀어놓는 바람에 정신을 못 차릴 지경이다. 그야말로 '백가쟁명' 이라 할 만한데, 일찍이 나랏일에 '일사불란' 하게 따르기를 강요당해 온 나같이 소심한 백성은 어쨌든 이런 논란이 반갑다. 이렇게 떠들썩하게 한 마디씩 하면서 천천히 합의에 이르는 것이 바로 민주주의 아닌가. 언뜻 어수선하고 무질서해 보여도, 이런 절차가 우리 사회를 조금씩 성숙시킬 것이다. 그래서 나도 처음에는 '에이, 수많은 전문가님들이 한 말씀씩 다 하신 판에 나 같은 무지렁이가 또 뭘.' 하고 물러섰다가 '아니, 그래도 할 말이 있으면 해야지.' 하고 용기를 내어 여기에 '또' 영어 이야기를 들고 나왔다. 그러니 독자들은 식상하더라도 부디 너그러운 마음으로 읽어 주시기를.

영어 소동을 지켜보면서 가장 먼저 드는 생각이 '도대체 우리에게 영어가 무엇인가?' 하는 것이다. 영어가 무엇이기에 학부모는 아이들 영어 과외비를 마련하려고 허리끈을 졸라매야 하고 학생들은 새벽부터 졸린 눈을 비벼가며 영어 학원을 드나들어야 하나? 그런 고생 끝에 대학교에 들어가도 '영어 스트레스' 는 끝나는 게 아니다. 남에게 뒤지지 않으려면 큰 돈을 들여 영어권 나라에 어학연수도 가야 하고, 취직시험에 붙으려면 또 머리 싸매고 영어 공부에 매달려야 한다.

요새 웬만한 '영어능력시험(토익 또는 토플)' 점수 없이는 어떤 직장에도 들어갈 수 없다는 것쯤 상식 아닌가. 그렇게 해서 취직하면 끝이냐고? 아니다. 직장에서 '잘리지' 않으려면 어떻게든, 어학원 새벽반을 다녀서라도 영어 실력을 늘리지 않으면 안 된다. 영어는 그야말로 이 나라 백성에게 '평생의 짐' 인 것이다. 정말이지 영어가 대관절 무엇이기에?

온 백성이 온 힘을 다해 익혀야 하는 거라면 영어는 공용어인가? 아니다. 그렇게 되어서도 물론 안 된다. 그렇다면 다만 외국어인가? 천만의 말씀이다. 그냥 외국어일 뿐이라면 온 백성이 이렇게 큰 고생을 해 가며 평생을 매달려야 할 까닭이 있나? 공용어도 아니고 외국어도 아니라면 무엇인가? 설마 국어는 아닐 테고……. 이쯤에서 나는 아무도 부인 못할 답을 내놓겠다. 영어는 권력이다! 더 정확하게 말하면 권력이 백성들을 길들이려고 내세우는 무기다. 무슨 말인지 잘 모르는 분들을 위해 좀 더 설명하겠다. 이 나라에서 돈과 권세를 가진 사람들이 가장 먼저 하는 일이 무엇인 줄 아는가? 미국에 가는 일이다. 자신도 미국에 가고, 자녀도 미국에 보낸다. 그래서 그 사람들은 재빨리 미국말을 익히고 미국문화에 젖어들며 미국을 꼭짓점으로 하는 이른바 '세계화' 의 첨병이 된다. 그야말로 머리끝부터 발끝까지 '미국화' 되는 것인데, 그것이 우리 나라에 돌아오면 그대로 권력이 된다. 미국 못

가고 미국말 잘 못하며 '미국 친구' 하나 없는 백성들을 기죽이고 길들여 다스리는 무기가 되는 것이다.

아직도 '설마? 하고 고개를 갸웃거리는 분들을 위해 몇 마디 더 하겠다. 이 나라 백성들이 평생을 고생해서 영어와 씨름한 끝에 돌아오는 대접이 무엇인 줄 아는가? 바로 이런 싸늘한 비웃음이다. "아니, 영어를 십몇 년 동안이나 배웠다면서 외국인을 만나면 입도 벙긋 못한다고? 말도 안 돼!" 그러면 착한 백성들은 그만 기가 팍 죽어서 우리 나라 영어 교육이 이래서는 안 된다고 자책하게 된다. 그래서 '조기영어교육' 과 '생활영어교육' 또는 '영어몰입교육' 같은 말에 귀가 솔깃해지고, 드디어 아이들을 닦달해서 '원어민' 이 가르치는 '일류' 영어 학원으로 내몰게 된다. 그리고 그런 학원 한 달 학원비가 내 월급 절반이나 된다고 해도 아이 장래를 위해서는 어쩔 수 없다고 여기는 것이다. 이런 모습을 느긋하게 팔짱 끼고 바라보며 즐기는 이들이 있대서 놀랄 일은 아니다.

조금만 더 따져 보자. '외국인을 만나 영어로 입도 벙긋 못하는' 것은 과연 잘못인가? 그걸 잘못이라고 말하는 것은 두 가지 점에서 틀렸다. 첫째는 '외국인' 이 모두 영어를 한다는 무리한 가정이다. 세상에서 영어로 말하는 사람 수는 전체의 5퍼센트도 안 되며, 더구나 '미국말' 을 하는 사람 수는 그중 아주 일부에 지나지 않는다. 외국 사람과 말을 주고받는 게 목적이라면 영어나 몽골어나 아랍어가 모두 같은 값어치를 가져야 한다. 둘째는 좀 더 큰 문제인데, '입을 벙긋' 하는 것이 외국어 능력의 전부가 아니라는 것이다. 외국어를 왜 배우는가? 통역사나 관광안내원 또는 무역상에게는 말하기와 듣기가 중요하겠지만, 그보다 많은 다른 사람들에게는 읽기와 쓰기가 더 쓸모 있는 소통방식이다. 대부분의 학문과 기술은 책을 비롯한 인쇄물에서 정보를 얻기 때문이다. 가령 의사가 외국어로 된 논문을 읽거나 기술자가 외국어로 된 설명서를 새기는 데 발음 같은 게 무슨 소용이란 말인가.

사정이 이러한데도 '미국 본토발음' 을 흉내내는 것이 곧 영어 공부의 전부인 양 말하는 것은 아무리 좋게 생각해도 착각이라고밖에 볼 수 없다. 그게 아니라면 속임수를 쓰고 있거나. 지금 우리 나라에서 영어 '사교육' 에 드는 돈이 한 해에 15조 원이 넘는다 하니, 이런 속임수가 활개를 친대도 놀랄 일이 아니다. 하지만 더 심각 문제는 여기에 있지 않다. 요새 들어 학교에서 더 일찍부터 더 많이 영어를 가르치는 것이 영어 사교육비를 줄일 수 있을 것이라는 주장이 나오는 모양인데, 이런 말을 들으면 한숨밖에 나오지 않는다. 지금까지 온 국민을 괴롭힌 '영어 스트레스' 가 어디 학교에서 영어를 많이 가르치지 않아서 나온 것인가? 오히려 그 반대로, 학교에서 영어를 많이 가르치면 가르칠수록 영어 열풍도 더 크게 불고 따라서 영어 '사교육시장' 도 더 넓어져 온 게 사실 아닌가. 어차피 무서운 경쟁논리가 학교를 지배하고 있는 상황에서 이것은 불을 보듯 빤한 것이다.

이른바 '영어 격차' 에 대해서도 할 말이 많지만 딱 이 말만 하련다. 외국어 교육이 제 갈 길을 가면 저절로 '격차' 가 생기게 마련이다. 정말로 자기 일에 영어가 필요한 사람이라면 더 열심히 공부를 할 테고, 그런 사람들이 남보다 외국어를 더 잘하게 되는 것은 당연한 일 아닌가. 물론 외국어가 그다지 필요하지 않은 일을 하는 사람은 그 대신 다른 공부에 힘을 쏟을 터이다. 영어 동시통역사가 되려는 학생과 국사 선생님이 되고자 하는 학생에게 똑같이 영어를 잘 '말하게' 가르치려는 것, 또는 그렇게 가르치라고 강요하는 것이야말로 뜬금없는 '삽질' 이거나 교묘한 '폭력' 이 아니겠나.

영어 떠받들기와 우러러 모시기에도 품위가 필요하다고 말하는 까닭이 여기에 있다. 이참에 영어로 백성들 기를 제대로 죽여 놓고 두고두고 길들이고자 하는 사람들은, 속으로 그렇더라도 대놓고 온 나라 백성들에게 '미국말을 입에 착착 감기게 하지 못하면 삼등국민 될 거야.' 라는 협박만은 제발 하지 말았으면 좋겠다. 무엇보다도 우리 백성들은 이제 그런 협박에 쉽게 넘어가지 않을 것이다.

(《개똥이네 집》, 2008. 3.)

5. 호롱불과 옛이야기

그리운 수박서리

시멘트로 범벅을 해 놓은 도회지에 갇혀 살다 보니 저절로 바보가 되었다. 지금쯤 보리밭에 보리가 얼마만큼 패었는지, 산기슭에 억새가 얼마만큼 자랐는지도 모르고 살고 있으니 이게 바보가 아니고 무엇인가. 어쩌다가 시골에 가 보고서야 "아이쿠, 벌써 모가 저렇게 자랐군. 쯧쯧, 고추꽃이 피는 것도 몰랐군." 하고 한바탕 호들갑을 떨지만, 돌아오면 또 그런 것을 다 잊어버리고 산다. 한심한 일이다.

그러고 보니 요새는 들판에 원두막이 잘 안 보인다. 수박이고 참외고 다들 비닐하우스에서 가꾸니까 그런가 보다. 그래서 어쩌다가 산골 밭머리에 호젓하게 서 있는 빈 원두막을 보면 눈물겹도록 반갑다. 한여름 땡볕에 늘어지게 기지개를 켜고 있는 듯한 적막한 모습이 더욱 정겹다. 거기 삼베 중의 적삼 입고 부채질하는 영감님이라도 앉아 있으면 아주 생기가 도는 풍경이 될 법한데, 주인 없는 원두막은 아무래도 쓸쓸해 보인다.

원두막을 보고 한순간 생각이 꼬리를 물면 바로 떠오르는 것이 있다. 그 옛날 수박서리, 참외서리 하던 일이다. 예부터 우리 나라에는 아주 독특한 '서리 문화'가 있었다. 기껏 남의 밭에 들어가 장난하는 것을 두고 '문화'라고 부르는 것이 좀 지나치다 싶으면 그냥 '풍습'이라고 해도 좋다. 이런 풍습이 다른 나라에도 있는지는 알 수 없지만, 우리 것은 좀 지나치게 '문화'로 대접받을 만한 나름의 까닭이 있다.

우선, 그것은 공동체 안에서 '내 것과 네 것'을 그리 깐깐하게 따지지 말자는 것을 일깨워 주는 구실을 하였다. 우리네 농촌처럼 규모가 작고 소박한 생산공동체에서는 칼로 무 자르듯 가르는 소유의 질서가 통할 수 없었다. 그보다는 끈끈한 유대와 일체감이 더 중요했으니까. 그런 생각이 이웃의 농사도 '남의 농사'라기보다는 '우리 농사'라는 눈으로 바라보게 하였고, 그것을 '서리'라는 풍습을 통해 확인하고자 했을 것이다.

좀 거창한 풀이가 되었지만, 어쨌든 서리는 공동체 안에서 어느 정도 용인된 풍습이었다. 이를테면 몇몇 아이들이 밤중에 남의 수박밭에 들어가서 수박서리를 하다가 주인에게 들켰다 치자. 이때 만약 수박밭 임자가 아이들을 지나치게 혼내 주기라도 하면, 비난의 화살은 아이들 쪽보다는 밭 임자 쪽으로 쏠리게 마련이었다. 이런 정황을 다른 나라 사람들이라면 도저히 이해하지 못할 것이다.

또 있다. 적어도 내가 겪은 바로는 서리에도 나름의 원칙이 있었다. 첫째, 어떤 서리든지 먹을 것만을 대상으로 한다. 보통 여름에는 수박서리와 참외서리를 비롯해서 밀서리, 콩서리, 오이서리가 주종을 이루는데 이것은 대개 밭에서 자라는 것이다. 겨울에는 무서리(김장용으로 마당에 구덩이를 파고 묻어 놓은 것을 꺼내어 먹는 일)가 흔했고, 가끔 곶감서리나 달걀서리도 양념으로 곁들였으니, 이는 대개 집안에 갈무리해 놓은 것들이다. 둘째, 반드시 알맞게 먹을 만큼만 가져와야 한다. 지나치게 욕심을 내서 먹고도 남을 만큼 해치워서는 안 된다. 이를테면 서리꾼이 네 사람이라면 수박의 경우 큰 걸로 한 덩이면 족하다. 셋째, 절대로 밭을 망쳐서는 안 된다. 넷째, 서리꾼들 중에서 주인집 아이가 있으면 그 아이는 밭이나 집에 들지 않고 밖에서 망을 본다. 다섯째, 들키면 재빨리 도망가되, 망보는 아이는 일부러 꾸물대다가 붙잡힌다.

먹을 것만을 대상으로 한 것과 꼭 알맞게 먹을 만큼만 가지는 것은 서리가 결코 도둑질이 아님을 말해 준다. 밭에 심은 것을 서리할 때 밭을 망쳐서는 안 된다는 것은 매우 엄격한 원칙이었다. 원두막 영감님이 가장 두려워했던 것도, 그깟 수박 몇 덩이가 없어지는 것이 아니라 행여 철없는 아이들이 수박서리한답시고 밭을 마구 휘저어 미처 익지 않은 수박까지 결딴낼까 하는 것이었다. 능숙한 서리꾼은 결코 밭을 망치지 않았다. 주인집 아이가 망을 보고, 혹 들키더라도 망보는 아이가 잡히도록 한 것은 얼마나 재치 있는 계책인가. "네 이놈들, 게 섰거라!" 하고 눈을 부라리며 달려온 원두막 영감님이 꾸물대는 아이의 목덜미를 낚아채 보면 십중팔구 영감님 맏손자였으니 재미있는 일이 아닌가. 영감님도 그 정도쯤이야 미리 짐작하고 있었겠지만 말이다. 그래서 '서리꾼은 잡을 생각 말고 쫓을 궁리하라'는 말이 나왔는지 모른다. 원두막 영감님도 애초에 잡을 생각이었으면 살금살금 소리 없이 다가왔지, "게 섰거라!" 하고 벼락같이 소리 지르며 달려오지는 않았을 것이다.

이래서 나는 감히 서리를 '문화'의 자리에 올려놓는다. 그것은 농사꾼들의 고단한 삶 속에서 감칠맛 나는 양념 구실을 톡톡히 하였고, 질박한 생산공동체 속에서 질긴 유대감을 심어 주었으며, 놀이와 모험을 즐기는 아이들에게 신나는 놀이마당을 마련해 주었다. 그런데 안타깝게도 이제는 서리가 사라지고 없다. 농촌공동체가 무너지고 산골 구석구석까지

도시의 각박함이 스며들어 서리와 같은 넉넉한 풍습은 설자리를 잃어버린 것이다. 그래서 나는 올 여름에도 아이들에게 그리운 수박서리의 경험을 들려주면서 한 마디 덧붙이는 것을 잊지 않는다.

"너희들은 절대로 그런 짓을 흉내 내서는 안 된다. 요새 섣불리 남의 밭에 들어갔다간 경을 치게 돼."

(《정심》, 1996. 7.)

내 고향 이야기

내 고향은 경상북도 안동이다. 낙동강 물줄기가 반변천과 만나서 흐르다가 유장하게 굽이치는 곳, 안동시 남후면 수하리가 바로 그곳이다. 마을 뒷산에 올라서면 활처럼 크게 휜 낙동강의 넉넉한 풍채가 한눈에 들고, 강 건너 영남산과 태화봉 아래 엎드린 시가지가 사철 고즈넉하게 보이던 곳이다. 마을 앞 너른 들을 덮은 누런 흙은 기름지고 부드러워서, 맨발로 밟으면 발바닥에 닿는 느낌이 황홀하기까지 했다. 강이 있어 넓게 트인 북쪽을 빼면 나머지 삼면은 올망졸망한 산이 병풍처럼 둘러서 있어서, 거기 서 있는 것만으로도 아늑하기 그지없었다. 남쪽 낮은 산자락을 뚫고 길게 이어진 철길에는 하루에 예닐곱 번씩 검은 증기기관차가 길게 기적을 울리며 지나가곤 했다.

이곳에서 나는 꿈 같은 옛이야기를 들으며 어린 시절을 보냈다. 겨울밤에는 화로 옆에서 어머니 무릎을 베고 누워 〈별순이 달순이〉 이야기를 들었고, 여름 낮에는 조밭에서 아버지 뒤를 따라 부지런히 호미질을 하면서 〈왕굴장굴대〉 이야기를 들었다. 그뿐 아니다. 여름밤 모깃불 피워 놓은 마당가에서, 두레일 하다가 쉴 참에 둘레둘레 모여 앉은 논둑에서, 때로는 가슴 두근거리며 때로는 깔깔 웃으며 수많은 옛이야기를 들었다.

언제 어디서나 사람이 여럿 모인 곳에서는 이야기판이 벌어지게 마련이어서, 우리 또래 아이들의 귀를 솔깃하게 하였다. 이렇게 들은 옛이야기는 재미도 재미거니와 듣고 나면 반드시 되새겨볼 만한 가르침이나 깨달음이 있었다. 또 끝없이 펼쳐진 상상의 세계가 있었다. 이때에 들은 수많은 옛이야기는 그 뒤로도 사라지지 않고 마음속에 남아, 나이를 먹을수록 쇠약해지기 쉬운 내 상상력을 튼튼하게 떠받쳐 주었다. 옛이야기 속의 주인공들은 언제나 내 곁에 머물면서 어려움을 겪을 때마다 소리 없는 응원을 보내 주었다. 어린 시절에 들은 옛이야기는 한 사람을 평생 따라다니며 메말라가는 정서에 비를 뿌리고 삶을 기름지게 하는 밑거름이 된다고 나는 굳게 믿고 있다. 이 믿음이 요새 와서 점점 사라져 가는 옛이야기에 다시금 눈을 돌리게 하였는지 모른다.

지금은 어떨지 모르지만, 어린 시절 내 고향은 어설프나마 말 그대로 소박한 생산공동체였다. 농사철이 되면 언제 누구네 집 논에 모를 심는지 아이들까지 다 알았고, 산밭을 매러 갔다가 이웃 밭에 김이 많으면 한두 고랑이나마 매 주고 오는 것을 당연하게 알았다. 이장은 마을 사람들이 농사짓느라 바빠서 미처 손이 못 가는 자잘한 심부름을 도맡아 해 주었고, 마을 사람들은 그 대가로 가을에 곡식을 거두면 얼마씩 모아 주었다.

더러 가뭄 끝에 이웃끼리 물싸움이 벌어지는 일이 있어도, 그것은 마땅히 온 동네가 나서서 수습할 일로 여겼지 당사자끼리의 다툼으로만 보지 않았다. 아이들이 장난삼아 저지르는 참외서리, 수박서리도 아주 너그럽게 용인되었다. 마을 사람들에게는 질박하나마 공동체의식이 뿌리 깊게 자리잡고 있어서 누구든지 박절하게 자신의 이익을 따지는 일에는 익숙하지 못하였다. 그러기에 우리 집 농사도 '내 농사' 가 아닌 '우리 농사' 요, 이웃집 농사도 '남의 농사' 가 아닌 '우리 농사' 로 여겼다. 이런 끈끈한 유대감이 서리와 같은 장난도 관대하게 보아 넘기는 밑바탕에 깔려 있었으리라.

어릴 적 온몸에 젖은 이러한 의식은 나이를 먹고 도시에 나와 살면서도 사라지지 않아서 가끔 엉뚱한 실수를 저지르기도 한다. 사람들이 모래알처럼 서로 갈라지면 인간성도 함께 사라지게 마련이다. 세상이 점점 각박해져갈수록 고향이 가진 그 질박한 공동체의 삶이 새삼 우리 앞에 절실하다.

고향은 내 몸이 태어나고 내 마음이 자란 곳이다. 그러기에 많은 이들이 고향을 이야기한다. 그러나 타관에서 살고 있는 나를 포함한 많은 이들이 또한 고향 앞에서 떳떳하지 못하다. 관념으로, 말만으로 고향을 사랑하는 일이야 얼마나 쉬운가. 고향과 동향인을 앞세워 자신의 목적을 이루려고 하는 일은 또 얼마나 불순한가. 오늘도 많은 사람들이 타관에서 애향심을 부르짖는 동안 고향의 산과 들, 그리고 거기에 사는 사람들은 언제나처럼 묵묵히 제 자리를 지키고 있다. 우리는 모름지기 고향에 남아 고향의 흙을 디디고 사는 사람들, 고향의 길을 쓰는 사람들, 고향에서 우리가 먹을 양식을 짓는 사람들 앞에서 고개 숙일 일이다. 그들이야말로 진정 고향에 대해서 이야기할 자격이 있는 분들이니까.

(《경북인》, 1997. 1.)

기차를 타 보면

본디 타고난 숙맥이라 집을 떠나 멀리 가는 걸 꺼리다 보니 낯선 곳에 갈 일도 잘 생기지 않는다. 그렇지만 사람이 살다 보면 볼일이 아주 안 생기는 것은 아니어서 가끔은 기차를 타고 딴 데를 가게 된다. 기차를 타면 느낌이 참 좋다. 우선 움직임에 잔잔한 설렘이 있어서 좋고, 창밖으로 보이는 풍경이 새로워서 좋다. 먼 듯 가까운 듯 끊임없이 이어지는 바퀴 소리도 들을 만하고, 같은 칸에 탄 사람들의 움직임이나 표정을 구경하는 재미도 쏠쏠하다.

그런데 아무래도 이상하다. 고요한 설렘과 편안한 느낌은 있으되 생동감이 없다. 왜 그런고 했더니 차 안이 너무 적막해서 그렇다. 차에 탄 사람들은 하나같이 무심한 표정으로 신문을 읽거나 눈을 감고 잠을 청할 뿐 말이 없다. 그러고 보니 의자가 놓인 방향도 약속이나 한 것처럼 한쪽을 보고 있다. 더러 일행인 듯싶은 사람들만 의자를 돌려놓고 마주보고 있을 뿐, 다른 사람들은 줄지어 선 군인들처럼 모조리 한쪽 방향을 보고 앉아 있다. 이러니 질서정연하고 고요하기는 하되 도무지 사람 사는 곳 같지가 않다.

옆자리에 앉은 사람에게 말을 걸어 보려고 해도 도무지 그럴 분위기가 아니다. 공연히 긴요하지도 않은 말을 걸었다가는 냉랭하고 의심스러운 눈길이 돌아올 게 뻔하다. 이래서 아무도 낯선 이에게 말을 붙일 엄두를 못 내고 뒤척거리며 적막 속에 몸을 맡긴다.

내가 어렸을 적에는 그렇지 않았다. 기차를 타면 으레 의자는 둘씩 마주보게 놓여 있었고, 거기에 앉은 사람들은 옆이나 앞자리에 앉은 낯선 사람에게 말을 붙이기를 주저하지 않았다. "어디까지 가시느냐?" "어디에 사시느냐?" 이런 물음에서부터 시작되는 대화는 자연스럽게 둘레로 번져나갔고, 때때로 입담 좋은 이야기꾼이 풀어놓는 옛이야기에 와그르르 웃음이 터지기도 했다. 마주보고 앉은 사람들끼리 주거니 받거니 살아가는 이야기가 꽃피기도 하고, 가슴 두근거리며 조심스럽게 이야기를 나누던 젊은 남녀가 이윽고 서로에게 마음이 끌리기도 하였다. 요컨대 분주하고 북적거리는 가운데 사람의 마음을 이어 주는 정겨움이 있었다.

세상이 참 많이 달라졌다. 이제는 어디에도 이야기문화가 없다. 낯선 사람끼리 이야기를 나누기보다는 혼자 신문을 보거나 잠을 자는 편이 훨씬 편한 세상이 되었다. 긴요하지 않은 이야기로 시간을 허비하지 않게는 되었으나, 그 대신 우리는 귀중한 것을 잃어가고 있다. 사람의 마음은 점점 닫히고, 닫힌 마음의 거리는 점점 멀어지고 있다.

이야기는 사람과 사람을 이어 주는 끈과 같다. 이야기문화가 꽃피는 세상에서는 사람들이 서로에게 빨리 다가설 수 있다. 그러나 이야기문화가 사라진 세상에서는 사람들이 한 줌의 모래알로 흩어진다. 더 늦기 전에 이야기문화를 되살릴 때가 되지 않았나. 낯선 이에게 다정스럽게 말을 거는 일이 조금도 어색하지 않은 세상을 다시 만들 때가 되지 않았나.

기차를 타 보면 안다. 우리가 얼마나 적막하고 정나미 떨어지는 세상에 살고 있는가를.

(《월간 에세이》, 1997. 4.)

된장 선생님

"자식을 낳아 길러 보고서야 부모 마음을 알겠다."고 말하는 사람들을 자주 본다. 옳은 말이다. 서두에 이런 말을 꺼내는 것은, 내가 지금 "교사가 되어 아이들을 가르쳐 보고서야 그 옛날 선생님 마음을 알겠다."는 말을 하고 싶은 까닭이다.

내가 초등학교 2학년 때, 우리 선생님은 몹시 무뚝뚝하고 무서웠다. 체육시간에 달리기를 하다가 넘어지면, 달려와서 흙먼지를 털어 주는 대신 결승선에 버티고 서서 내가 다리를 절며 끝까지 달려오기를 기다렸다가 이렇게 말씀하셨다.

"너는 내일부터 나물밥 먹고 산에 가서 나무 한 짐씩 해라."

그때 나는 선생님이 무척 야속했다.

여자아이들을 놀리다가 들키면 선생님은 우리를 한 줄로 세워 놓고 하나씩 제 잘못을 제 입으로 말하게 하셨다. 다른 동무들이 우물쭈물 제 잘못을 말하고 나서 선생님의 커다란 알밤을 얻어맞는 동안 나는 간이 콩알만 하게 오그라들었다. 드디어 내 차례가 됐다. 나는 내 잘못을 말하는 대신 놀리지 않고 구경만 했다고 구차한 변명을 늘어놓았다. 선생님의 알밤이 무서웠던 까닭이다. 그때 선생님은 다른 동무들 것보다 더 큰 알밤을 먹이면서 이렇게 말씀하셨다.

"남이 나쁜 짓하는 걸 보면 말려야지 구경만 하고 있었다고? 너는 더 나쁜 놈이다."

그때도 나는 선생님이 무척 야속했다.

한번은 학교에 가다가 자전거에 부딪쳐 입술이 찢어졌다. 찢어진 입술은 곧 퉁퉁 부어올랐다. 집으로 되돌아갈까 하다가 용기를 내어 학교로 갔다. 우리 선생님이 이렇게 말씀하실 것 같았기 때문이다.

"사내자식이 좀 다쳤다고 학교를 빼먹어?"

교문까지는 울면서 갔지만, 운동장에서부터는 울지 않았다. 나는 애당초 선생님이 따뜻하게 보살펴 줄 것이라고는 기대하지 않았다. 그렇지만 다친 몸으로 용감하게 학교에 잘 왔다고 칭찬해 주지 않을까 하고 은근히 바라는 마음은 있었다. 그런데 뜻밖이었다. 선생님은 입술이 찢어져 퉁퉁 부어오른

채 학교에 온 나를 보고 깜짝 놀랐다. 그리고 어디서 다쳤느냐고 물었다. 다친 곳이 학교보다 집에서 더 가까운 곳이라는 걸 알고는 크게 야단을 치셨다.

"그러면 바로 집에 가서 된장을 발라야지."

학교에는 아이들이 다쳤을 때 바르는 빨간 약이 있었다. 다른 선생님들은 다 그 약을 발라 주셨다. 그런데 우리 선생님은 나를 데리고 학교 뒤 사택에 가서 사모님에게 된장을 달라고 하더니, 그것을 다친 곳에 덕지덕지 발라 주는 것이었다. 몹시 따갑고 아팠다. 그리고 하루 종일 입에서 된장 냄새가 났다. 떼 내고 싶었지만 꾹 참았다. 그런데 참으로 신통하게도 금방 부기가 빠지고 아픔이 가셨다.

방과 후 선생님은 나를 자전거에 태워서 바래다주려고 하셨다. 나는 선생님께 용감하게 보이고 싶어서 걸어가겠다고 우겼다. 선생님은 그러는 나를 물끄러미 바라보더니 아무 말 없이 나를 번쩍 들어 자전거에 태웠다. 그리고 힘차게 페달을 밟았다. 우리 동네까지 갈 동안 우리는 아무 말도 하지 않았다. 동네 어귀에서 선생님은 나를 내려 주고 이렇게 말씀하셨다.

"참는 건 좋은 일이야. 하지만 아픈 걸 억지로 참으면 안 돼."

나는 아직도 다친 곳에 된장을 바르면 왜 낫는지, 그 까닭을 모른다. 내가 읽은 수많은 책이나 수십 년의 경험도 그 까닭을 밝혀 주지 못했다. 그렇지만 나는 믿는다. 상처가 쉽게 나은 것은 바로 선생님이 발라 준 된장 덕분이었다고. 그리고 그 뒤로 내게 닥쳐 온 수많은 어려움을 이기게 해 준 것도 그 된장의 힘이었다고.

나는 내가 가르친 아이들이 다쳤을 때 된장을 발라 주지는 못했다. 그렇지만 된장처럼 구수하고 믿음직한 마음을 심어 주고는 싶다. 내게 된장의 힘을 주신 이성호 선생님, 그 뒤로 찾아뵙지는 못했지만 늘 선생님을 생각하고 있습니다. 건강하시고 오래오래 사세요.

(《월간 샘터》, 1998. 9.)

호롱불과 옛이야기

요즈음 아이들이 즐기는, 이른바 'ㅇㅇㅇ 시리즈'를 듣다 보면 재미있다는 느낌보다는 안쓰러운 마음이 앞선다. 얼마나 이야깃거리가 없었으면 저런 말장난을 다 지어냈을꼬 하는 생각 때문이다. 앙상하게 뼈만 남은 말 부스러기를 이리저리 꿰어맞춰 즐기는 아이들을 어찌 탓하랴. 어른들이 물려 준 이야기문화가 그뿐인 것을.

내가 어렸을 때에는 이야기문화가 살아 있었다. 어디를 가든 구수한 이야기꽃이 지천으로 피어났다. 어른들은 아이들을 만나면 '뭘 해라, 하지 마라'는 잔소리 거리를 찾는 대신 재미난 이야깃거리를 먼저 찾았다. 내 기억으로는, 어렸을 때 어떤 어른한테서도 '공부하라'는 다그침을 들은 적이 없다.

이야기꽃은 호롱불 아래에서부터 피어났다. 낮에 쉴 틈 없이 일하고 돌아온 식구들은, 밤이 되어서야 비로소 호롱불 아래 모여 앉아 헝겊자투리만한 여유를 즐겼기 때문이다. 무더운 한여름이 아니라면, 시골 마을 어느 집에서건 대개 다음과 같은 풍경이 펼쳐지게 마련이었다.

호롱불 밝힌 방 윗목에 할아버지가 새끼 꼴 짚 한 단을 갖다 놓으면 그 곁에 아버지가 돗자리틀을 차리고 어머니는 아랫목에서 반짇고리를 연다. 이때부터 이불 밑에 발만 넣고 올망졸망 모여 앉은 아이들은 목을 빼고 할아버지 입만 쳐다본다. 드디어 헛기침 두어 번으로 목을 다스린 할아버지가 "옛날 옛적 갓날 갓적 호랑이 담배 피울 적에……." 하고 옛이야기 보따리를 풀어 놓으면 아이들 눈이 반짝 빛난다. 이야기가 가파른 고개를 따라 오르면 아이들도 덩달아 숨이 막히고, 이야기가 한 고비를 넘기면 아이들도 덩달아 한숨을 쉬며 가슴을 쓸어내린다. 그 동안에도 할아버지 새끼 꼬는 손놀림은 그치지 않고, 가끔 자리를 매던 아버지나 베갯잇을 고치던 어머니가 할아버지 이야기에 슬쩍슬쩍 끼어든다. 무르익는 이야기 장단에 맞춰 호롱불 노란 불꽃도 너울너울 춤을 춘다…….

호롱불은 모깃불, 화롯불과 함께 이야기문화의 산실이었

다. 호롱불빛은 멀리 비추되 너무 밝지 않아 그윽하고, 환히 비추되 눈부시지 않아 정겨웠다. 너무 밝지 않은 점이 오히려 사람들을 가까이 모이게 했다. 사람들이 가까이 모이면 이야기꽃이 피게 마련이다. 호롱불의 그윽한 빛은 이야기에 감칠맛을 더해 주었다. 집집마다 밝혀 놓은 호롱불 아래 이야기꽃은 밤늦도록 은근하게 피어났다. 때로는 식구들끼리, 때로는 마실 나간 또래들끼리 풋풋한 들꽃처럼 피워내는 이야기꽃이었다.

모깃불은 여름철 무더위를 피해 바깥에 나앉은 사람들을 한데 모으는 구실을 하였다. 호롱불 아래 이야기꽃이 핀 것처럼, 모깃불 둘레에서도 어김없이 이야기가 별처럼 쏟아졌다. 어릴 적 우리 마을에 살던 '칠봉이 아재'는 타고난 이야기꾼이었다. 여름날 칠봉이 아재가 저녁을 먹고 마실을 나가면, 동네 조무래기들이 줄레줄레 그 뒤를 따랐다. 연기조차 구수한 모깃불 둘레에서 칠봉이 아재는 무궁무진한 이야기로 우리들 마음을 사로잡았다.

화롯불은 기나긴 겨울밤을 든든하게 지켜 주는 파수꾼 구실을 하였다. 화롯가에서도 아기자기한 이야기꽃이 피었음은 물론이다. 화로 속 은근한 잿불에 밤을 묻어 두면, 그 밤이 다 익을 때까지 무료함을 달래 주는 것은 바로 옛이야기였다. 또래들끼리 화롯가에서 돌아가며 이야기를 하다 보면, 이야기 밑천이 달리는 아이는 그 자리에서 슬쩍 이야기 하나를 지어내기도 하였다. 오늘날의 이른바 창조성 교육이 어찌 이를 따라잡으랴. 지어낸 이야기인 줄 뻔히 알면서도 짐짓 진지한 표정을 지으며 들어 줄 줄 아는 아량도 그 은근한 화롯불이 풍기는 넉넉한 분위기 덕택이 아니었으랴.

1970년대 초, 우리 마을에도 전기가 들어왔다. 집집마다 전깃불이 환하게 켜지고, 곧이어 사람들이 텔레비전 앞에 모여들기 시작했다. 그윽하고 은근한 호롱불빛에 오랫동안 익숙했던 우리는, 처음으로 보는 전깃불 아래에서 어쩔 줄을 몰랐다. 그것은 너무 밝아서 낯설었고, 그 때문에 마치 발가벗은 몸을 남에게 보여 주는 듯한 쑥스러움을 한동안 겪어야 했다.

사람들이 텔레비전 앞에 모여들면서 이야기문화는 점점 사라져 갔다. 사람들은 더 이상 불을 둘러싸고 올망졸망 모여 앉아 이야기꽃을 피우려고 하지 않게 되었다. 이야기문화가 사라지면서, 아이들은 어른들한테서 구수한 옛이야기를 듣는 대신 삭막한 외마디 지시와 명령만을 듣게 되었다. 그리고 이제 우리는 우리의 아이들이 풍성한 이야기 대신 앙상한 말장난을 즐기는 것을 보고 있다.

나는 지금 전깃불 밑에 앉아 우리가 한때 풍성하게 지녔던 이야기문화가 호롱불, 모깃불, 화롯불과 함께 사라졌다는 데에 아쉬움을 느낀다. 그러나 이야기문화가 사라진 것이 어찌 전깃불 탓이겠는가? 불이 밝아진 만큼 우리 마음이 넉넉해지지 못한 탓이 아니겠는가? 전깃불 아래에서도 풍성한 이야기문화가 다시 피어나기를 바랄 뿐이다.

(《한전》, 1998. 11.)

어머니가 보낸 첫 여행

내가 어렸을 때, 우리 어머니는 자식에 대한 사랑이나 연민의 감정을 좀처럼 겉으로 드러내지 않았다. 한번은 학교에서 돌아오니 집에 아무도 없었다. 어머니가 동네 잔칫집에 일을 거들어 주러 갔다는 사실을 안 나는 곧바로 잔칫집으로 달려갔다. 때마침 부엌에서 일을 하고 있는 어머니를 찾아내자, 나는 반가움에 소리 지르며 어머니 치맛자락에 매달렸다. 그러나 다정스럽게 반겨 줄 거라는 내 기대와는 달리, 어머니는 아주 차가운 말투로 내 의젓하지 못함을 나무라고는 내내 당신의 일에만 열중했다. 그 뒤 잔치가 끝날 때까지 나는 어머니의 눈길을 단 한 번도 받지 못했다.

위로 여섯 누나를 두고 외아들로 태어났으면서도, 나는

어머니의 사랑이나 보호를 받기보다는 주로 깨우침과 질책을 받으며 자랐다. 어머니는 내가 겨우 뜀박질을 시작할 무렵이 되자 기다렸다는 듯이 내 몸에 맞는 작은 지게를 만들어 주었다. 그 뒤로 어머니는 날마다 내게 지게를 지고 일하러 나갈 것을 다그쳤다. 하루라도 일하지 않으면 게을러지고, 게을러지면 사람 구실을 못한다는 것이 그 까닭이었다. 열 살 때 아버지를 여읜 뒤로는, 행여 아들이 잘못을 저질러 돌아가신 아버지를 욕되게 할까 봐 자나깨나 경계하고 깨우치는 것이 일이었다. 그때 나는 그 깨우침을 지루한 잔소리로 여길 만큼 철부지였다.

이러한 어머니의 교육 방식은, 내가 나이가 들어 가정을 이루고 자식을 키우면서 비로소 내 공감과 존경을 받게 되었다. 그 중 가장 감탄할 만한 일은, 초등학교 3학년 겨울방학 때 어머니가 아홉 살 먹은 나를 혼자 여행 보낸 일이었다. 여행이라야 칠십 리 떨어진 외가에 사흘 일정으로 갔다 오는 것이 고작이었지만, 아홉 살 먹은 어린 소년에게 그것은 신비로움으로 가득 찬 모험의 여정이었다. 똑같은 길이라도, 어머니 손을 잡고 가는 길과 혼자서 가는 길은 전혀 다른 법이다.

버스로 한 시간, 걸어서 두 시간 동안을 혼자서 여행하며 나는 세상의 모든 낯설음과 맞닥뜨렸다. 만나는 사람들은 모두 이야기 속 주인공처럼 새로웠고, 보이는 풍경은 모두 꿈속처럼 신비로웠다. 나는 여행 내내 약간의 두려움과 그보다 더 많은 호기심을 가슴에 품고 새로움과 낯설음에 조금씩 눈떠갔다. 그리고 사흘 동안의 여행을 끝내고 돌아온 나는, 놀랍게도 내 마음 속에 두려움이 사라졌다는 사실을 발견했다. 소심하고 겁 많던 아이가 어느새 용감하고 의젓한 소년으로 탈바꿈해 있었던 것이다.

나는 지금도, 그때 어머니가 아홉 살 먹은 어린 아들을 칠십 리 여정에 내보낸 그 용기에 감탄한다. 내가 어른이 되어 세 딸을 키우면서 그것이 얼마나 큰 용기인가를 새삼 깨닫게 되었지만, 부끄럽게도 나는 어머니의 그 훌륭한 교육 방식을 본받지 못했다. 몇 번인가 망설인 끝에, 그때보다는 길 위에 위험요소가 훨씬 많아졌다는 변명과 함께 어린 딸아이를 혼자 여행 보내는 일을 포기하고 말았던 것이다.

어머니는 그때 아들을 혼자 여행 보내 놓고 얼마나 마음 졸였을까. 목적지에 안전하게 다다랐는지 확인할 수 있는 전화조차 없었던 그 상황에서도, 어머니는 의연함을 잃지 않고 용감하고 의젓한 모습으로 돌아올 아들을 기다렸던 것이다. 나는 여행하면서 주체할 수 없는 호기심으로 두려움을 이겨냈지만, 어머니는 자식에 대한 굳은 믿음으로 두려움을 이겨냈나 보다.

(《엄마 노벨 아이 노벨》, 2002. 8.)

마늘 할아버지와 껌 할머니

장면 하나. 시골 장터에 한 늙수그레한 할아버지가 큼지막한 보퉁이 하나를 들고 나타났다. 할아버지는 이런 일에 익숙치 않은 듯, 주뼛주뼛 어색해 하며 장터 한쪽 구석에 앉아 조심스럽게 가져온 보퉁이를 끌렀다. 보퉁이 안에서는 잘 여문 마늘이 대궁째 쏟아져 나왔나. 잘 다듬어지지는 않았으나 알이 굵고 실한 마늘은 모두 한 접쯤이나 돼 보였다. 순식간에 장터 사람들이 모여들었다. 모여든 사람들 가운데는 장바구니를 든 여염집 아낙도 있었고, 큰 도시에서 트럭을 타고 온 거간꾼도 있었다. 때마침 김장철인 데다가 마늘이 아주 귀할 때라 너도나도 높은 값을 부르며 마늘을 사려 했다. 그중 거간꾼이 가장 극성이었고, 당연히 제일 높은 값을 불렀다.

하지만 할아버지는 굳이 장바구니 든 아낙에게 마늘을 건네고, 거간꾼이 부른 값의 절반쯤 되는 돈을 받고 돌아섰다.

"나도 시세를 알지. 아무리 마늘이 귀하다 해도 그렇게 비싼 값에 팔아서는 장사가 아니라 도둑질이지."

이것이 돌아서며 할아버지가 남긴 혼잣말이었다.

또 다른 장면 하나. 지하철 정거장으로 내려가는 층계참에서 한 할머니가 조그마한 나무상자를 앞에 놓고 앉아 있었다. 상자 안에는 껌, 과자, 사탕 같은 군것질거리가 옹기종기 들어 있었다. 할머니는 분명 그 물건들을 팔 요량 같았지만, 말 한 마디 없이 오가는 사람들을 물끄러미 쳐다보고 있을 뿐이었다. 마침내 한 사내가 다가와 천 원짜리 종이돈 한 장을 상자 위에 올려놓았다. 그리고 무엇을 사려느냐고 묻는 할머니 말에 손을 내저으며 그냥 그곳을 지나치려 했다. 곧 할머니 얼굴에서 웃음이 사라졌다. 할머니는 벌떡 일어서서 사내의 옷소매를 잡았다. 그리고 단호한 말투로 무엇을 사려느냐고 다시 물었다. 사내가 마지못해 껌 한 통을 달라고 하자, 할머니는 껌 한 통과 거스름돈 오백 원을 사내 손에 쥐여 주고 나서 무심한 듯 도로 자리에 앉았다.

" 아무 것도 안 가져가면 나는 남의 돈을 거저 받게 되는데, 그럴 수는 없지. 장사는 장사지 구걸은 아니잖아."

이것이 그 할머니가 사내에게 건넨 말이었다.

첫째 장면은 오래 전 내 고향에서 친척 어른한테 들은 이야기이고, 둘째 장면은 몇 해 전 어느 지하철역에서 내가 겪은 일이다. 첫째 장면에서는 주인공격인 할아버지가 바로 그 친척 어른이고, 둘째 장면에서는 들러리격인 '사내' 가 바로 나다. 그리고 나는 이제, 이 아무렇지도 않은 것 같은 두 가지 이야기를 독자 여러분에게 들려주면서 아련한 감회에 젖는다. 그리고 혼자 생각한다. 마늘 할아버지와 껌 할머니, 이 두 분이야말로 이 시대의 '진짜 상인' 일 거라고.

요새 들어 물신주의와 배금주의는 거의 종교가 되어 가고 있다. 이윤 추구를 최대 가치로 삼는 자본 앞에서 사실 양심이나 자존심 같은 건 거추장스러운 짐에 지나지 않을지도 모른다. 이른바 '효율적 마케팅' 에 익숙한 요새 신사숙녀들의 눈에는, 눈앞의 더 큰 이윤을 마다하고 스스로 가장 작은 이익을 선택한 마늘 할아버지나 껌 할머니의 거래 방식이 어쩌면 한심스럽게도 보일 것이다. 하지만 나는 그것이 진정 슬기로운 상거래라고 믿는다.

갖가지 눈부신 광고 구호가 거리를 가득 메운 도시 한복판에서, 문득 그 옛날 마늘 할아버지의 양심과 껌 할머니의 자존심을 다시 생각해 본다. 그러고 보니 이제는 추억이 돼 버린 그 인간미가 새삼스럽게 그리워진다.

(《월간에세이》, 2008. 2.)

이오덕 선생님을 생각함

이 글을 쓰겠다고 덜컥 약속을 해 놓고 나서 며칠 동안 적잖이 뉘우쳤습니다. 내가 과연 이오덕 선생님에 대한 이야기를 제대로 할 수 있겠는가 하는 걱정이 앞섰기 때문입니다. 내가 알고 있는 이오덕 선생님은 내 눈으로 본 이오덕 선생님일 뿐입니다. 그리고 그것조차 아주 작은 한 부분만 보았는지도 모릅니다. 결국 장님 코끼리 다리 만지는 격의 이야기를 함으로써 이오덕 선생님과 독자들에게 겹으로 죄를 짓는 게 아닌가 싶었던 게지요. 이런 걱정을 하면서도 끝내 글 쓸 용기를 얻었던 것은, 이런 글은 누가 써도 그런 흠을 가질 수밖에 없겠구나 하는 생각이 들었기 때문입니다. 독자 여러분께서는 부디 그런 점까지 헤아리고 이 글을 읽어 주시기 바랍니다.

내가 이오덕 선생님을 처음 알게 된 것은 1970년대 말이었습니다. 그때는 군사정권의 서슬이 퍼렇던 시절이었는데, 교육대학을 갓 나와 초등학교 교사 노릇을 처음 시작한 나는 교과서에 씌어 있는 대로 아이들에게 독재정권의 정당성을 부지런히 가르치고 있었습니다. 그러다가 우연히 이오덕 선생님이 손수 글씨를 써서 등사한 작은 유인물을 얻어 볼 기회가 있었습니다. 주로 교육에 대해서 걱정한 글이 담긴, 네 쪽인가 여덟 쪽짜리 그 유인물을 읽어 본 순간 정말 정신이 번쩍 들었습니다. 지금까지 마음속에 있던 혼란과 갈등이 말끔히 사라지면서 무엇이 옳고 그른지가 아주 명백해지는 것이었지요. 어둠 속에서 한 줄기 빛을 발견한 느낌이라고 할까요. 그런 느낌을 지닌 채 그 뒤로도 서너 해가 지난 뒤에야 비로소 이오덕 선생님께 편지 한 통을 드렸고, 곧바로 선생님의 정성스런 답장을 받았습니다. 그 뒤로 많은 편지가 오가고 때때로 만나 뵙기도 하면서 나날이 새로움에 눈을 떴으며, 글쓰기교육과 어린이문학에 대하여 선생님한테서 참으로 귀한 가르침을 많이도 받았습니다.

선생님은 그때 경북 성주의 초등학교에 교장선생님으로 계셨고 나는 경북 안동의 산골 학교에서 교사로 일하고 있었는데, 한번은 글쓰기교육 모임에 관한 일로 대구에서 선생님을 뵙게 되었습니다. 그 날 막차를 놓쳐 대구에 있는 선생님 댁에서 하룻밤 신세를 지게 됐는데, 선생님 댁에 들어서 보니 마당에 풀이 수북하게 자라고 있었습니다. 내게는 그게 참 신선하게 보여서 선생님께 감탄조로 여쭈어 보았습니다.

"선생님, 마당에 풀을 뽑지 않고 그냥 두신 뜻이 있으시겠지요?"

선생님은 아무렇지도 않게 말씀하셨습니다.

"아이고, 며칠 안 뽑았더니 저렇게 잘 자라요."

선생님은 곧 신문에 난 시 두 편을 제게 보여 주시면서 물으셨습니다.

"서 선생님, 이 시 두 편 중에서 어느 것이 더 나아 보입니까?"

나는 시를 읽어보았습니다. 한 편은 아이들 놀이하는 모습을 담담하게 그린 것이었고, 다른 한 편은 연날리기를 소재로 우리 민족성을 강하게 드러낸 것이었습니다. 그래서 뒤엣것이 더 나아 보인다고 말씀드렸습니다. 그랬더니 선생님은 크게 웃으며 말씀하셨습니다.

"하하, 이게 사상성이 있다고 보신 모양인데, 사상이 튼튼하면 굳이 드러낼 필요가 없지요. 다시 한 번 읽어보세요."

나는 이날 선생님의 가르침을 평생 잊지 못합니다. 그때 나는 세상을 막 새롭게 보기 시작했고, 그 새로운 눈뜸에 스스로 감동해서 말이고 글이고 설익은 채로 마구 쏟아낼 때였지요. 선생님은 그런 제게 어깨에 힘을 빼라고 당부하는 대신 이런 말씀으로 깨우치려 하셨던 것 같습니다. 그렇지요. 겉으로 꾸미고 크게 드러내려고 하는 건 속이 시답잖은 까닭이지요. 그렇고말고요.

선생님이 겉으로 요란하게 꾸미는 걸 싫어하신 것은 천성이었나 봅니다. 선생님이 교직을 그만두고 과천에서 글쓰기와 우리말 살리기에 전념하실 때 일입니다. 볼일이 있어 서울 갔다가 선생님과 연락이 되어 약속 장소에 나갔더니, 선생님께서 소매가 해진 낡은 셔츠를 입고 나오셨습니다. 그것도 살짝 해진 정도가 아니라 아예 너덜너덜해져서 실밥이 주렁주렁 나온 꼴이었지요. 그 모습이 하도 서글퍼 보여서, 이야기 도중 선생님 몰래 잠깐 나가서 새 셔츠 한 벌을 사 가지고 왔습니다. 내가 좀 겸연쩍어하면서 그것을 드렸더니, 선생님은 기뻐하시기는커녕 쓸데없는 짓을 한다고 아주 무안할 만큼 크게 나무라셨습니다. 그 뒤로도 새 셔츠를 입은 모습을 결코 보지 못했으니, 선생님한테 새 옷과 같은 것은 다만 거추장스러운 겉치레일 뿐이었나 봅니다.

선생님은 서른 살이나 나이가 적은 저에게 한 번도 말씀을 낮추어 하신 적이 없습니다. 그것도 언제나 깍듯한 공대로 말씀하셨습니다. 때때로 나는 선생님의 그런 말투가 좀 야속

할 때도 있었습니다. 거리가 멀어 보이기 때문이었지요. 그러나 이제는 압니다. 선생님이 누구에게나 깍듯한 공대로 대하신 것도 천성이며, 거기에는 아무리 어린 사람이나 작은 사람도 똑같이 존중하려는 뜻이 배어 있음을.

선생님의 권유로 난생처음 동화를 썼을 때, 나는 분에 넘치는 칭찬을 가득 담은 선생님의 편지를 받았습니다. 그 편지에 힘입어 두 번째 동화를 썼을 때는 한밤중에 선생님의 긴 격려 전화를 받았습니다. 누구든지 그런 칭찬과 격려를 받고는 글을 쓰지 않을 수 없었을 것입니다. 내가 몹시 부끄러워하며 시답잖은 원고뭉치를 보내 드렸을 때, 선생님은 여러 날 동안 여기저기 뛰어다니며 출판을 주선하셨고, 그 일을 하나하나 편지와 전화로 알려 주셨습니다. 진정 선생님은 자신을 위해 쓴 시간보다 훨씬 더 많은 시간을 남을 위해 쓰셨습니다.

나는 아직 이오덕 선생님만큼 부지런한 분을 보지 못했습니다. 선생님이 대구에 사실 때, 언젠가 서울에서 선생님과 함께 기차를 타고 대구로 내려온 적이 있습니다. 그때 선생님은 흔들리는 기차 안에서 잠시도 쉬지 않고 책을 읽고 글을 썼습니다. 내가 졸음을 못 이겨 잠들었다 깨어나 보니, 그때까지 선생님은 글을 쓰고 있었습니다. 가방을 무릎 위에 올려놓고, 그 위에 원고뭉치를 올려놓고 글을 쓰던 선생님 모습이 아직도 눈에 선합니다. 돌아가시기 보름 전쯤 뵈러 갔을 때도 선생님은 좁은 방 안에서 글을 쓰고 있었습니다.

선생님은 일상사에서 한없이 부드럽고 너그러웠지만, 잘못에 대해서는 단호하였습니다. 누구든지 잘못된 생각이나 일처리로 선생님께 호되게 야단맞아 본 사람이라면 서릿발 같은 그 단호함을 알 것입니다. 언젠가 과천에 있는 선생님 댁에 갔을 때 일입니다. 이런 저런 이야기를 하다가 그때 한창 화제가 됐던 '논술고사' 이야기를 하게 됐습니다. 선생님이 삶을 떠난 글은 아무리 논리로 꾸며도 말장난일 뿐이라고 여러 번 강조하기에, 내가 그랬습니다.

"선생님, 자기 삶을 떠난 소재를 가지고도 설득력 있게 자기 주장을 펴는 공부는 필요한 것 아니겠습니까?"

그때 선생님은 정말 무서울 만큼 크게 나를 나무라셨습니다.

"아니, 그 설득력 있는 주장이라는 게 도대체 무엇을 위해 필요합니까? 말싸움으로 남을 이기기 위해 필요합니까? 삶을 떠난 주장도 필요하다니요. 서 선생님이 그런 생각을 할 줄 몰랐습니다. 그런 생각을 안 고치려면 앞으로 나한테 오지도 마세요."

아아, 이오덕 선생님께 그 서릿발 같은 단호함이 없었다면 우리에게 선생님은 그렇게 큰 모습으로 남아있지 않을지도 모릅니다. 모두가 숨죽이며 권력의 눈치만 살피던 1970·1980년대 그 어두웠던 시절에, 태산 같은 믿음과 그 믿음을 지키려는 칼날 같은 단호함이 없었던들 선생님이 어찌 홀로 꿋꿋이 서서 세상의 잘못을 꾸짖으실 수 있었겠습니까.

이제 우리는 잘못을 분명하고 호되게 꾸짖어 줄 참스승을 잃었습니다.

(《열린어린이》, 2003. 10.)

권정생 선생님을 생각함

이 여름, 우리는 큰 스승 한 분을 잃었습니다. 평생을 가난한 이와 약한 이들을 온몸으로 껴안고, 그 자신 또한 가난하게 살아 온 권정생 선생님이 바로 그분입니다. 선생님은 비록 한 마디 꾸짖음 없이 다만 낮은 목소리로 이야기를 들려주었을 뿐이지만, 우리는 거기에서 세상 어떤 설교보다도 더 귀한 가르침을 얻었습니다. 그래서 그분은 우리 모두의 참스승입니다.

권정생 선생님은 1937년 일본 동경에서 태어나 아홉 살 때 우리 나라로 건너온 뒤, 전쟁의 소용돌이 속에서 신문배달원과 서점 점원, 재봉틀 수리공으로 온갖 일을 다 하다가 열여덟 살 때 큰 병을 얻었습니다. 그 병은 평생을 두고 선생님을 괴롭혔지만, 선생님은 그 병조차 품안에 받아들였습니다. 하지만 선생님은 때때로 병이 너무나 심하게 자신의 몸을 괴롭힐 때는 절망 어린 한숨을 내쉬기도 했습니다. 나는 아직도 그 고통을 생각하면 눈물이 납니다.

선생님은 서른 살 때 경북 안동군 일직면 조탑동에 정착한 뒤로는, 견디기 어려운 병고 속에서도 글쓰기에 온 힘을 기울입니다. 그리하여 그 뒤 40년 동안 〈강아지 똥〉, 〈몽실언니〉, 〈무명저고리와 엄마〉, 〈사과나무밭 달님〉, 〈하느님의 눈물〉과 같은 수많은 이야기를 써 남겼습니다. 그 보석 같은 이야기들은 아이들의 마음을 울리며 그들의 사랑을 받아, 지금 나이 서른 안쪽의 우리 나라 사람이라면 누구든지 한 번쯤은 읽어 보았을 명작으로 자리 잡았습니다.

그 누구도 되풀이할 수 없는, 이 감동스럽고 기막힌 삶을 살아 온 권정생 선생님은 2007년 5월 17일 남북 철도를 잇는 '통일열차'가 기적을 울리며 군사분계선을 지난 오후 2시 17분에 어린아이처럼 편안한 모습으로 숨을 거두었습니다. 선생님에게는 70년의 무거운 짐을 벗고 편안한 쉼으로 드는 시각이었지만, 우리에게는 빛이 사라지고 어두움과 슬픔이 들이닥친 시각이었습니다.

돌아가시기 한 달쯤 전 병상에 누워 계신 선생님을 뵈러 갔을 때, 선생님은 편찮은 몸으로도 끊임없이 고향 마을 사람들 걱정을 하였습니다. 아무개는 요새 어머니가 없어서 고생하고 있고 아무개는 공부를 못 해서 기가 죽었다는 식으로, 아이들 이름을 하나 하나 들어가며 바로 곁에서 지켜보는 듯 말했습니다. 농약을 마시고 스스로 목숨을 끊었다는 한 할머니 이야기를 할 때, 선생님은 슬픔과 분노로 몸을 가누기조차 힘들어했습니다. 선생님은 그 할머니가 교회를 열심히 다니지만 않았어도 스스로 목숨까지 버리지는 않았을 거라 했습니다. 젊어서부터 온갖 험한 꼴을 다 겪으며 살아 온 할머니에게 교회는 위안을 주는 대신 수치심만 안겨 주었다는 것입니다.

가난하고 외로운 이를 향한 사랑과 그들을 괴롭히고 억압하는 힘에 대한 저항, 이것이 권정생 선생님의 삶과 문학을 꿰뚫는 사상의 고갱이입니다. 그것은 관념이 아니라 실체였으며, 잘 꾸며진 말로 포장된 것이 아니라 눈에 보이는 삶 그 자체였습니다. 지금까지 권정생 선생님을 만나 본 이들 가운데 온몸에서 우러난 그 삶의 향기에 감동하지 않은 사람은, 내가 아는 한 한 사람도 없습니다. 특히 권정생 선생님은 아이들과 노인들을 유달리 사랑하였는데, 그것은 바로 이들이 약자 가운데 약자이기 때문입니다.

선생님은 〈가난이라는 것〉에서 이렇게 말합니다. "인간의 생존 경쟁은 세상의 재물을 많이 차지한 부자들 때문이다. 부자가 없으면 가난한 자도 있을 수 없다. 강대국 때문에 약소국가가 생기고, 잡아먹기 때문에 잡아먹히는 것이다. 모두가 원위치로 돌아와 가난을 지켜야 한다. 가난만이 평화이고 행복을 기약한다. 가난이란 바로 함께 사는 하늘의 뜻이다." 종종 돈 앞에서 신념조차 꺾이고 마는 우리들이 새기고 또 새겨 보아야 할 말입니다.

선생님이 귀히 여긴 것은 비단 사람뿐이 아닙니다. 강아지똥으로 대표되는 작고 하찮은 모든 것이 선생님에게는 귀하디귀한 것이었습니다. 〈유랑걸식 끝에 교회 문간방으로〉를 읽다 보면 가슴이 저려 옵니다. "겨울이면 아랫목에 생쥐들이 와서 이불 속에 들어와 잤다. 자다 보면 발가락을 깨물기도 하고 옷 속으로 비집고 겨드랑이까지 파고 들어오기도 했다. 처음 몇 번은 놀라기도 하고 귀찮기도 했지만, 지내다 보니 그것들과 정이 들어버려 아예 발치에다 먹을 것을 놓아두고 기다렸다. 개구리든 생쥐든 메뚜기든 굼벵이든 같은 햇빛 아래 같은 공기와 물을 마시며 고통도 슬픔도 겪으면서 살다 죽는 게 아닌가. 나는 그래서 황금덩이보다 강아지똥이 더 귀한 것을 알았고 외롭지 않게 되었다."

선생님은 종교도 가난한 이를 버리는 순간 아무 값어치도 없다고 생각한 듯합니다. 하느님이 이 세상에 내려온다면 농사꾼일 것이요, 예수님이 다시 나타난다면 똥짐을 질 거라는 말에는 정신이 번쩍 듭니다. 〈십자가 대신 똥짐을〉에는 이런 구절이 있습니다. "양을 길러 젖을 짜 먹고 양고기를 먹고 살았던 유대나라에선 목자가 가장 귀한 직업이었다. 그래서 예수님도 스스로 목자가 되셨다. 한국에선 농사꾼이야말로 영육을 함께 살리는 하느님의 일꾼일 것이다. 정말 똥짐 지는 목회자는 없는 것일까? 예수님이 지금 한국에 오신다면 십자가 대신 똥짐을 지실지도 모른다." 이 얼마나 귀한 생각입니까?

이러한 선생님의 생각은 《하느님이 우리 옆집에 살고 있네요》라는 동화에 더 자세하게 나타나 있습니다. 이 이야기의 줄거리는 이렇습니다. 땅에 내려온 하느님과 예수님은 농촌에 살다가 서울 변두리 철거민 마을로 올라와 막일꾼과 청소부로 일을 합니다. 과천댁과 공주를 만나 함께 살게 된 둘은 노점상을 하다 경찰서에 잡혀가 욕을 보기도 합니다. 하느님은 이런 생활을 못 견뎌 시골로 돌아가거나 하늘로 다시 올라갈 생각도 합니다. 하지만 이북이 고향인 과천댁 할머니 소원이 고향 가는 일임을 알고는, 통일이 될 때까지 이 사람들과 함께 살기로 합니다. 이 멋진 하느님의 모습이 살아생전 권정생 선생님의 모습에 겹쳐 떠오르는 것은 그냥 우연일까요?

선생님은 평생을 병마와 싸우면서도 당신의 몸을 돌보는

일을 사치로 여기며 살아 왔습니다. 고통을 삶의 일부로 여기고 살아 온 것이지요. 콩팥에 꽂은 대롱을 손수 건사하면서 40년을 지내는 동안 그것을 바꾸려고 병원을 찾은 적이 한 번도 없었음이 그것을 잘 보여줍니다. 돌아가시기 직전 병원에서 대롱을 반강제로 바꾸어 주었을 때 "전에 쓰던 것은 15센티미터나 몸을 뚫고 들어갔는데, 새 것은 5센티미터밖에 안 된다."고 자랑하던 모습이 아직도 눈에 선합니다.

선생님은 모진 병고 속에서도 늘 아이들을 위해 이야기를 쓰는 일을 게을리 하지 않았습니다. 이토록 부지런히 아이들을 위해, 무엇보다도 가난하고 외로운 아이들을 위해 글을 쓰던 선생님도 절망에 빠진 적이 있습니다. 말년에 선생님은 후배들에게 이런 말을 자주 했습니다.

"나는 이제 글을 쓰기 싫어요. 아무리 힘들여 글을 써도 세상은 조금도 나아지지 않아요."

아무리 힘들여 글을 써도 세상이 달라지지 않는 것, 글 쓰는 사람에게 이보다 더 가슴 아픈 일이 또 있을까요. 우리는 선생님의 뼛속 깊이 스며든 절망감을 이해하며 함께 슬퍼하고 부끄러워합니다. 하지만 선생님의 절망이 너무 일렀던 건 아닐까요. 겉으로 세상은 조금도 나아지지 않았지만, 아니 점점 더 나빠지고 있는 듯하지만, 분명히 우리에게는 희망이 있습니다. 선생님의 이야기를 읽고 자란 아이들이 점점 많아지고 있으며, 지금 이 시각에도 우리 아이들은 선생님의 아름다운 이야기를 읽고 자랍니다. 그리고 그 아이들 마음속에는 조금씩, 정말 착한 것과 아름다운 것이 무엇인지를 가리는 슬기가 싹트고 있을 것입니다. 권정생 선생님의 이야기를 읽고서 말이지요. 이 아이들이 자라서 어른이 되면 틀림없이 이 세상을 바꿔 놓을 것입니다.

돌아가시는 순간, 선생님의 눈에서는 한 줄기 눈물이 흘러내렸다고 전해 들었습니다. 권정생 선생님을 단 한 번이라도 만나 본 적이 있는 사람은 알 것입니다. 아니, 선생님의 글을 한 편이라도 읽어 본 적이 있는 사람은 알 것입니다. 그 눈물은 분명히, 선생님이 두고 가는 이 땅의 가난한 이들과 외로운 이들을 위한 눈물이라는 걸.

선생님의 삶을 가까이에서 지켜본 이들은 말합니다. 그것은 너무나 숭고하여 도저히 따라갈 수 없다고. 그래서 선생님을 만나고 난 다음에는 반성과 지책과 부끄러움으로 잠을 이루지 못한다고. 물론 나도 그랬습니다. 하지만 이제 선생님을 저 세상으로 보내고 난 뒤에야 조금씩 알아차립니다. 선생님을 '따라가는' 일은 애당초 불가능한 일이며, 다만 선생님이 남긴 뜻을 헤아려 그 백분의 일이라도 내가 선 자리에서 실천하는 것이 값진 일임을. 그리고 그 뜻을 다른 사람들에게 널리 알리는 것이 중요한 일임을.

선생님은 돌아가시는 순간까지 마음의 끈을 놓지 않으셨습니다. 유언장에 모든 인세를 아이들을 위해 써 달라는 말을 남겼고, 자신을 위해 아무 것도 기념하지 말라고 당부하였습니다. 20년 동안 살았던 다섯 평 오두막조차 깨끗이 헐어서 자연으로 돌려보내 달라고 부탁하였습니다.

큰 사람끼리는 서로 통하는 법인가요. 권정생 선생님과 이오덕 선생님의 우정은 남달랐습니다. 두 분은 12년 사이로 세상에 태어났고, 4년 사이로 나란히 저 세상으로 떠났습니다. 아마 지금쯤 두 분은 하늘나라에서 만나 이런 대화를 나누고 있을지도 모릅니다.

"아니 권 선생, 좀 더 살다 오지 왜 벌써 왔어요?"

"아이참 선생님, 속으로 반가우시면서 괜히 그러지 마십시오. 세상이 어디 더 살고 싶더랍니까?"

때때로 현실과 이상 사이에서 방황하던 우리에게 여태 권정생 선생님은 앞길을 밝히는 등불이 돼 주었습니다. 이제 우리는 그 든든한 스승 한 분을 잃었습니다. 하지만 우리는 마냥 슬퍼하고 있을 수만은 없습니다. 우리 곁에는 아이들이 있고, 그 아이들이야말로 우리의 희망이기 때문입니다. 권정생 선생님이 뿌려 놓은 씨앗을, 이제 우리가 정성 들여 가꾸어야 합니다. 그 씨앗은 바로 희망이라는 이름의 씨앗입니다.

(《우리교육》, 2007. 6.)